中國第一歷史檔案館
福建省林則徐研究會
編

清宮林則徐檔案匯編

21

海峽出版發行集團
海峽文藝出版社

《清宮林則徐檔案匯編》（21—30）編委會

編　委

第二一册 目録

文種	事由	日期	頁碼
上諭	著照林則徐所請援案湊款改發鹽商生息作為襄河隄防經費	道光十八年五月初五日 一八三八年六月二十六日	一
上諭	著照林則徐所請以李馨陞署湖南沅陵縣知縣	道光十八年五月初五日 一八三八年六月二十六日	三
湖廣總督林則徐等奏片	自投外逃太監崔貴經審解京交内務府	道光十八年五月初五日 一八三八年六月二十六日 ※	四
兵部尚書奕顥等題本	林則徐等題陞署永州鎮標左營遊擊阿臨泰歷俸未滿應毋庸實授	道光十八年五月十五日 一八三八年七月六日	九
湖廣總督林則徐等奏摺	請將武昌府同知等缺分別改易繁簡	道光十八年五月十九日 一八三八年七月十日	一五

文種	事由	時間	頁碼
湖廣總督林則徐等奏摺	請以趙振清調補黃陂縣知縣	道光十八年五月十九日 一八三八年七月十日	二一
湖廣總督林則徐奏摺	遵旨籌議禁烟章程	道光十八年五月十九日 一八三八年七月十日 ※	二六
湖廣總督林則徐題本	請仍以武昌府知府崇善接管湖北武昌廠關税務	道光十八年五月二十四日 一八三八年七月十五日	四一
湖廣總督林則徐題本	盤查湖北布政使張岳崧交代任内經手各項錢糧銀兩無虧	道光十八年五月二十四日 一八三八年七月十五日	四六
湖廣總督林則徐題本	宜昌鎮標後營學習雲騎尉世職彭萬年不堪造就請勒令回籍	道光十八年五月二十四日 一八三八年七月十五日	五六
湖廣總督林則徐題本	盤查湖北布政使張岳崧任内經手各案錢糧銀兩無虧	道光十八年五月二十四日 一八三八年七月十五日	六〇
湖廣總督林則徐題本	盤查湖北布政使張岳崧任内經手雜款銀兩無虧	道光十八年五月二十四日 一八三八年七月十五日	六六
湖廣總督林則徐題本	盤查湖北布政使張岳崧任内經手耗羨養廉公費等項銀兩無虧	道光十八年五月二十四日 一八三八年七月十五日	七二
湖廣總督林則徐題本	題銷湖北各營道光十七年份賞給兵丁惠濟銀兩	道光十八年五月二十七日 一八三八年七月十八日	七九
湖廣總督林則徐題本	題銷湖北各標鎮協營道光十七年份支過武職養廉銀兩	道光十八年五月二十七日 一八三八年七月十八日	八四

湖廣總督林則徐等奏摺	遵旨審明蘄州文童與書役爭鬧誤傷知州愛禄案分別定擬	道光十八年六月十六日 一八三八年八月五日	一三九
上諭	林則徐等奏請姚華佐服闋後發原省補用著不准行	道光十八年六月二十三日 一八三八年八月十二日	一五〇
上諭	林則徐等奏革員向尊化應賠庫款著准展攤歸補	道光十八年六月二十三日 一八三八年八月十二日	一五一
湖廣總督林則徐等奏摺	委署湖北臬司道府篆務並請簡放安襄鄖荊道	道光十八年七月初七日 一八三八年八月二十六日	一五二
湖廣總督林則徐等奏摺	湖北麻城等縣知縣人地未宜請簡員對調	道光十八年七月初七日 一八三八年八月二十六日	一五六
湖廣總督林則徐奏摺	請敕部揀發曾任實缺遊擊二員來楚差委	道光十八年七月初七日 一八三八年八月二十六日	一六二
湖廣總督林則徐等奏摺	審明均州李大成被竊案分別定擬並請開復試用知縣謝敦孝	道光十八年七月初七日 一八三八年八月二十六日	一六五
上諭	著照林則徐所請麻城當陽並松滋利川知縣各准予對調	道光十八年七月二十四日 一八三八年九月十二日	一七七
上諭	林則徐請揀員赴楚差委著兵部揀選遊擊二員帶領引見發往	道光十八年七月二十四日 一八三八年九月十二日	一七八
湖廣總督林則徐奏片	查驗江漢隄防各工起程日期	道光十八年七月二十四日 一八三八年九月十二日 ※	一七九

湖廣總督林則徐奏摺	遵旨審明湖北鍾祥縣吳星紀金珍京控案分別定擬	道光十八年八月二十日 一八三八年十月八日	二二七
湖廣總督林則徐奏片	請嗣後辦災將應蠲緩村莊田畝細册隨謄黄榜示曉諭	道光十八年八月二十日 一八三八年十月八日	二四二
湖廣總督林則徐等奏摺	遵旨審明前任廣濟縣勒休知縣蔣炯虧短倉庫銀穀案分別定擬	道光十八年八月二十五日 一八三八年十月十三日	二四五
湖廣總督林則徐等奏摺	動項買補缺額常平倉穀	道光十八年八月二十五日 一八三八年十月十三日	二五一
湖廣總督林則徐等奏片	湖北試用縣丞湯景於捐修省會城工辛勞尤著請准儘先補用	道光十八年九月初六日 一八三八年十月二十三日 ※	二五七
上諭	林則徐等請鼓勵捐修城垣官紳及儘先補用試用縣丞著吏部議奏	道光十八年九月初六日 一八三八年十月二十三日	二六〇
湖廣總督林則徐奏片	查明廣西右江鎮總兵滿承緒赴任行程並無逗留	道光十八年九月初六日 一八三八年十月二十三日 ※	二六一
上諭	著林則徐查明德安府知府方長慶有無藉端科派情弊具奏	道光十八年九月初十日 一八三八年十月二十七日	二六三
湖廣總督林則徐等奏片	前任麻城縣知縣王汝霖參後限内緝獲盜犯請給還頂戴	道光十八年九月十二日 一八三八年十月二十九日 ※	二六五
上諭	著照林則徐等所請開復湖北麻城縣知縣王汝霖頂戴	道光十八年九月十二日 一八三八年十月二十九日	二六八

來源	事由	日期	頁碼
湖廣總督林則徐等奏摺	請以曠成春陞補武昌府同知	道光十八年九月二十六日 一八三八年十一月十二日	三二三
湖廣總督林則徐等奏摺	遵旨審明棗陽縣疎防監犯越獄逃脱案分別定擬	道光十八年九月二十六日 一八三八年十一月十二日	三二八
上諭	御書匾額著交林則徐等詣廟懸挂並著楚省增入漢神歲祀	道光十八年九月二十九日 一八三八年十一月十五日	三三四
湖廣總督林則徐奏摺	江漢普慶安瀾隄防鞏固	道光十八年九月二十九日 一八三八年十一月十五日 ※	三三五
上諭	江漢普慶安瀾著林則徐等擇优酌保	道光十八年九月二十九日 一八三八年十一月十五日	三四二
上諭	著照林則徐所請以孫淇漢補授湖北荊州城守營參將送部引見	道光十八年九月二十九日 一八三八年十一月十五日	三四三
湖廣總督林則徐等奏摺	遠安縣知縣袁燀業遲延經年未到任請開缺另補	道光十八年十月初六日 一八三八年十一月二十二日	三四四
湖廣總督林則徐等奏摺	勘明各屬被淹受旱田地酌量輕重情形請分別展緩新舊銀米	道光十八年十月初六日 一八三八年十一月二十二日	三四八
上諭	著照林則徐所請以方顯廷陞署湖南永綏廳螺螄壙屯守備	道光十八年十月初七日 一八三八年十一月二十三日	三五七
湖廣總督林則徐奏摺	交卸總督篆務起程赴京日期	道光十八年十月初八日 一八三八年十一月二十四日	三五八

湖廣總督林則徐題本	交印起程赴京日期	道光十八年十月初八日 一八三八年十一月二十四日	三六二
上諭	著照林則徐所請以曠成春陞補湖北武昌府同知送部引見	道光十八年十月十五日 一八三八年十二月一日	三六六
湖廣總督林則徐奏片	查覆德安府知府方長慶設局銷鹽情形	道光十八年十月二十五日 一八三八年十二月十一日 ※	三六七
上諭	著伍長華清查林則徐移交之方長慶藉端科派案	道光十八年十月二十五日 一八三八年十二月十一日	三七四
上諭	著照林則徐所請湖北被淹受旱州縣銀米准分別緩徵	道光十八年十月二十五日 一八三八年十二月十一日	三七六
湖廣總督林則徐奏片	湖南常寧縣知縣邵棻失察巨梟過境請先行摘去頂戴	道光十八年十月二十五日 一八三八年十二月十一日 ※	三八〇
上諭	著照林則徐所請湖南常寧縣知縣邵棻先行摘去頂戴	道光十八年十月二十五日 一八三八年十二月十一日	三八四
上諭	林則徐著加恩在紫禁城内騎馬	道光十八年十一月十三日 一八三八年十二月二十九日	三八五
上諭	林則徐著頒給欽差大臣關防馳往廣東查辦海口事件	道光十八年十一月十五日 一八三八年十二月三十一日	三八六
上諭	著鄧廷楨等會同林則徐協力禁絕鴉片及紋銀出洋	道光十八年十一月十八日 一八三九年一月三日	三八七

文種	事由	日期	頁碼
大學士管理户部事務潘世恩等題本	湖北布政使張岳崧任内經管雜款銀兩核查相符	道光十八年十二月初一日 一八三九年一月十五日	三八九
大學士管理户部事務潘世恩等題本	湖北布政使張岳崧任内經管耗羨等項錢糧核查相符	道光十八年十二月初一日 一八三九年一月十五日	三九五
大學士管理户部事務潘世恩等題本	湖北武昌廠並游湖關一年期滿徵收船料税銀查核相符	道光十八年十二月十五日 一八三九年一月二十九日	四〇二
上諭	著林則徐體察民夷售私情形會同鄧廷楨核實辦理	道光十八年十二月十六日 一八三九年一月三十日	四〇九
清單	林則徐等王大臣年歲生日單	道光十九年正月初二日 一八三九年二月十五日	四一〇
上諭	著林則徐等協力禁絶鴉片酌商檄諭外夷是否可行	道光十九年正月初九日 一八三九年二月二十二日	四一六
上諭	林則徐添造湖廣督標擡槍外用捐款著免其造册報銷	道光十九年正月十一日 一八三九年二月二十四日	四一八
上諭	著林則徐等嚴飭水師追捕偷漏飭屬搜拏烟犯	道光十九年正月二十七日 一八三九年三月十二日	四一九
上諭	著林則徐訪查英商喳噸是否逗留應嚴行驅逐覆奏	道光十九年正月二十七日 一八三九年三月十二日	四二一
欽差大臣林則徐奏摺	抵粤日期並體察洋面堵截躉船情形	道光十九年正月二十七日 一八三九年三月十二日	四二三

責任者	題名	時間	頁碼
欽差大臣林則徐奏片	察看英國烟販喳噸情形請早頒嚴例	道光十九年正月二十七日 一八三九年三月十二日 *	四二九
上諭	著林則徐查察虎門海口添設木排鐵鏈礮臺情形據實具奏	道光十九年二月十六日 一八三九年三月三十日	四三三
上諭	著林則徐親赴虎門澳門斷絶夷躉駛進口門匪船出洋	道光十九年二月二十日 一八三九年四月三日	四三四
欽差大臣林則徐等奏摺	英吉利等國躉船盡數呈繳鴉片情形	道光十九年二月二十九日 一八三九年四月十二日	四三六
上諭	林則徐著調補兩江總督	道光十九年三月初九日 一八三九年四月二十二日	四四八
上諭	著林則徐等嚴審知府劉錫方家丁張鎬賄放烟土案	道光十九年三月十八日 一八三九年五月一日	四四九
欽差大臣林則徐等奏片	遵旨驅逐夷船躉船烟土盡數繳官請仍准互市暫緩頒行檄諭	道光十九年三月十九日 一八三九年五月二日 ※	四五一
欽差大臣林則徐清單	録呈示諭夷商呈繳鴉片具結稿（尾缺）	道光十九年三月十九日 一八三九年五月二日 ※	四五七
上諭	著照林則徐等所請暫緩議斷互市及頒行各國檄諭	道光十九年三月十九日 一八三九年五月二日	四六三
上諭	粤省查繳烟土著委員解京核驗林則徐等著交部議叙	道光十九年三月十九日 一八三九年五月二日	四六五

文件	事由	日期	頁碼
欽差大臣林則徐等奏摺	現繳鴉片已逾十分之八乘勢清理東路	道光十九年三月二十一日 一八三九年五月四日	四六六
上諭	粤省查繳烟土著無庸解京即交林則徐等公同查核銷毀	道光十九年三月二十六日 一八三九年五月九日	四七三
上諭	夷船切結不足為憑著林則徐等悉心籌劃務使弊源盡絶	道光十九年三月二十九日 一八三九年五月十二日	四七四
吏部尚書奕經等奏摺	遵旨酌議奬叙林則徐鄧廷楨等	道光十九年四月初三日 一八三九年五月十五日	四七五
上諭	林則徐鄧廷楨等著各賞加紀録	道光十九年四月初三日 一八三九年五月十五日	四八〇
欽差大臣林則徐奏摺	遵旨查察虎門海口排鏈礮臺情形	道光十九年四月初六日 一八三九年五月十八日	四八一
欽差大臣林則徐等奏摺	夷船呈繳鴉片一律收清	道光十九年四月初六日 一八三九年五月十八日	四九一
兩江總督林則徐奏摺	調補兩江總督謝恩	道光十九年四月十二日 一八三九年五月二十四日	四九八
兩江總督林則徐奏摺	交部從優議叙謝恩	道光十九年四月十二日 一八三九年五月二十四日	五〇二
欽差大臣林則徐奏片	遵旨查明喳噸已回國夥黨映噸等一併驅逐情形	道光十九年四月十五日 一八三九年五月二十七日 ※	五〇五

上諭	著林則徐等盡數收繳鴉片驅逐喳噸餘黨並嚴諭義律等	道光十九年四月十五日 一八三九年五月二十七日	五〇九
欽差大臣林則徐等奏片	奉諭同心合力湔除鴉片	道光十九年四月十五日 一八三九年五月二十七日 ※	五一二
上諭	著林則徐等將收繳鴉片親督銷毀以絶根株	道光十九年四月二十九日 一八三九年六月十日	五一五
上諭	林則徐奏覆虎門排鏈久被泡浸著鄧廷楨關天培察看修復	道光十九年四月二十九日 一八三九年六月十日	五一七
欽差大臣林則徐等奏片	英商延不具結請部議夾帶鴉片專條	道光十九年四月二十九日 一八三九年六月十日 ※	五一八
上諭	林則徐等奏夷人帶鴉片來内地摺著軍機大臣會同刑部議奏	道光十九年四月二十九日 一八三九年六月十日	五二五
欽差大臣林則徐等奏摺	訪獲刊賣假揑照會外國公文人犯情形	道光十九年五月初四日 一八三九年六月十四日	五二六
欽差大臣林則徐等奏摺	南澳鎮總兵沈鎮邦等因循不振請分別降補勒休	道光十九年五月初四日 一八三九年六月十四日	五三二
軍機大臣穆彰阿等奏摺	遵旨議定夷人携帶鴉片烟土入口治罪專條	道光十九年五月十三日 一八三九年六月二十三日	五三九
上諭	著林則徐等分查粤閩兩省是否有夷人收買幼孩回國情弊	道光十九年五月十七日 一八三九年六月二十七日	五四四

文件	事由	日期	頁碼
欽差大臣林則徐等奏摺	虎門銷化烟土已一律完竣	道光十九年五月二十五日 一八三九年七月五日	五四六
欽差大臣林則徐等奏摺	粵東查辦鴉片續獲人烟槍具確數	道光十九年五月二十五日 一八三九年七月五日	五五三
欽差大臣林則徐等奏摺	彙報夷船互市情形並回空躉船開行隻數	道光十九年五月二十五日 一八三九年七月五日	五五九
欽差大臣林則徐等奏摺	銷烟委員陳鎔染毒身故請飭部議恤	道光十九年五月二十五日 一八三九年七月五日	五六四
欽差大臣林則徐奏片	密請頒諭烟槍烟膏仍應收繳首犯遵例辦理	道光十九年五月二十五日 一八三九年七月五日 *	五七〇
欽差大臣林則徐等奏片	密訪夷情瀝陳東西各路夷船偷渡越竄應請剿除	道光十九年五月二十八日 一八三九年七月八日 ※	五八二
上諭	著林則徐等體察夷船偷渡情形相機籌辦	道光十九年五月二十八日 一八三九年七月八日	五八七
上諭	林則徐等所奏謝國泰著即休致沈鎮邦著降都司	道光十九年五月二十八日 一八三九年七月八日	五八九
上諭	著鄧廷楨察看惠昌燿是否勝任南澳鎮總兵具奏	道光十九年五月二十八日 一八三九年七月八日	五九〇
上諭	刊賣假捏照會外國公文人犯翁亞瀧著交林則徐等審訊	道光十九年五月二十八日 一八三九年七月八日	五九一

欽差大臣林則徐等奏摺	遵旨銷化烟土已將及半	道光十九年五月二十八日 一八三九年七月八日 ※	五九二
上諭	著林則徐等妥議整飭洋務章程具奏	道光十九年六月初七日 一八三九年七月十七日	六〇二
上諭	通諭各直省將軍督撫等務將烟具烟膏銷毀净盡	道光十九年六月十八日 一八三九年七月二十八日	六〇三
上諭	林則徐等奏銷烟委員陳鎔染毒身故著交部賜恤	道光十九年六月十八日 一八三九年七月二十八日	六〇五

上諭　著照林則徐所請援案湊款改發鹽商生息作為襄河隄防經費

道光十八年五月初五日内閣奉
上諭林則徐等奏酌籌襄河防險經費一摺湖北省
襄河隄工攸關緊要據該督等查明向無防汛搶
險之資自應亟為籌款以備要需著照所請准其
援照襄陽緝捕經費成案即將發典局錢並所得
息錢捐補湊足十萬串之數改發漢岸鹽商彙總
生息每年所獲息錢除歸還錢本易銀解存藩庫
外其餘五千六百串即作為襄河正隄防險經費
統於大汛前分別酌給飭辦由該州縣造冊呈報
該管道府隨時認真點驗儻敢踈忽失事即將該
印委汛員嚴行条辦隄長夫役一併治罪毋稍姑
息此項本息係經籌捐湊足著免其造冊報銷該

上諭　著照林則徐所請援案凑款改發鹽商生息作為襄河隄防經費

道光十八年五月初五日

部知道欽此

上諭 著照林則徐所請以李馨陞署湖南沅陵縣知縣

道光十八年五月初五日内閣奉

上諭林則徐等奏請揀員升署要缺知縣一摺著照所請湖南沅陵縣知縣員缺准其以李馨升署照例送部引見該部知道欽此

湖廣總督林則徐等奏片　**自投外逃太監崔貴經審解京交內務府**

片

林則徐等片

再臣等前准刑部咨開單開逃走太監崔貴即通飭各
屬認真查拏並以自京至楚須越直隸河南凡有太監
越竄到此無論拏獲自投務須遵照新定章程辦理
經過各省有無詐稱擾累恐嚇取財招搖滋事
不法情節訊無不法情事就近報解即據漢陽府楊炳禧詳
同漢陽縣郭觀辰稟稱本年三月十九日有一人投到
聲稱係太監崔貴聞拏投首當即查對刑部通單
有其姓名驗係淨身屬實惟單開崔貴年二十六歲
交河縣人現據供稱年二十七歲宛平縣人稍有參差
隨即研訊據崔貴供稱原籍交河縣隨父崔大業
寄居宛平縣母李氏已故伊於道光三年十五歲上淨

湖廣總督林則徐等奏片 自投外逃太監崔貴經審解京交內務府
道光十八年五月初五日

年在熱河房當差打掃處排名又在
長春宮當差一年多復於十四年六月間該將太監趙
六時辰表打碎恐怕受責於是月十八日攜帶[illegible]二十兩
逃出在河南柘城縣遊蕩本年六月廿日走到汗鎮
租住林燕住西關同興客棧該棧戶並不知其為太
監伊旋聞有兵役連日到棧訪查遂如被其查破
祈旨東開趙秋自行投首免致拏獲當供該官研審
以崔貴逃出一年有餘寄居之人難保無收容且
恐另有詐騙招搖不法情弊復經再三盤詰究出
崔貴有堂兄崔添潤與妻謝氏山東人開設林同
在河南對岸孫莊生理崔貴逃後即向河南覓其
堂兄以為容身之所十五年六月初七日走至祥符

訊出六地方賀六飯店內與崔係渭尉帽林金逕担
說告假出宮崔係渭信以為真當即容留詢問崔
逃走實情催促回家崔貴因恐被擒時不能起
身本年正月二十日詭稱自行回家崔係渭恐
被連累聽伊自去伊路遇販賣假髮之河南人魯
姓要隨伴鎮貿易遂與結伴同到津沽居住該
旨飭臣查追完旋有河南祥符縣兵役魏林方承拴
奉憲文眾楚訪緝嗣據文稱該縣訪聞境內盤獲
賊犯二名係渭並有寄留逃走太監之魯姓將崔
係渭尉帽林加貝六一併拘案訊究據崔係渭供逃
走太監係伊重身崔貴上年投奔伊處伊知係已逃
案不實仍回家嗣復逃往別有妻不知情是以該

湖廣總督林則徐等奏片 自投外逃太監崔貴經審解京交內務府

道光十八年五月初五日

報名寄閣於鄭姓查詢其詳與崔貴現供
情節大略相符是崔貴冒認姓名已無疑義惟
從前跟着諸輪相接濟加恩鞫擬崔貴供望
恩免死處藏匿正恐被獲何敢詐錄姓像
自取殺害亦自行上魯姓不知何處已投到仟
時在自行開就不知其何往伊現年實係三十歲
有淨身事可查不知上年係屬崔貴因何錯
寫二十二歲其供由署書楷所增捏者稍訛據
供詞字前來復親提崔貴鞫供兩相[illegible]
衣服褲襪形貌枯瘦即所供帶出之二十兩尺亦
已花費無存並有撈錢善後照顧投擾之事但既
越前遠颺難保非恃無質證發供避就除將

湖廣總督林則徐等奏片　自投外逃太監崔貴經審解京交內務府
道光十八年五月初五日

河南撫臣飭府再提審質明嚴訊根究照咨回
匯結例請罪兼查將賊責假冒之處一併究案
外臣等現已飭司委員將該太監崔貴押解赴京
咨交內務府收審辦理合附片具
奏伏祈
聖鑒再臣等伏聞設同具奏據三林並任訊明知情
尚恐不查明事歷牢所親住完康不今已照
應重律杖八十折責發落合併陳明謹
奏
道光十八年五月初五日
硃批該衙門知道欽此
五月五日

兵部尚書奕顥等題本

林則徐等題陞署永州鎮標左營遊擊阿臨泰歷俸未滿應毋庸實授

依議

題

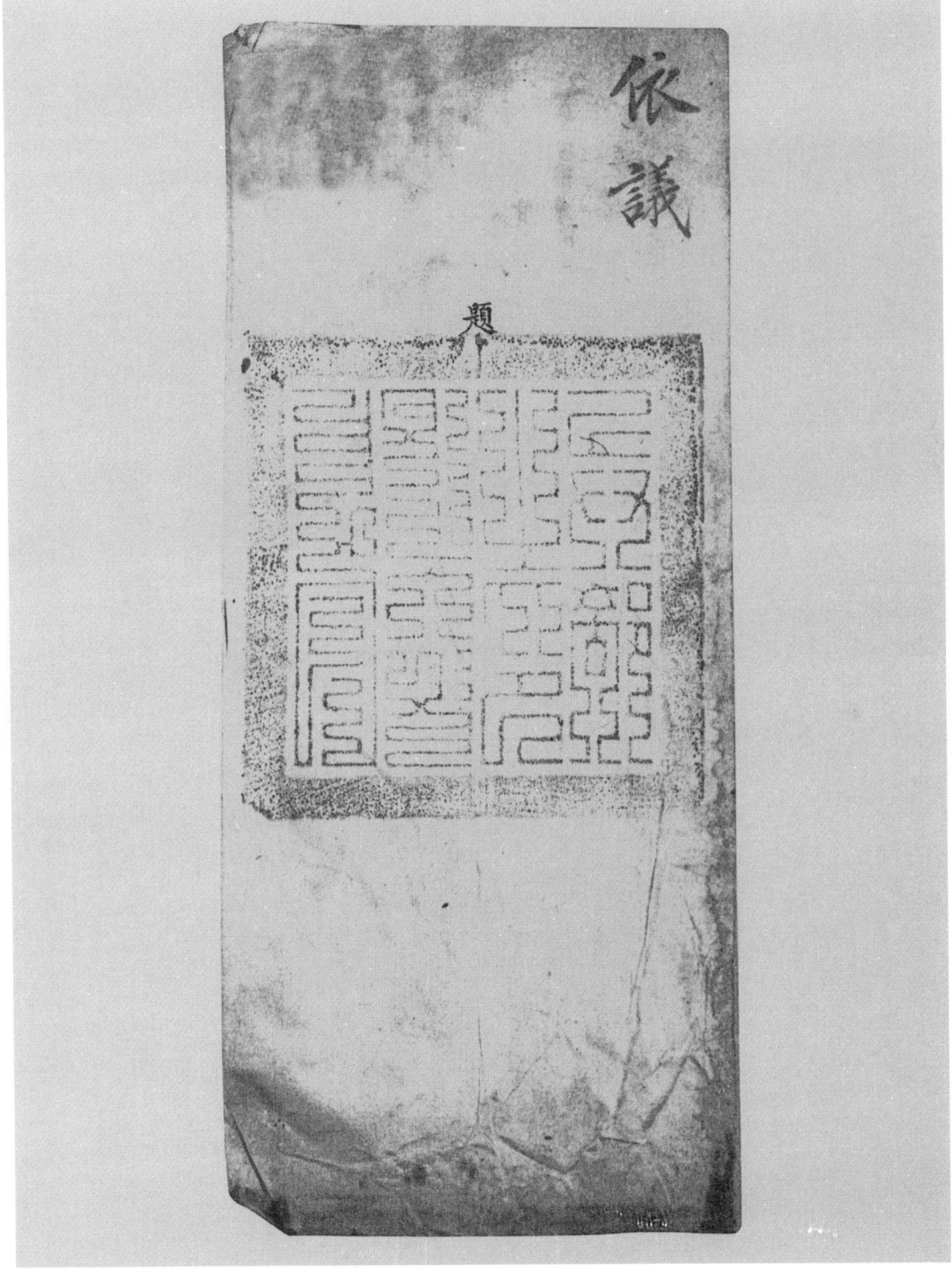

二一 兵部尚書奕顥等題本 林則徐等題陞署永州鎮標左營遊擊阿臨泰歷俸未滿應毋庸實授

道光十八年五月十五日

經筵講官兵部尚書臣宗室奕顥等謹
題爲詳報歷俸期滿請換實授劄付事兵科抄出
湖廣總督林則徐題前事内開該臣看得陞署湖
南永州鎮標左營遊擊阿臨泰因前於河溪營
都司本任内疊經署理遊擊未到都司之任並
未歷俸經前督臣訥爾經額奏請陞署給與劄
付令其任事仍俟扣滿歷俸年限另請實授
茲該遊擊自道光拾伍年貳月貳拾柒日領受
都司劄付之日起連閏扣至道光拾捌年正月
貳拾柒日止歷俸已滿叁年相應題請實授換
給劄付除將賫到履歷清冊送部外臣謹會同
湖南提督臣楊芳合詞恭疏具

兵部尚書奕顥等題本 林則徐等題陞署永州鎮標左營遊擊阿臨泰歷俸未滿應毋庸實授 道光十八年五月十五日

題等因於道光拾捌年貳月貳拾叁日題肆月貳
拾伍日奉
旨該部議奏欽此欽遵於本日抄出到部
該臣等議得湖廣總督林則徐疏稱陞署湖南
永州鎮標左營遊擊阿臨泰因前於河溪營都
司本任内疊經署理遊擊未到都司之任並未
歷俸經前督臣訥爾經額奏請陞署給與劄付
令其任事仍俟扣滿歷俸年限另請實授該
遊擊自道光拾伍年貳月貳拾柒日領受都司
劄付之日起連閏扣至道光拾捌年正月貳拾柒
日止歷俸已滿叁年相應題請實授換給劄付等因具

兵部尚書奕顥等題本　林則徐等題陞署永州鎮標左營遊擊阿臨泰歷俸未滿應毋庸實授

道光十八年五月十五日

題前來　查陞署湖南永州鎮標左營遊擊阿
臨泰因前在河溪營都司任內疊經署理遊擊
未到都司之任並未歷俸奏請陞署應以到署
遊擊之任起扣滿叁年始准實授今該督以該
員在部領受都司劄付之日起扣滿叁年題請
實授之處與例不符應毋庸議仍令該督另行
扣滿歷俸年限再行題請實授此本科抄於
道光拾捌年肆月貳拾伍日到部伍月拾伍日具
題臣等未敢擅便謹
題請
旨

兵部尚書奕顥等題本　林則徐等題陞署永州鎮標左營遊擊阿臨泰歷俸未滿應毋庸實授

道光十八年五月十五日

道光拾捌年伍月　拾伍　日

經筵講官兵部尚書閱兵大臣內大臣鑲紅旗滿洲都統　臣宗室奕顥

尚書署理都察院左都御史　臣卓秉恬

左侍郎正紅旗蒙古副都統　臣溥治

左侍郎　臣朱嶟

右侍郎鑲白旗蒙古副都統　臣宗室功普

右侍郎　臣潘錫恩學差

署右侍郎刑部右侍郎　臣許乃普

武選清吏司掌印員外郎　臣龐滿達

郎中　臣慶綱

兵部尚書奕顥等題本　林則徐等題陞署永州鎮標左營遊擊阿臨泰歷俸未滿應毋庸實授

道光十八年五月十五日

郎中臣張福厚
員外郎臣誠厚
員外郎臣珠熉
主事臣松安
主事臣王熊

請將武昌府同知等缺分別改易繁簡

林則徐等

請將武昌府同知等缺

改繁等由

奏

交〇

六月初八日

湖廣總督林則徐等奏摺 請將武昌府同知等缺分別改易繁簡
道光十八年五月十九日

湖廣總督臣林則徐跪
護理湖北巡撫布政使臣張岳崧
奏爲同知知州缺分今昔情形不同應請分別改
繁易簡以資治理恭摺具
奏仰祈
聖鑒事竊照同知知州管轄地方職任綦重缺之繁
簡必須因時制宜量爲變通庶治理得收實效
臣等伏查湖北武昌府同知一缺職任清軍水利管
理江夏咸寧嘉魚蒲圻四縣江隄並火藥總局
鹽務總卡各事務又駐劄省城時有發審委查
事件原屬衝繁難要缺乾隆五十四年
奏改繁難中缺查近年隄工鹽卡事宜尤爲喫
緊且委審委查案件較前更多非明幹熟悉

之員難期勝任又黃州府屬之蘄州原列衝繁中
缺近日訟獄繁多經征各年漕催科未易且地係衝
衢水路沿江一帶漢港紛歧盜賊既易潛匿又
為淮鹽經由之路夾帶腳私既多其陸路為豫
皖兩省接壤票私時復偷越侵礙官引故緝
私捕盜尤為要務亦非初任人員所能稱職以上
武昌府同知蘄州知州二缺應酌改為繁缺由外
揀員
題調惟查定例凡丞倅牧令之缺應改繁者即于
丞倅牧令缺內改簡互易等語臣等復與藩臬
兩司熟商查湖北州縣中繁缺多係隄防緝捕
煩劇扼要之區實無可酌量改簡之缺惟查有

鄖陽府同知職司捕盜道光四年定爲繁難要
缺迨時該處地方安謐盜賊稀少捕務不繁堪
以改爲簡缺又荊州府同知乾隆五十四年因該
同知專管萬城大隄保障攸關
奏改繁缺嗣于道光十一年以同知管理大隄于催
費督工事宜不能得力
奏明將萬城大隄改歸荊州府知府管理在案查
大隄既由知府專管該同知事務無多亦可酌量
改簡以上鄖陽府同知荊州府同知二缺治理較易
堪以改爲簡缺歸部銓選等情由署藩司程楙
銓署臬司楊以增會詳請
奏前來臣等復將擬改繁簡各缺悉心籌議伏

屬實在情形合無仰懇
皇上天恩俯念地方今昔異宜准以武昌府同知蘄
州知州二缺改為繁缺在外揀員
題調鄖陽府同知荊州府同知二缺改為簡缺歸
部銓選以符定制如此繁簡互易人地莫不相
宜而治理均收實效如蒙
俞允現任鄖陽府同知福克金阿荊州府同知焦家
麟歷練安穩地方熟悉仍請各留本任現任武
昌府同知陳天澤廉明勤幹為守兼優且係
奉
旨以知府升補之員于本任改繁之缺亦理裕如毋
庸揀員另調外其蘄州知州愛祿現因該州閘

考察業
奏請撤任在案俟查明辦理所有改缺應擬
字樣均俟部覆到日再行分別
題咨臣等為地方治理得人起見謹繕摺具
奏伏乞
皇上聖鑒勅部議覆施行謹
奏
道光十八年六月初六日
硃批吏部議奏欽此
五月十九日

湖廣總督林則徐等奏摺

請以趙振清調補黃陂縣知縣

林則徐等請以趙振清調補黃陂令由

奏

湖廣總督林則徐等奏摺　請以趙振清調補黃陂縣知縣

道光十八年五月十九日

二一

湖廣總督林則徐等奏摺　請以趙振清調補黃陂縣知縣

道光十八年五月十九日

湖廣總督臣林則徐
護理湖北巡撫布政使臣張岳崧跪
奏為要缺知縣員缺揀員調補以資治理恭摺奏祈
聖鑒事竊照黃陂縣知縣魏象辦疲軟並緝捕廢
弛業經臣林則徐會同前撫臣周之琦恭摺
奏請革職在案所遺黃陂縣知縣係衝繁難要之
要缺例應在外揀選調補查該縣地當衝劇訟獄
繁緝捕尤要素稱難治非精明幹練之員不足
以資治理臣等與藩臬兩司於簡缺知縣內逐加遴
選如現在各缺卽人地不甚相宜一時實無合例堪
調之員惟查有宜昌府屬興山縣知縣趙振清
現年四十歲陝西進士即用知縣籤掣江西親老
告近改掣湖北道光七年三月到省丁父憂回

務守制服闋赴選例赴湖北候補十年三月到
省十二年三月
題補興山縣知縣因署羅田縣事未赴興山任是年
七月抵羅田縣事復奉委署理孝感縣知縣十四年
旨到任十五年三月卸署孝感縣事閏四月
初二日到興山縣本任因署孝感縣任內緝獲隆
業據部議准
見為未便准其赴部該員明幹諳練遠守潔才優歷著
無論何缺均可勝任合調補黃陂縣知縣
實地缺人地相宜該員
題補興山縣到任未滿三年與調補之例稍有未符
但人地實在相需例應專摺

奏請合無仰懇
皇上天恩俯念員缺緊要准以興山縣知縣趙振清調
補黃陂縣知縣於地方大有裨益並無違例請
旨勅部查核如蒙
俞允該員係現任知縣請調知縣銜缺相當應由臣
另案送部引
見其任內一切開參處分查照例毋庸核計俟
臣等遵照部諮所遺興山縣知縣係無字簡缺
湖北省現有應補人員容另遴員請補理合恭
摺具
奏伏乞
皇上聖鑒訓示謹

湖廣總督林則徐等奏摺 請以趙振清調補黃陂縣知縣

道光十八年五月十九日

奏

道光十八年六月初六日奉

硃批吏部議奏欽此

五月十九日

湖廣總督林則徐奏摺 **遵旨籌議禁烟章程**

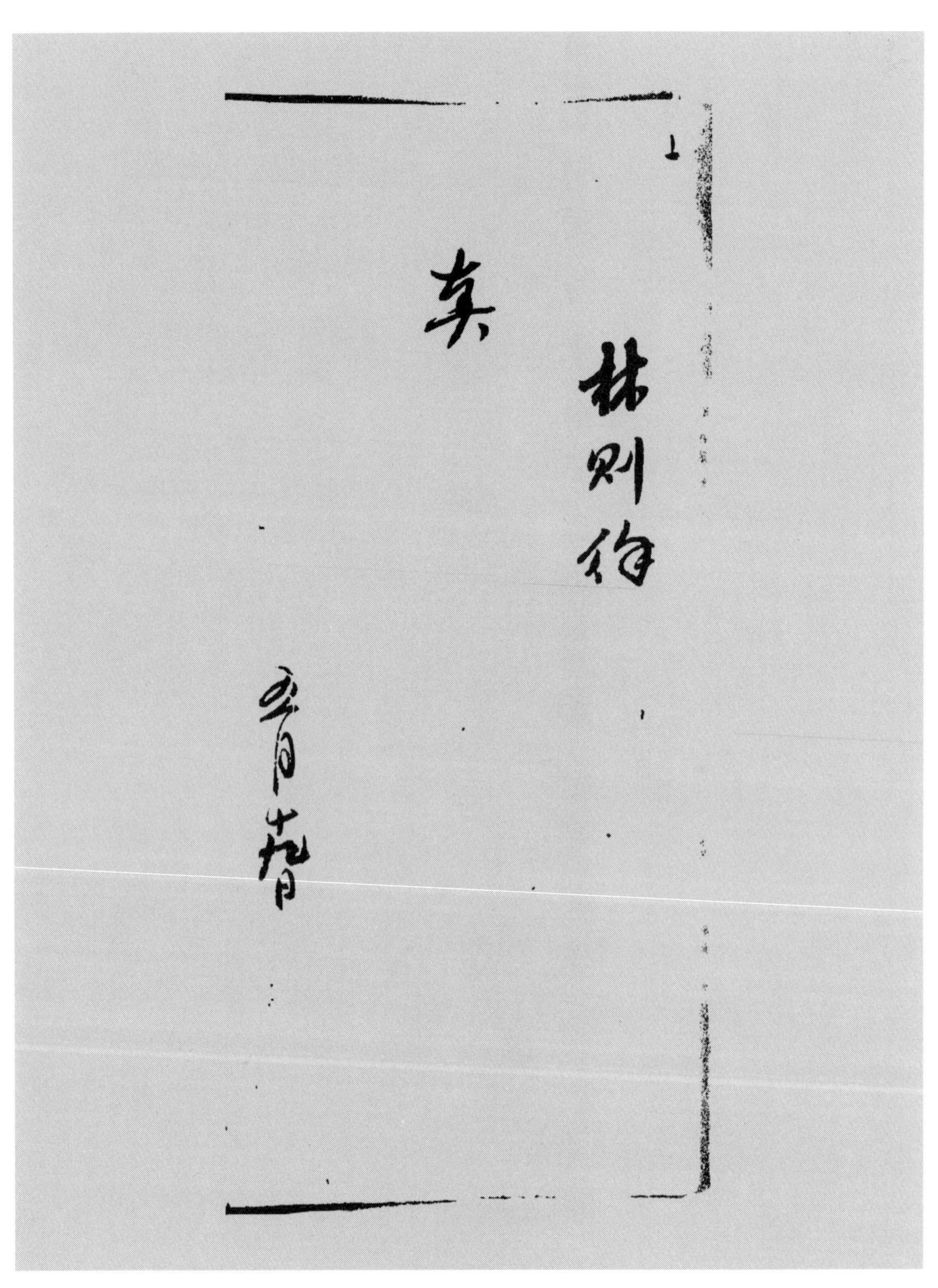

林則徐

奏

湖廣總督臣林則徐跪

奏為遵

旨籌議章程恭摺覆

奏仰祈

聖鑒事本年五月初一日准兵部火票遞到刑部咨開道光十

八年閏四月初十日奉

上諭黄爵滋奏請嚴塞漏卮以培國本一摺著盛京

吉林黑龍江將軍直省各督撫各抒所見妥議章程

迅速具奏欽此臣查原奏內稱近來銀價

日遞增每銀一兩易制錢一千六百有零非耗銀於

內地實漏銀於外夷也自鴉片烟流入中國其初

不過紈袴子弟習為浮靡嗣後上自官府

僻鄉下至工商优隸以及婦女僧尼道士隨在
吸食廣東每年漏銀至三千餘萬兩合之各
省又數千萬兩耗銀之多由於販烟之盛販烟
之盛由於食烟之衆今欲加重罪名必先重治
吸食擬
皇上嚴降諭旨自今年某月日起至明年某月日止
准給一年限期戒烟一年以後仍然吸食是不奉
法之亂民罪以死論其語似見鴉片流毒於
中國銷耗於外洋凡在臣工誰不切齒
是以歷年條奏不啻舌蔽唇焦而獨於吸食之
人未有請用大辟者一則以
大清律例早有明條近復加不供興販姓名者由枷杖

加倍已屬從重若連坐死罪且與十惡無所
區別臣於死刑恐未協中一則犯者太多亦有不可勝
誅之勢若設刑太重則弄法滋奸恐訐告誣扳
嚇詐之風因而愈熾所以論死之說私相擬
議者未嘗乏人而敢於上陳者獨有此奏豈非
毒至於已甚斷非常法之所能除力挽頹波非
嚴蔑濟示懲
諭旨飭議是以臣之愚昧敢不竭慮籌維竊謂治獄
者固宜準情罪以持其平而停
國者尤宜審時勢而權所重今鴉片之貽害於內
地如病人經絡之間久為外邪纏擾常藥既不
足以勝病則攻破之峻劑亦有時不能不用也

夫鴉片非難於革癮而難於革心欲革玩法之
心必得不可恕之法以死法在一年以後而議法
在一年以前綰轂之機正繫諸此書所謂舊染汙
俗咸與維新傳所謂火烈民畏故鮮死焉者
似皆有合於
大聖人刑以止刑之義然不至與奇法同日而語也惟是
吸烟之輩陷溺已深志氣無不惰昏今日既知
來日者未蒙刑而設是亦覥怵觀望而猶思烟限
尚寬姑俟臨時再戒至烟限迫而又不能驟戒則
罹法者仍為好日理綰轂之機即在此一年中
必直省大小官員共矢一心極力挽回間不容髮
烟於必收成效亦總從風而此法乃不為贅設亦

謹就日前所見所及擬具章程六條爲我
皇上敬陳之
一烟具先宜收繳淨盡以絕饞根也查吸烟之竹
桿謂之槍其槍頭裝烟點火之具又須細泥燒
成名曰烟斗凡新槍新斗皆不適口且須過癮必
其素所習用之具有烟油漬乎其中者愈久
而愈寶之雖骨肉不輕以相讓此外零星器
具不一而足然尚可以他具代之惟槍與斗均難替代
而斗比槍尤不可離遇無槍則以習用之斗配別樣
烟桿猶或遷就一吸若無斗即烟無裝處而自
不得不斷矣今須查戒此物盡力收繳槍斗視
其距省垣之遠近與夫地方之沖僻戶口之繁約

民俗之轉權由外大吏認眞整責以期徹底
以功總除煙槍煙斗吸煙器具自以銷燬不必
核計分兩凡煙油之括斗皆須包封粘貼印花彙
冊送省該省大吏當堂公同驗封點碎無論
此具或由搜獲或由首繳或由舊覓皆許核
作州縣功過之數若地方煙廣而收繳寥寥者
立予撤參如能極力多收亦當分別獎勵
一此議定後如有應即出示勸令自新仍限一年之
期劃分四限遞加罪名以免因循玩視也查重
典之設原為戒吸起見果能人人戒吸亦又何
求所謂以人治人改而止也予有年分之內應由
大吏督飭書手遍行刊刻曉諭自奉旨之日起

扣足三個月爲一限如吸烟之人於限內改悔斷癮
赴官投首者請敕照習教人首悔出教之例准
予免罪然投首者非空言必將所藏烟具與
剩餘烟膏全行呈繳驗明具結改悔自新取
年歲籍甘結加具族鄰保結並案存查如日後
再犯或被告發或經訪聞拘訊得實加倍重辦
其二三四限之內投首者雖不能概予免罪似亦
可酌量輕減惟不投首者一經拿獲即須加重
蓋四時成歲三月成時氣候不爲不久果知畏法深
可改圖若仍隱忍遷延再三自誤揆以誅心之律已
咸信服所有籌議限以內犯者仍照原例
辦理其初限以外四限以內未首之犯拿獲審實

似應按月遞加一等至第幾止共十等詳細條款立法
以投首如何減等首後再犯如何總辦之處均請
敕部核議施行似此由寬而嚴由輕而重不肯之徒如
再不知悔懼置諸死地誠不足惜矣
一開館興販以及製造烟具之犯罪名均應一體加重
並分別勒限繳具自首以截其流也查開館者
係死罪興販亦應遠戍迫因吸食者多互相包
庇以致破獲者終少今吸烟既擬重刑若輩豈
宜末減擬請一體加重方昭平允但陷溺已深亦宜
予以自新之路請自奉文之日起開館者勒限一
月將烟具烟土全數呈繳准將原罪量減如係
興販照原例辦理地方官於一月內辦獲者無論

或繳或罰均免收所失多寡倘逾限始兼犯
照新例加重自新之員減其設盡其與販之經犯
有素逾或於新例尚未聞知不能擬限一月投首
應請勒限三箇月內不拘何項何處准赴所在有
司衙門繳烟免罪若逾限藏匿亦應論死其繳
到之烟土烟膏眼同在城文武加用桐油立時燒化
投厭江河匿者与犯同罪至製造烟具之人近日愈
夥如烟槍固多用竹亦間有削木為之大抵皆烟袋
鋪所製其槍頭則裹以金銀銅錫槍口亦飾以
金玉角牙閩粵向又有一種甘蔗杆漆而飾之尤
為若輩所重其烟斗自廣東來者以洋磁為上
其內地製者以宜興為高恐其屢燒易裂也

則亦色以銀錫而鑲嵌點翠各種其工巧其
廣吸為甚也則又通以錯鏤而兼錐刀不一其狀
手藝之人嗜其易售奇於僻巧競相傳習且以
例愈嚴而製造如附應請擬限奉文一月內將所製
大小烟具全行繳官毀化免罪並請烟袋作坊
苗窯戶以及金銀銅錫竹木牙漆各匠互相稽察如
違限不首及首後再製俱照新例重辦其業所
於斯可用吸食者即須論死保甲知情不首與犯
同罪
一失察處分宜先嚴於所近也文武衙署有把握
處之於奉文三個月內查明章程者均予免議
違限失察者亦分別議處其年署內親友家丁

迫立可見之所患（定）不知應勒限一個月查明若不
能早令革除又不肯據實舉發即是有心庇
匿除犯者加重治罪外應將庇匿之員即予革職
本署印官有犯限三個月內查明總以懲辦逾限失
察者分別降調

一切保牌頭甲長本有稽查奸宄之責凡有烟土烟
膏烟具均應令查起也挾仇訐告之風固難
保其必無但誣告虛誣即有証據且起一件便少一害
至初行之時亦恐難免滋擾然凡事不能全無一弊
若果吸烟者懼其滋擾而皆求責斷絕正無不為有
裨也至開館之房主及該地方保甲患（定）不知之理若
不舉發顯係包庇應與犯同罪並將其房屋入官

一審斷之法宜豫講也此議定限以後倘限外猶犯者
本少亦有一二年煙癮此時審辦則若輩惟高聲呼
號及逼繳煩令速吸食者不可勝數若於既
審也方有日日不斷給即終日亦審而片刻羈
縻則癮已可矣無人代看以致已作兵是犯向
罪之路而定讞之難也要知吸烟之處實屬不至
審而在熬煙熬煙不與熬煙人數十人其工夫一開且事
熬之人容或有與為人同熬煙猶可無與證如有今如
方擇一公所畢糧精於稽察之人每五日以上保補
者一員往審足矣不必多員也臨審時然後據第
然其癮則必先將其上癮名目搜即驗點照名敲
碎並設照入封門如有攔之生事名翻只許不准往

來向省亦只准帶一丁兩役隨身仍須不許拉雜
自辰巳以至午未祇須稍對不必問供而於癮大
情態已皆可自見矣其實係應證者該員所寫
即令該員出具切結備日後到任若覺頓原寫
省各問
以上六條皆日思維之見斟酌籌注未知當否
理合繕摺具
奏伏乞
皇上聖鑒訓示再臣十餘年來目擊鴉片烟流毒無窮
心焉如擣每於經過地方訪求各種醫方配製藥料於禁戒
吸烟之時即施藥以療之就中歷試歷驗者計有
丸方兩種飲方兩種謹繕另單恭呈

御覽可否頒行各省以資療治之處伏乞

聖裁謹

奏

道光十八年五月十九日奉

硃批

另有旨

欽此

湖廣總督林則徐題本

請仍以武昌府知府崇善接管湖北武昌廠關稅務

該部知道

題

湖廣總督林則徐題本 請仍以武昌府知府崇善接管湖北武昌廠關稅務 道光十八年五月二十四日

二一 湖廣總督林則徐題本 請仍以武昌府知府崇善接管湖北武昌廠關稅務

道光十八年五月二十四日

兵部尚書兼都察院右都御史總督湖廣等處地方軍務兼理糧餉臣林則徐謹

題爲詳請委員接管武昌廠關稅務等事。該臣看得武昌廠關稅務例應在於就近道府廳員内揀選諳練之員經管，壹年期滿題請更換，仍於壹年限滿將徵收正額盈餘數目具

題考覈等因，歷經遵照辦理在案。兹據署湖北布政使事按察使程銓詳稱：查道光拾柒年伍月貳拾壹日起，連閏扣至道光拾捌年閏肆月貳拾日止，武昌廠關稅務業經詳請

題委武昌府知府崇善接管徵收，現已壹年期滿，例應委員更換。查武昌府知府崇善經管關務勤幹廉明，課充商便，應請仍委接管，俟壹年期

滿另請更換除將道光拾柒年伍月貳拾壹日
起連閏扣至道光拾捌年閏肆月貳拾日止壹
年期滿徵收正額盈餘稅銀數目另行取造冊
結呈請
題報考覈外相應具文詳請查覈具
題等情前來臣覆查無異除飭委武昌府知府崇
善接管徵收外臣謹會同護理湖北巡撫印務
布政使臣張岳崧合詞恭疏具
題伏乞
皇上聖鑒勅部查照施行臣謹具
題
聞

二一　湖廣總督林則徐題本　請仍以武昌府知府崇善接管湖北武昌廠關稅務

道光十八年五月二十四日

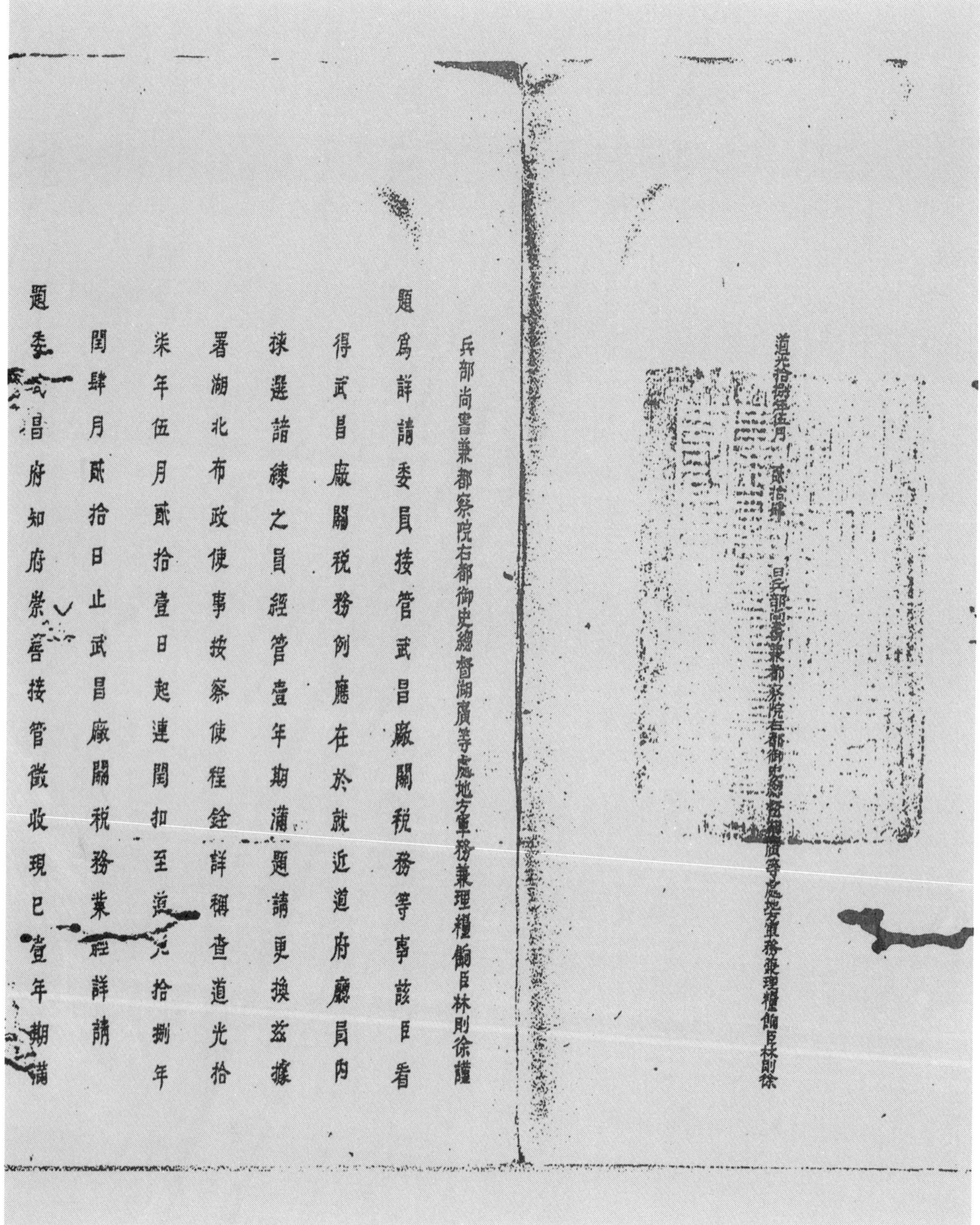

道光拾捌年伍月貳拾肆日　兵部尚書兼都察院右都御史總督湖廣等處地方軍務兼理糧餉臣林則徐

兵部尚書兼都察院右都御史總督湖廣等處地方軍務兼理糧餉臣林則徐謹

題爲詳請委員接管武昌廠關稅務等事。該臣看

得武昌廠關稅務例應在於就近道府廳員内

揀選諳練之員經管壹年期滿題請更換。茲據

署湖北布政使事按察使程銓詳稱：查道光拾

柒年伍月貳拾壹日起，連閏扣至道光拾捌年

閏肆月貳拾日止，武昌廠關稅務業經詳請

題委武昌府知府崇善接管徵收，現已壹年期滿

湖廣總督林則徐題本　請仍以武昌府知府崇善接管湖北武昌廠關稅務　道光十八年五月二十四日

例應委員更換查武昌府知府崇善歷管關務
勤幹廉明課充商便應請仍委接管俟壹年期
滿另請更換除將道光拾柒年伍月貳拾壹日
起連閏扣至道光拾捌年閏肆月貳拾日止壹
年期滿相應詳請查覈具
題等情前來臣覆查無異除飭委武昌府知府崇
善接管徵收外臣謹會疏
題
聞

湖廣總督林則徐題本　**盤查湖北布政使張岳崧交代任内經手各項錢糧銀兩無虧**

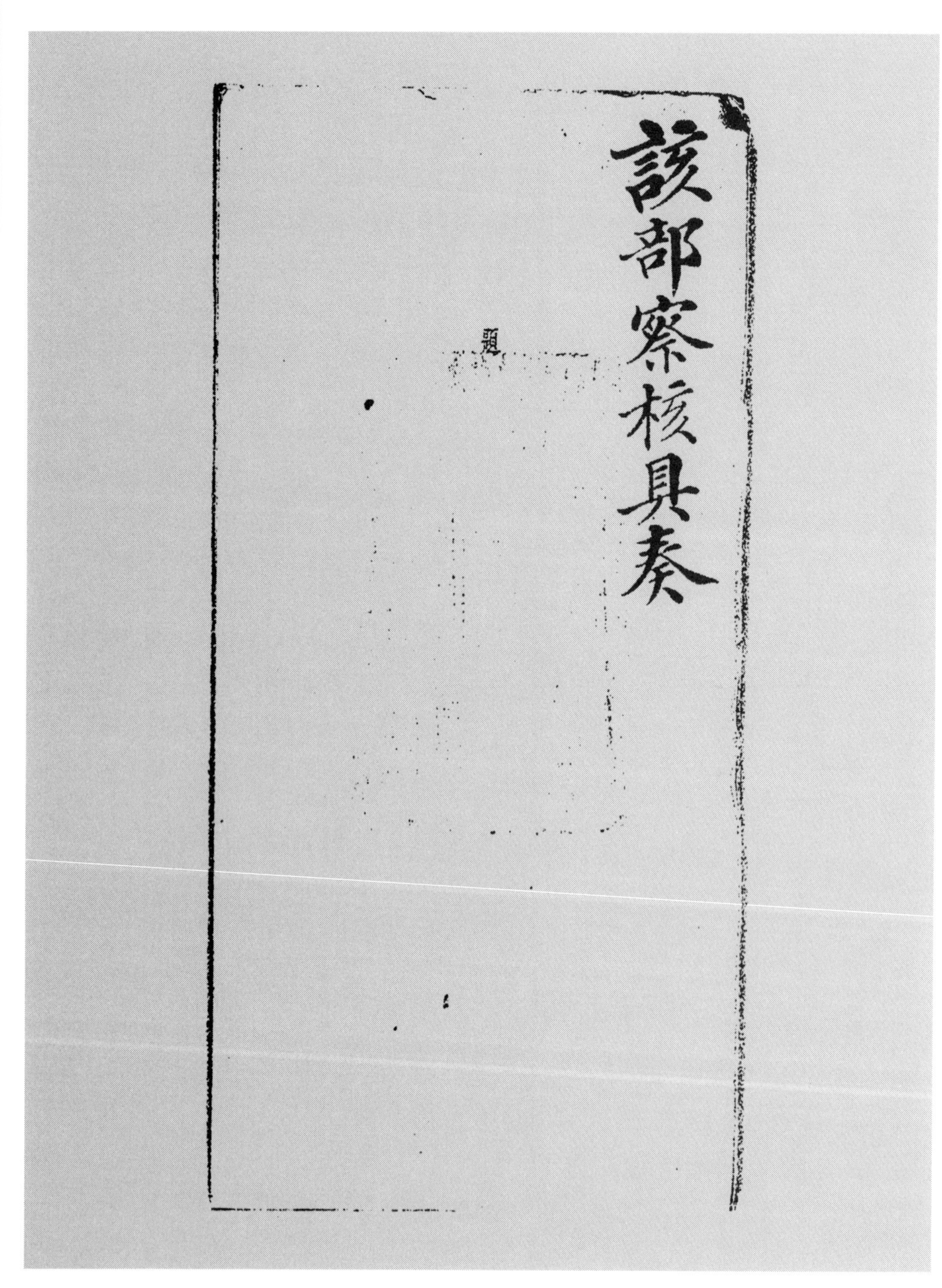
該部察核具奏
題

兵部尚書兼都察院右副都御史總督湖廣等處地方軍務兼理糧餉臣林則徐謹
題為詳請等事該臣看得藩司交代前准部咨令
將司庫收存工賑等款嗣後遇有新舊交代舊
任官將收支各款造具交盤冊結詳請具題又
查定例布政使陞任本省巡撫其任內經手錢
糧令總督確查具題各等語茲據署湖北布政
使事按察使程銓詳稱查本任布政使張岳崧
自道光拾柒年肆月初捌日回任起至道光拾
捌年肆月拾肆日卸事前壹日止任內經手收
支官兵鄉勇卹賞項下原准該署布政使程銓
移交存銀壹拾捌兩玖錢新收無項開除無項
實在存銀壹拾捌兩玖錢又善後工程項下移

交存銀柒千玖百壹拾叁兩捌分肆釐新收無
項開除銀伍百叁拾柒兩陸錢柒分實在存銀
柒千叁百柒拾伍兩肆錢壹分肆釐又正餘錢
價項下移交存銀壹萬貳千玖百捌拾陸兩壹
錢伍分叁釐新收銀柒千叁百兩貳錢壹分伍
釐開除銀壹萬貳千陸百兩實在存銀柒千陸
百捌拾陸兩叁錢陸分捌釐又荆州滿營馬價
發商生息項下移交存銀肆萬壹千兩新收銀
壹萬壹千伍百貳拾兩開除銀捌千陸百肆拾
兩實在存銀肆萬叁千捌百捌拾兩又各項工
程扣收平餘項下移交存銀壹千貳百伍拾肆
兩柒錢肆分壹釐新收銀貳百肆拾貳兩肆錢

陸分陸釐開除銀壹百玖拾柒兩柒錢壹釐實
在存銀壹千貳百玖拾玖兩伍錢陸釐又商捐
隄河生息項下移交存銀貳百叁拾叁兩伍錢
叁分玖釐新收銀壹萬貳千壹百陸拾玖兩陸
錢叁分柒釐開除銀捌千柒百肆拾壹兩貳錢
伍分貳釐實在存銀叁千陸百陸拾壹兩玖錢
貳分肆釐又沙鍾隄工籌備項下移交存銀柒
千叁百玖拾陸兩捌錢壹釐新收銀貳千貳拾
捌兩開除銀柒千貳百壹拾伍兩捌錢叁釐實
在存銀貳千貳百捌兩玖錢玖分捌釐又襄陽
老龍石隄籌備項下移交存銀貳千玖百壹拾
肆兩肆錢肆分伍釐新收銀伍千肆百壹兩玖

錢伍分柒釐開除無項實在存銀捌千叁百壹拾陸兩肆錢貳釐又漢陽江工籌備項下移交存銀柒千玖百兩叁錢叁分壹釐新收銀叁千貳百貳拾壹兩叁錢陸釐開除銀伍千陸百壹拾玖兩伍錢玖分實在存銀伍千伍百貳兩肆分柒釐又各營差費生息項下移交存銀壹萬伍千壹百叁拾貳兩貳錢陸分玖釐新收銀叁千陸百捌拾兩捌錢玖分開除銀陸千柒拾伍兩柒錢叁分肆釐實在存銀壹萬貳千柒百叁拾柒兩肆錢貳分伍釐又捐監正項項下移交存銀伍萬捌百叁拾肆兩叁錢叁分新收銀捌萬貳千肆百玖拾肆兩開除銀壹拾萬兩實在

存銀叁萬叁千叁百貳拾捌兩叁錢叁分又隨
收捐監正項平餘照費飯食項下移交存銀叁
萬肆千壹百肆拾兩柒錢壹釐新收銀陸千貳
百柒拾壹兩壹錢伍分捌釐開除銀陸千玖百
叁拾陸兩叁錢貳分貳釐實在存銀叁萬叁千
肆百柒拾伍兩伍錢叁分柒釐又捐監正項歸
補司庫封貯項下移交存銀壹拾伍萬兩新收
銀伍萬兩開除無項實在存銀貳拾萬兩又米
穀價值項下移交存銀捌萬柒千玖百伍拾壹
兩壹錢柒分伍釐新收銀陸百壹拾陸兩伍分
伍釐開除銀壹萬陸千捌百柒拾柒兩貳錢捌
分壹釐實在存銀柒萬壹千陸百捌拾玖兩玖

錢肆分玖釐俱經按款查覈接收清楚相應分
款造具四柱清冊出具印結一併詳請查覈盤
察加結隨本具
題等情前來臣覆加確覈無異隨率同在省司道
親至藩庫按款盤察竝無侵挪虧欠謹照例加
結保
題除將冊結分送部科外理合恭疏具
題伏乞
皇上聖鑒勅部覈覆施行再湖北巡撫現係布政使
臣張岳崧護理毋庸會銜加結合併陳明臣謹
具
題請

湖廣總督林則徐題本　盤查湖北布政使張岳崧交代任内經手各項錢糧銀兩無虧

道光十八年五月二十四日

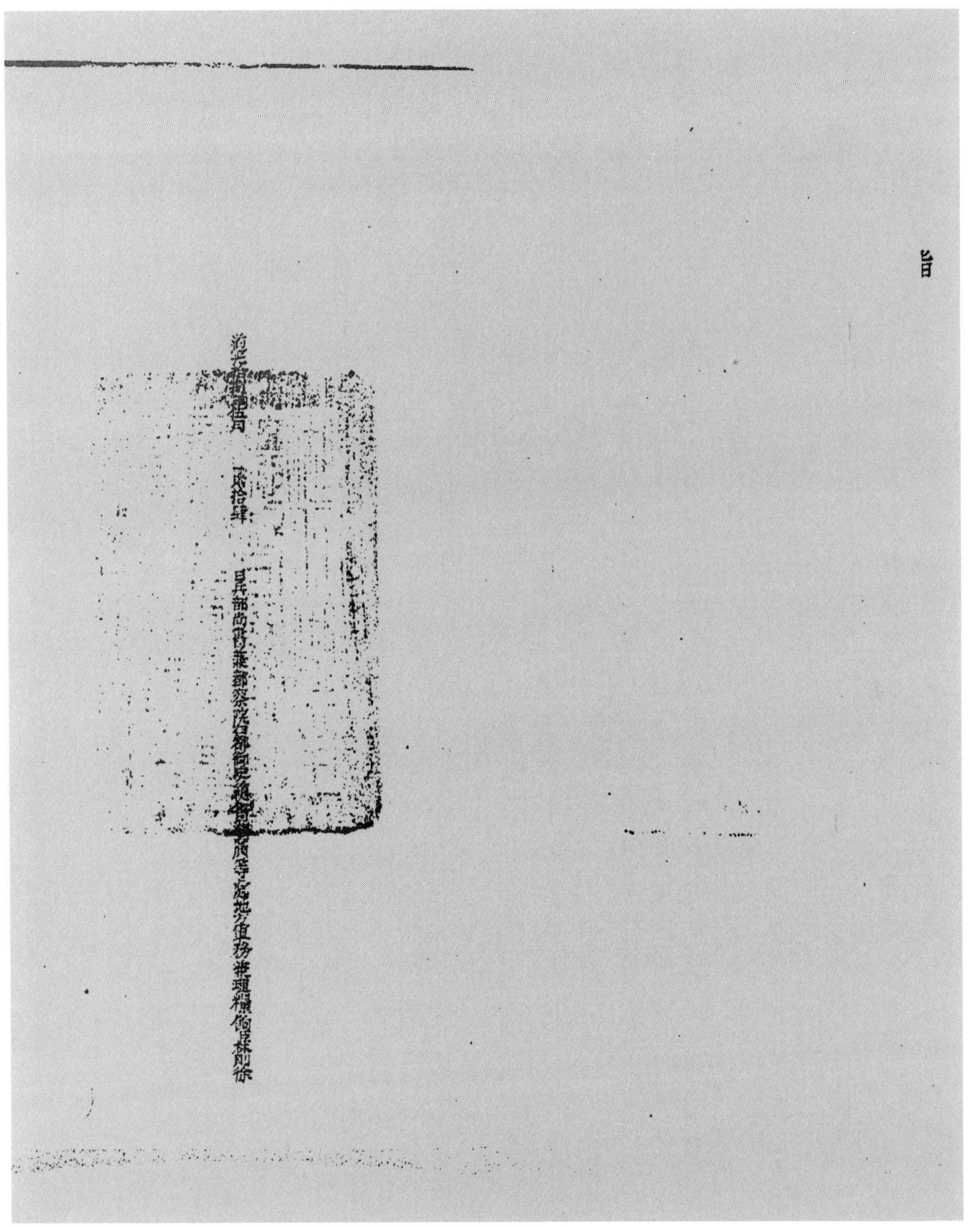
旨

道光拾捌年伍月　貳拾肆　日兵部尚書兼都察院右副都御史總督湖廣等處地方軍務兼理糧餉臣林則徐

二一 湖廣總督林則徐題本 盤查湖北布政使張岳崧交代任內經手各項錢糧銀兩無虧

道光十八年五月二十四日

兵部尚書兼都察院右都御史總督湖廣等處地方軍務兼理糧餉臣林則徐謹

題爲詳請等事。該臣看得藩司交代，前准部咨，令將司庫收存工服等款，嗣後遇有新舊交代，舊任官將收支各款造具交盤冊結，詳請具題。又查定例，布政使陞任本省巡撫，其任內經手錢糧，令總督確查具題等語。茲據署湖北布政使事按察使程銈詳稱：查本任布政使張岳崧自道光拾柒年肆月初捌日回任起，至道光拾捌年肆月拾肆日卸事前壹日止，任內經手收支官兵鄉勇卹賞項下存銀壹拾捌兩玖錢，善後工程項下存銀柒千叁百柒拾伍兩肆錢壹分肆釐，正鑄錢價項下存銀柒千陸百捌拾陸兩叁錢陸分捌釐，荊州滿營馬價發商生息項下存銀肆萬叁千捌百捌拾兩，各項工程扣收平餘項下存銀壹千貳百玖拾玖兩伍錢陸釐，商捐隄河生息項下存銀叁千陸百陸拾壹兩玖錢貳分肆釐，沙鍾隄工籌備項下存銀貳千貳百捌兩玖錢玖分捌釐，襄陽老龍石隄籌備項下存銀捌千叁百壹拾陸兩肆錢貳釐，漢陽江工籌備項下存銀伍千伍百貳兩肆分柒釐，各營差費生息項下存銀壹萬貳千柒百叁拾柒兩肆錢貳分伍釐，捐監正項項下存銀叁萬叁千叁百貳拾捌兩叁錢叁分，隨收捐監正項平

餘照費飯食項下存銀叁萬叁千肆百柒拾伍
兩伍錢叁分柒釐捐監正項歸補司庫封貯項
下存銀貳拾萬兩米穀價值項下存銀柒萬壹
千陸百捌拾玖兩玖錢肆分玖釐俱經按款查
覈接收清楚相應分款造具四柱清冊出具印
結一併詳請查覈盤察加結隨本具
題等情前來臣覆加確覈無異隨率同在省司道
親至藩庫按款盤察並無侵那虧欠謹照例加
結保
題除將冊結分送部科外臣謹具
題請
旨

湖廣總督林則徐題本　宜昌鎮標後營學習雲騎尉世職彭萬年不堪造就請勒令回籍

湖廣總督林則徐題本　宜昌鎮標後營學習雲騎尉世職彭萬年不堪造就請勒令回籍

道光十八年五月二十四日

兵部尚書兼都察院右都御史總督湖廣等處地方軍務兼理糧餉臣林則徐謹
題爲世職差操懶惰不堪造就勒令回籍以肅營
伍事該臣看得定例內開承襲世職有不用心
學習行走懶惰該管大臣奏明令其回籍將應
襲之人另請承襲等語兹據湖北宜昌鎮總兵
官達里保詳稱據宜昌鎮標後營遊擊崔大同
詳稱該營學習雲騎尉世職彭萬年於上年捌
月內入營以來常久在外暱比非人並不歸營
學習及差傳到營諄諄教誡又不悛改實屬不
堪造就理合詳請勒退另行承襲等情由鎮轉
詳前來臣查該世職彭萬年離營誤操不聽教
誡似此不堪造就之世職未便姑容相應請

旨將宜昌鎮標後營學習雲騎尉世職彭萬年勒令
回籍以肅營伍除飭查明應行接襲之人另行
辦理外臣謹會同護理湖北巡撫印務布政使
臣張岳崧湖北提督臣羅思舉合詞恭疏具
題伏乞
皇上聖鑒勅部議覆施行臣謹具
題請
旨

湖廣總督林則徐題本　宜昌鎮標後營學習雲騎尉世職彭萬年不堪造就請勒令回籍　道光十八年五月二十四日

道光拾捌年伍月　貳拾肆　日兵部尚書兼都察院右都御史總督湖廣等處地方軍務兼理糧餉臣林則徐

兵部尚書兼都察院右都御史總督湖廣等處地方軍務兼理糧餉臣林則徐謹

題爲世職差操懶惰不堪造就勒令回籍以肅營伍事。該臣看得湖北宜昌鎮總兵官達里保詳稱據宜昌鎮標後營遊擊崔大同詳稱該營學習雲騎尉世職彭萬年於上年捌月內入營以來常久在外暱比非人並不歸營學習及差傳到營諄諄教誡又不悛改實屬不堪造就理合詳請勒退另行承襲等情由鎮轉詳前來臣查該世職彭萬年離營誤操不聽教誡似此不堪造就之世職未便姑容相應請

旨將宜昌鎮標後營學習雲騎尉世職彭萬年勒令回籍以肅營伍除飭查明應襲之人另行辦理外臣謹會

題請

旨

湖廣總督林則徐題本　**盤查湖北布政使張岳崧任内經手各案錢糧銀兩無虧**

該部察核具奏冊併發

題

二一

湖廣總督林則徐題本　盤查湖北布政使張岳崧任内經手各案錢糧銀兩無虧

道光十八年五月二十四日

兵部尚書兼都察院右都御史總督湖廣等處地方軍務兼理糧餉臣林則徐謹
題爲呈送交盤冊籍事該臣看得藩司交代例限
兩個月將前任移交正雜各案錢糧接收清楚
出結請
題又查定例布政使陞任本省巡撫其任內經手
錢糧令總督確查具題等語今據署湖北布政
使事按察使程銓詳稱該署司於道光拾捌年
肆月拾肆日到任查前任湖北布政使張岳崧
自道光拾柒年肆月初捌日回任起至道光拾
捌年肆月拾肆護理湖北巡撫印務卸事前壹
日止任內經手各案錢糧逐一澈底清查舊管
項下原准該署藩司程銓前次移交存銀壹拾

湖廣總督林則徐題本 盤查湖北布政使張岳崧任內經手各案錢糧銀兩無虧

道光十八年五月二十四日

叁萬肆千捌百壹拾叁兩陸錢叁分內除動支
各案銀兩湊供本省道光拾柒年兵餉應於新
收項下彙報銀壹萬伍千貳百貳拾捌兩伍錢
叁分肆釐外實收舊管銀壹拾壹萬玖千伍百
捌拾伍兩玖分陸釐新收項下前藩司張岳崧
任內共收道光拾陸拾柒拾捌等年民賦正雜
各案錢糧共銀壹百貳拾玖萬捌百肆拾伍兩
捌錢壹分管收共銀壹百肆拾壹萬肆百叁拾
兩玖錢陸釐開除項下前藩司張岳崧任內共
支道光拾陸拾柒拾捌等年官兵俸餉雜支各
案銀壹百貳拾陸萬肆千貳百玖拾陸兩伍錢
貳分實在項下前藩司張岳崧任內應存銀壹

拾肆萬陸千壹百叁拾肆兩叁錢捌分陸釐俱
經按款接收清楚理合分晰造具清冊出具印
結詳請查覈具
題又此案交代應以該署司自道光拾捌年肆月
拾肆日到任起連[illegible]扣至伍月拾肆日屆滿兩
個月例限今出詳係在限內合併聲明等情前
來臣覆加確覈無異隨率同在省司道親至藩
庫按款盤查並無挪虧欠缺照例加結保
題除敬繕黃冊恭呈
御覽并將冊結分送部科外理合恭疏具
題伏乞
皇上聖鑒勅部覈覆施行再湖北巡撫現係布政使

二一 湖廣總督林則徐題本 盤查湖北布政使張岳崧任内經手各案錢糧銀兩無虧

道光十八年五月二十四日

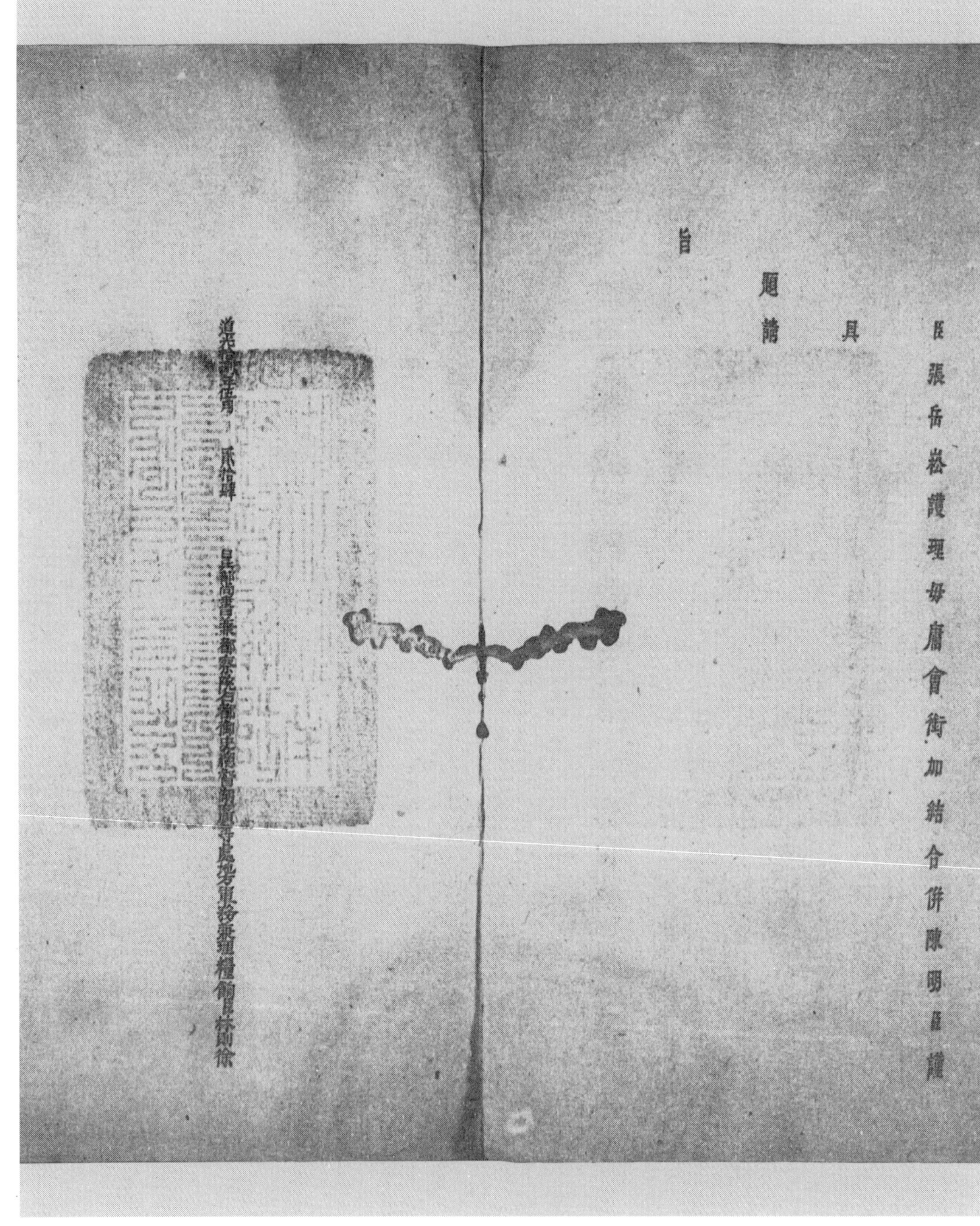

臣張岳崧護理毋庸會銜加結合併陳明臣謹

具

題請

旨

道光拾捌年伍月　貳拾肆日

兵部尚書兼都察院右都御史總督湖廣等處地方軍務兼理糧餉臣林則徐

湖廣總督林則徐題本 盤查湖北布政使張岳崧任內經手各案錢糧銀兩無虧

道光十八年五月二十四日

兵部尚書兼都察院右副都御史總督湖廣等處地方軍務兼理糧餉臣林則徐謹
題爲呈送交盤冊籍事。該臣看得藩司交代例限
兩個月將前任移交正雜各案錢糧接收清楚
出結請
題。又查定例，布政使陞任本省巡撫，其任內經手
錢糧，令總督確查具題等語。今據署湖北布政
使事按察使程銓詳稱：該署司於道光拾捌年
肆月拾肆日到任，前任湖北布政使張岳崧
自道光拾柒年肆月初捌日回任起，至道光拾
捌年肆月拾肆護理湖北巡撫印務卸事前，查
日止，任內經手各案錢糧逐一澈底清查，庫存
銀壹拾肆萬陸千壹百叁拾肆兩叁錢捌分陸
釐，俱經按款接收清楚，造冊出結，詳請查覈具
題等情前來。臣覆加確覈無異，隨率同在省司道
親至藩庫按款盤察，並無侵挪虧欠，謹照例加
結保
題。除繳繕黄冊恭呈
御覽，并將冊結分送部科外，臣謹具
題請
旨。

湖廣總督林則徐題本 **盤查湖北布政使張岳崧任内經手雜款銀兩無虧**

湖廣總督林則徐題本 盤查湖北布政使張岳崧任內經手雜款銀兩無虧

道光十八年五月二十四日

兵部尚書兼都察院右副都御史總督湖廣等處地方軍務兼理糧餉臣林則徐謹
題爲詳請等事該臣看得案准部查司庫實存雜
款銀兩前經飭據藩司分晰造冊咨送并於歷
次交代一併列入造報在案又查定例布政使
陞任本省巡撫其任內經手錢糧令總督確查
具題等語茲據署湖北布政使事按察使程銓
詳稱准本任布政使張岳崧將道光拾柒年肆
月初捌日回任起至道光拾捌年肆月拾肆護
理湖北巡撫印務卸事前壹日止任內經手收
支各款銀兩造冊移交前來查藩牲生息項下
舊管存銀柒百柒拾玖兩肆錢貳釐新收銀壹
萬肆千玖百玖拾捌兩叁錢貳分柒釐開除銀

貳千貳百兩柒錢陸分貳釐實在存銀壹萬叁千伍百柒拾陸兩玖錢陸分柒釐又節省民壯修械項下舊管存銀捌百捌拾貳兩肆錢陸分新收銀叁拾貳兩貳錢陸分叁釐開除銀捌百肆拾陸兩捌錢壹分叁釐實在存銀陸拾柒兩玖錢壹分又王惠橋籌備生息項下舊管存銀陸百伍拾兩壹錢壹分捌釐新收銀壹百捌拾兩開除銀陸拾陸兩肆錢玖分貳釐實在存銀柒百陸拾叁兩陸錢貳分陸釐又得勝橋籌備生息項下舊管存銀捌拾柒兩貳錢玖分肆釐新收無項開除無項實在存銀捌拾柒兩貳錢玖分肆釐俱經按款查覈接收清楚相應分款

造具四柱清冊出具印結一併詳請查覈盤察
加結隨本具
題等情前來臣覆加確覈無異隨率同在省司道
親至藩庫按款盤察並無侵挪虧欠謹照例加
結保
題除將冊結分送部科外[illegible]理合恭疏具
題伏乞
皇上聖鑒勅部覈覆施行再湖北巡撫現係布政使
臣張岳崧護理毋庸會銜加結合併陳明臣謹
具
題請
旨

湖廣總督林則徐題本　盤查湖北布政使張岳崧任内經手雜款銀兩無虧　道光十八年五月二十四日

道光拾捌年伍月貳拾肆日　兵部尚書兼都察院右都御史總督湖廣等處地方軍務兼理糧餉臣林則徐

兵部尚書兼都察院右都御史總督湖廣等處地方軍務兼理糧餉臣林則徐謹

題爲詳請等事。該臣看得案准部查司庫實存雜款銀兩，前經飭據藩司分晰造冊咨送，并於歴次交代一併列入造報在案。又查定例，布政使陞任本省巡撫，其任内經手錢糧，令總督確查具題等語。兹據署湖北布政使事按察使程銓詳稱，准本任布政使張岳崧將道光拾柒年肆月初捌日回任起，至道光拾捌年肆月拾肆護理湖北巡撫印務卸事前壹日止，任内經手收支各款銀兩造冊移交前來。查藩庫生息項下存銀壹萬叁千伍百柒拾陸兩玖錢陸分柒釐

節省民壯修械項下存銀陸拾柒兩玖錢壹分

王惠橋籌備生息項下存銀柒百陸拾叁兩陸

錢貳分陸釐得勝橋籌備項下存銀捌拾柒兩

貳錢玖分肆釐俱經按款查覈接收清楚相應

分款造具四柱清冊出具印結一併詳請查覈

盤察加結隨本具

題等情前來臣覆加確覈無異隨率同在省司道

親至藩庫按款盤察並無侵那虧欠謹照例加

結保

題除將冊結分送部科外臣謹具

題請

旨

湖廣總督林則徐題本 **盤查湖北布政使張岳崧任内經手耗羡養廉公費等項銀兩無虧**

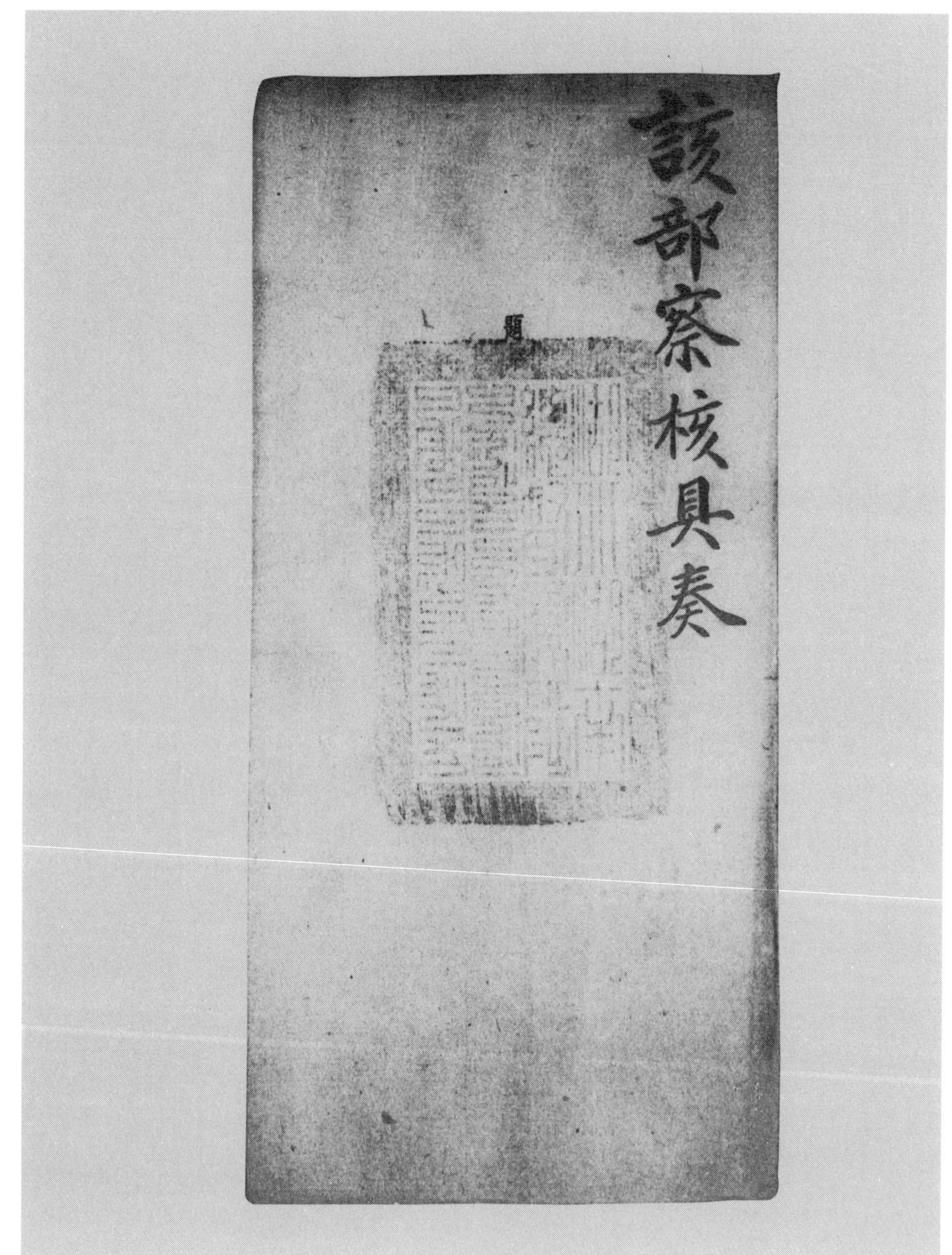

二一　湖廣總督林則徐題本　盤查湖北布政使張岳崧任內經手耗羨養廉公費等項銀兩無虧

道光十八年五月二十四日

兵部尚書兼都察院右都御史總督湖廣等處地方軍務兼理糧餉臣林則徐謹

題爲詳送交盤冊籍事該臣看得藩司交代前准

部咨經管耗羨養廉公費等項銀兩應同正項

錢糧一併盤察具題又查定例布政使陞任本

省巡撫其任內經手錢糧令總督確查具題等

語今據署湖北布政使事按察使程銓詳稱查

本任湖北布政使張岳崧自道光拾柒年肆月

初捌日回任起至道光拾捌年肆月拾肆日護理

湖北巡撫印務卸事前壹日止任內收支耗羨

項下原准該署藩司程銓移交舊管項下存銀

壹萬玖千陸百貳拾柒兩伍錢玖分貳釐本任

藩司張岳崧任內新收銀貳拾貳萬玖千伍百

叁拾捌兩肆錢捌分貳釐管收二項共銀貳拾
肆萬玖千壹百陸拾陸兩柒分肆釐開除銀壹
拾捌萬柒千伍百壹拾伍兩捌錢捌分柒釐實
在存庫銀陸萬壹千陸百伍拾兩壹錢捌分柒
釐又養廉空曠項下原准該署藩司程銓移交
舊管存銀肆萬柒千捌百貳拾壹兩陸錢柒分
本任藩司張岳崧任内新收銀壹萬伍千叁百
壹拾壹兩肆錢貳分柒釐管收二項共銀陸萬
叁千壹百叁拾叁兩玖分柒釐開除銀貳萬柒
千陸百捌拾肆兩柒錢玖分叁釐實在存庫銀
叁萬伍千肆百肆拾捌兩叁錢肆釐公費項下
原准該署藩司程銓移交舊管存銀肆千壹百

貳拾叁兩貳錢伍分陸釐本任藩司張岳崧任
內新收銀柒千貳百柒拾陸兩柒錢伍分管收
二項共銀壹萬壹千肆百兩陸釐開除銀陸千
捌百玖兩肆錢壹分柒釐實在存庫銀肆千伍
百玖拾兩伍錢捌分玖釐貳毫留半空曠項下
原准該署藩司程銓移交舊管存銀玖千肆百
柒兩玖錢伍分陸釐本任藩司張岳崧任內新
收銀玖百叁拾兩肆錢陸分貳釐管收二項共
銀壹萬叁百叁拾捌兩肆錢壹分捌釐開除銀
叁百壹兩貳錢玖分伍釐實在存庫銀壹萬叁
拾柒兩壹錢貳分叁釐以上各款俱經按款查
覈接收清楚相應按款分晰造具四柱清冊出

具印結一併詳送查覈盤察隨本具
題等情前來臣覆加確覈無異隨率同在省司道
親至藩庫按款盤查並無侵那虧欠謹照例加
結保
題除將冊結送部外理合恭疏具
題伏乞
皇上聖鑒勅部覈覆施行再湖北巡撫現係布政使
臣張岳崧護理毋庸會銜加結合併陳明臣謹
具
題請
旨

湖廣總督林則徐題本 盤查湖北布政使張岳崧任內經手耗羡養廉公費等項銀兩無虧

道光十八年五月二十四日

道光拾捌年伍月 貳拾肆 日兵部尚書兼都察院右都御史總督湖廣等處地方軍務兼理糧餉臣林則徐

兵部尚書兼都察院右都御史總督湖廣等處地方軍務兼理糧餉臣林則徐謹

題爲詳送交盤册籍事該臣看得藩司交代前准

部咨經管耗羨養廉公費等項銀兩隨同正項

錢糧一併盤察具題又查定例布政使陞任本

省巡撫其任內經手錢糧令總督確查具題等

語今據署湖北布政使事按察使程銓詳稱查

本任布政使張岳崧自道光拾柒年肆月初捌

日回任起至道光拾捌年肆月拾肆日護理湖北

巡撫印務卸事前壹日止任內收支耗羨項下

存銀陸萬壹千陸百伍拾兩壹錢捌分柒釐養

廉空曠項下存銀叁萬伍千肆百肆拾捌兩叁

湖廣總督林則徐題本　盤查湖北布政使張岳崧任內經手耗羨養廉公費等項銀兩無虧

道光十八年五月二十四日

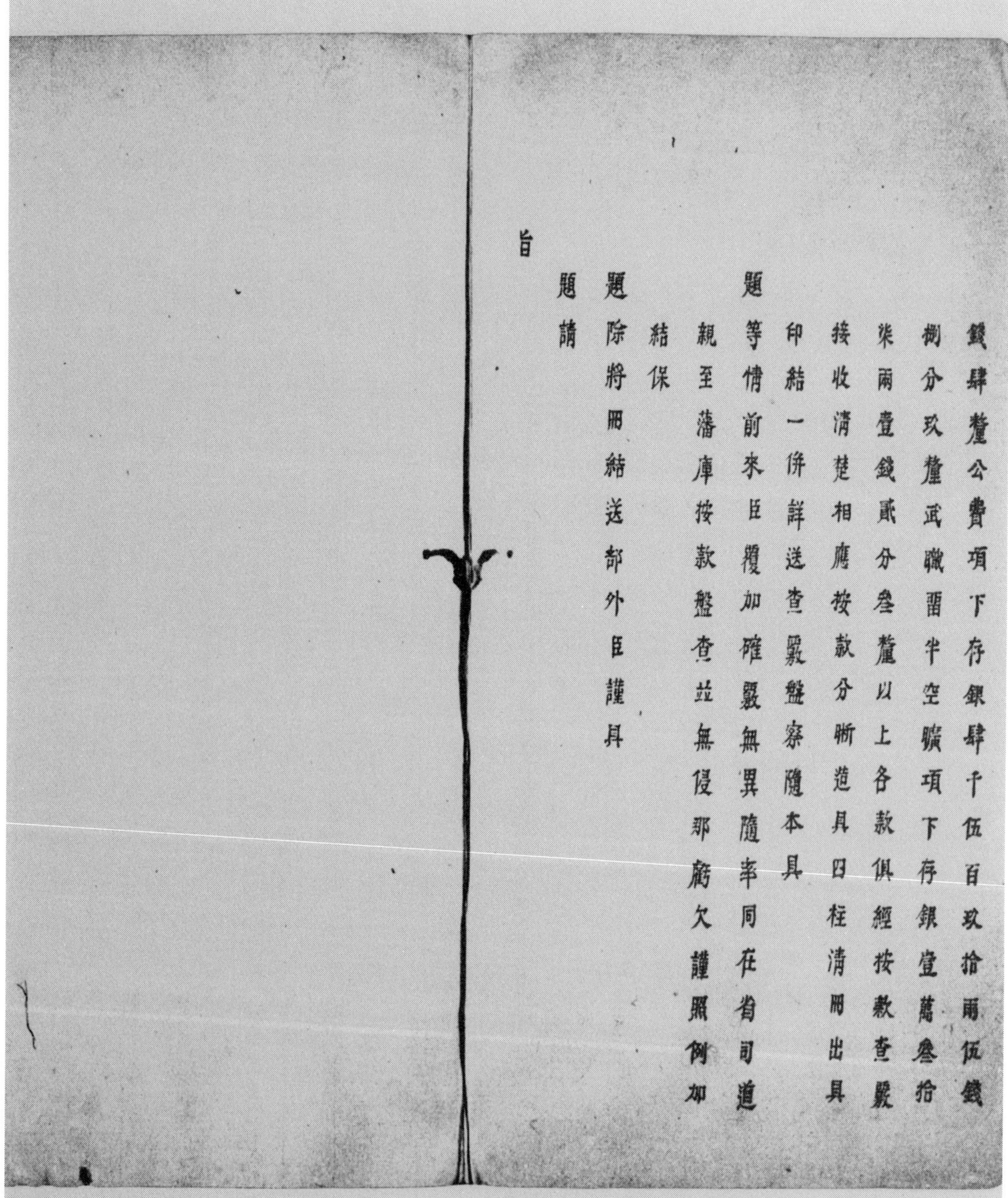
錢肆釐公費項下存銀肆千伍百玖拾兩伍錢
捌分玖釐武職畱半空曠項下存銀壹萬叁拾
柒兩壹錢貳分叁釐以上各款俱經按款查覈
接收清楚相應按款分晰造具四柱清冊出具
印結一併詳送查覈盤察隨本具
題等情前來臣覆加確覈無異隨率同在省司道
親至藩庫按款盤查並無侵挪虧欠謹照例加
結保
題除將冊結送部外臣謹具
題請
旨

湖廣總督林則徐題本

題銷湖北各營道光十七年份賞給兵丁惠濟銀兩

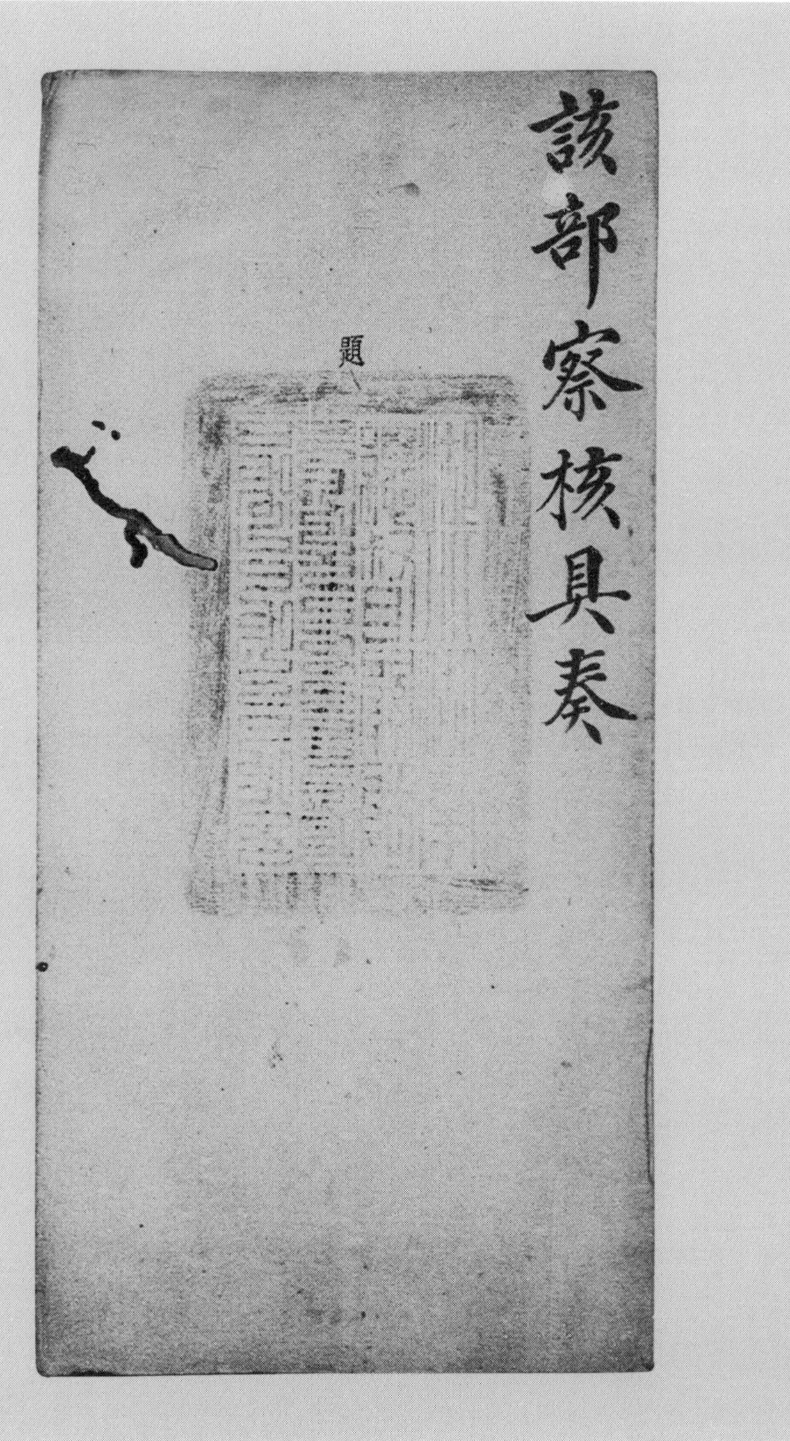

二一

湖廣總督林則徐題本　題銷湖北各營道光十七年份賞給兵丁惠濟銀兩

道光十八年五月二十七日

兵部尚書兼都察院右都御史總督湖廣等處地方軍務兼理糧餉臣林則徐謹

題為遵

旨議奏事該臣看得湖北省綠營兵丁紅白事故援准

部咨每年約需賞銀柒千餘兩即於鹽規銀內

動支如有餘剩仍令解交司庫造報撥用等因

又准部咨各省標營兵丁紅白事故賞銀欽遵

恩旨自乾隆肆拾柒年正月起改動正項所有舊額兵

丁紅白事故賞卹銀柒千兩同新添兵丁紅白

事故銀叁千貳百肆拾壹兩柒錢捌分應准其

一併於地丁銀內撥供按年彙冊題銷又裁減

兵丁案內節省惠濟銀壹百柒拾伍兩壹錢玖

分貳釐各等因遵照在案茲據署湖北布政使

事按察使程銓詳稱准各營將道光拾柒年分
賞給過兵丁惠濟銀兩造冊報銷到司查道光
拾柒年分額支并新添兵丁紅白事故惠濟啟
動正項除裁兵節省外實應支銀壹萬陸拾陸
兩伍錢捌分捌釐已經照數支給應用今准各
營將賞過兵丁紅白事故銀兩造冊移送前來
按冊覈算共請銷銀玖千捌兩尚存剩銀壹千
伍拾捌兩伍錢捌分捌釐應俟入於季冊報部
撥用相應造具總冊同各營送到細冊一併詳
齎查覈
題銷等情前來臣覆覈無異除冊送部外謹會同
護理湖北巡撫印務布政使臣張岳崧湖北提

二一　湖廣總督林則徐題本　題銷湖北各營道光十七年份賞給兵丁惠濟銀兩

道光十八年五月二十七日

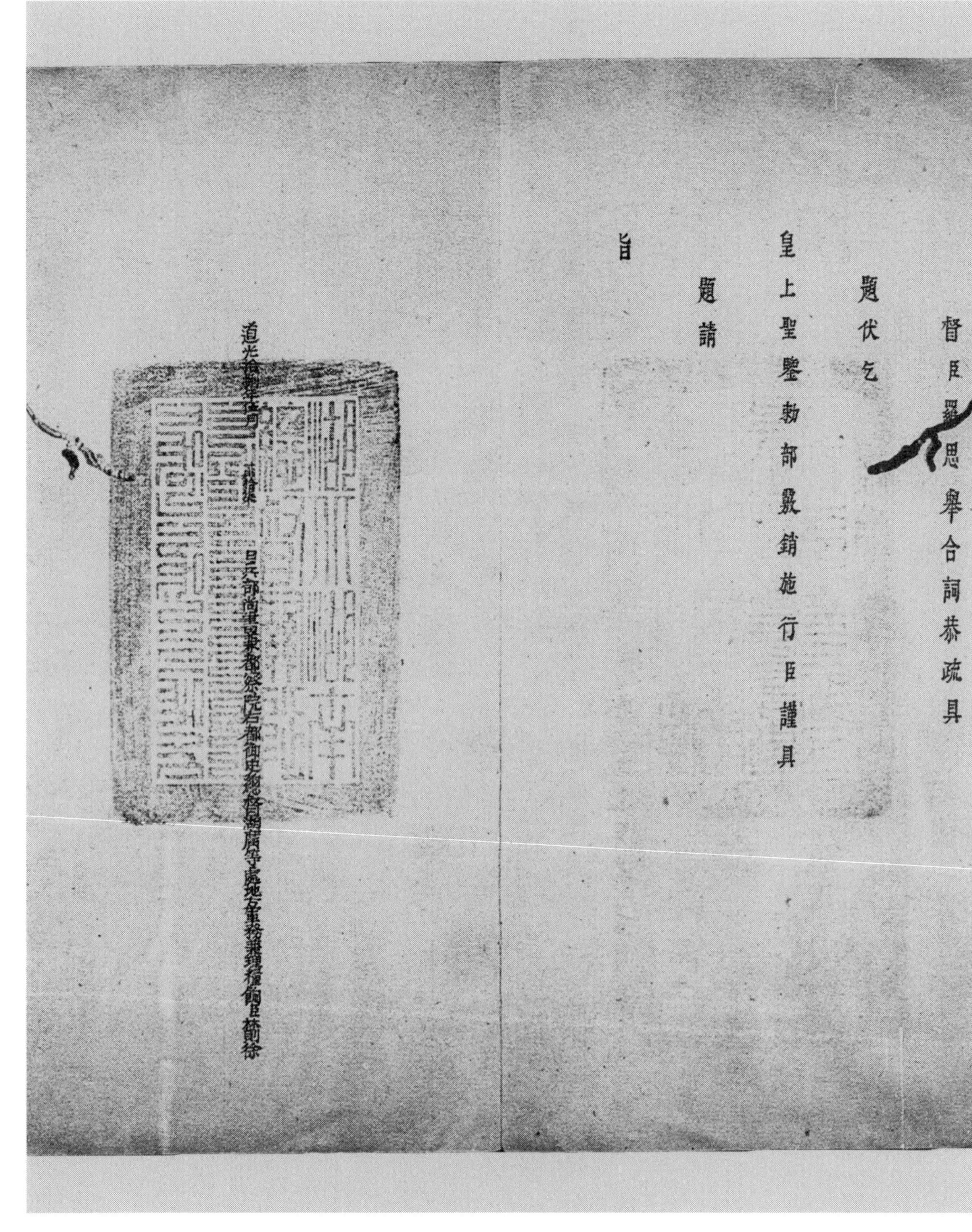

督臣羅思舉合詞恭疏具

題伏乞

皇上聖鑒勅部覈銷施行臣謹具

題請

旨

道光拾捌年伍月　貳拾柒　日臣兵部尚書兼都察院右都御史總督湖廣等處地方軍務兼理糧餉臣林則徐

湖廣總督林則徐題本　題銷湖北各營道光十七年份賞給兵丁惠濟銀兩
道光十八年五月二十七日

兵部尚書兼都察院右都御史總督湖廣等處地方軍務兼理糧餉臣林則徐謹
題爲遵
旨議奏事該臣看得湖北省綠營兵丁紅白事故接准
部咨每年約需賞銀柒千餘兩即於鹽規銀內
動支如有餘剩仍令解交司庫造報撥用等因
又准部咨各省標營兵丁紅白事故賞銀欽遵
恩旨自乾隆肆拾柒年正月起改動正項所有舊額兵
丁紅白事故賞卹銀柒千兩同新添兵丁紅白
事故銀叁千貳百肆拾壹兩柒錢捌分應准其
一併於地丁銀內撥供按年彙冊題銷又裁減
兵丁案內節省惠濟銀壹百柒拾伍兩壹錢玖
分貳釐各等因遵照在案茲據署湖北布政使
事按察使程銓詳稱准各營將道光拾柒年分
賞給過兵丁惠濟銀兩造冊報銷到司查道光
拾柒年分額支并新添兵丁紅白事故惠濟改
動正項除裁兵節省外實應支銀壹萬陸拾陸
兩伍錢捌分捌釐已經照數支給應用今准各
營將賞過兵丁紅白事故銀兩造冊移送前來
按冊覈算共請銷銀玖千捌兩尚存剩銀壹千
伍拾捌兩伍錢捌分捌釐應俟入於季冊報部
撥用相應造具總冊同各營送到細冊一併詳
齎查覈
題銷等情前來臣覆覈無異除冊送部外謹會
題請
旨

二一 湖廣總督林則徐題本 題銷湖北各標鎮協營道光十七年份支過武職養廉銀兩

道光十八年五月二十七日

湖廣總督林則徐題本 **題銷湖北各標鎮協營道光十七年份支過武職養廉銀兩**

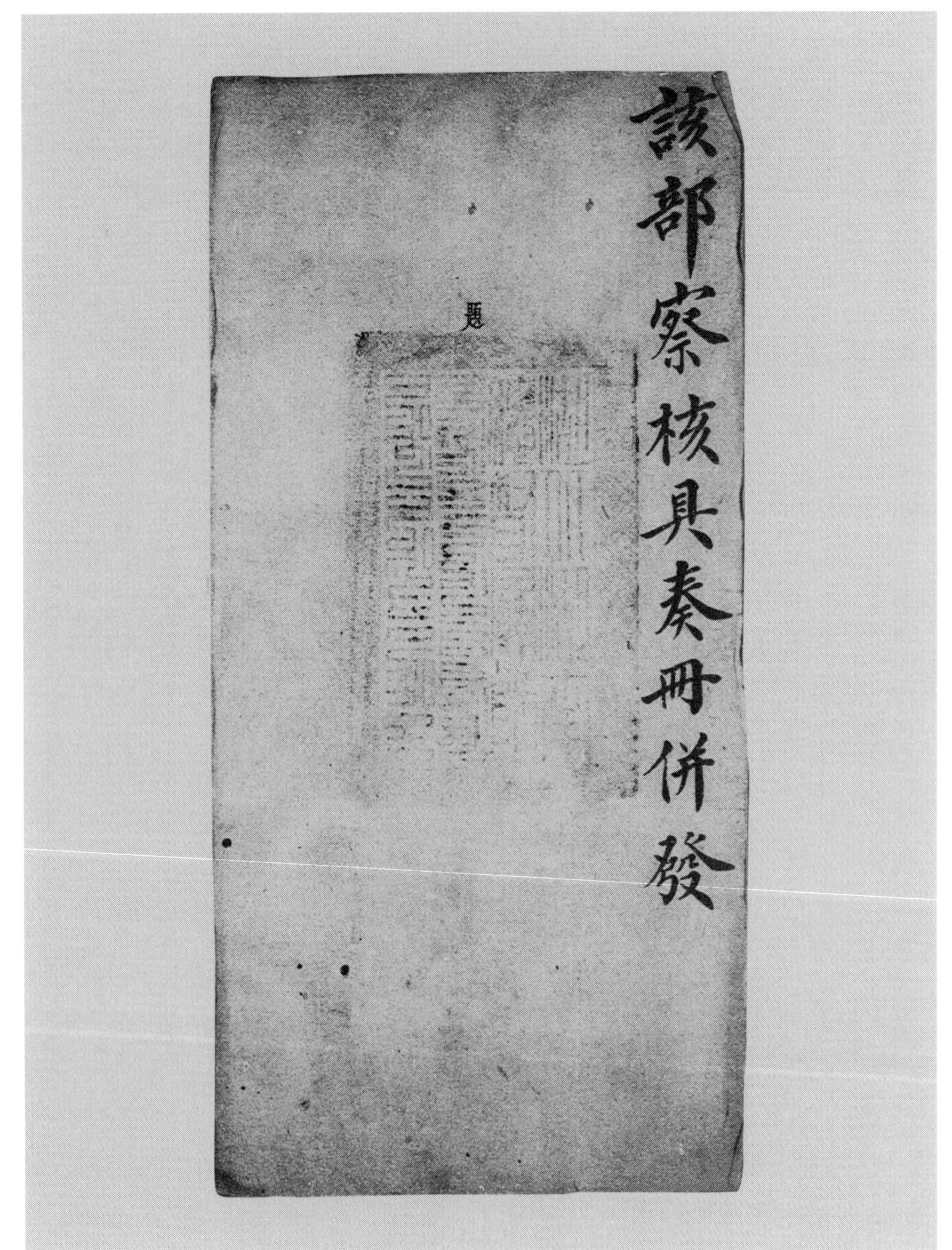

該部察核具奏冊併發

題

湖廣總督林則徐題本　題銷湖北各標鎮協營道光十七年份支過武職養廉銀兩

道光十八年五月二十七日

兵部尚書兼都察院右都御史總督湖廣等處地方軍務兼理糧餉臣林則徐謹
題爲報銷武職養廉銀兩事該臣看得湖北省武
職養廉銀兩准戶部咨該督等奏請動用原充
賞項之引規等銀壹萬肆千兩覈與原議相符
應准其動支其不敷銀貳萬玖千捌百壹拾陸
兩請於正項銀內動支之處亦與原議相符應
准其在於正項地丁銀內動支仍將動撥給發
各數於歲底專案造冊題銷并於各本案內聲
明造報查覈又於嘉慶捌年改設提標等營案
內增設官弁新添養廉銀捌千捌百壹拾捌兩
共銀叁萬捌千陸百叁拾肆兩一併在於地丁
銀內動支又例載直省綠營武職員弁額設養

湖廣總督林則徐題本 題銷湖北各標鎮協營道光十七年份支過武職養廉銀兩
道光十八年五月二十七日

廉銀兩小建不扣遇閏分作拾叁個月支領其
任內或遇因公降革留任者仍准支給各等因
遵照在案今據署湖北布政使事按察使程銓
詳稱湖北各標鎮協營道光拾柒年壹歲額設
養廉銀伍萬貳千陸百叁拾肆兩按冊覈算共
支過養廉銀伍萬壹千捌百玖拾貳兩玖錢肆
分柒釐均與定例小建不扣支領數目相符實
存剩銀柒百肆拾壹兩伍分叁釐內係陞遷事
故官弁應存空曠銀貳百柒拾捌兩玖錢柒分
陸釐又赴部引
見人員應存留半銀肆百陸拾貳兩柒分柒釐奉准
部文支給額外委署人員酌給養廉并武職修

湖廣總督林則徐題本 題銷湖北各標鎮協營道光十七年份支過武職養廉銀兩 道光十八年五月二十七日

理衙署之用其收支存剩數目俱於空曠畱半

養廉

奏銷冊內備晰開造相應彙造總冊同各營款冊

一併具文詳請查覈具

題等情前來臣覆覈無異除冊送部查覈并將支

過總數敬繕黃冊壹本

進呈

御覽外謹會同護理湖北巡撫印務布政使臣張岳

崧合詞恭疏具

題伏乞

皇上聖鑒勅部覈銷施行臣謹具

題請

湖廣總督林則徐題本　題銷湖北各標鎮協營道光十七年份支過武職養廉銀兩

道光十八年五月二十七日

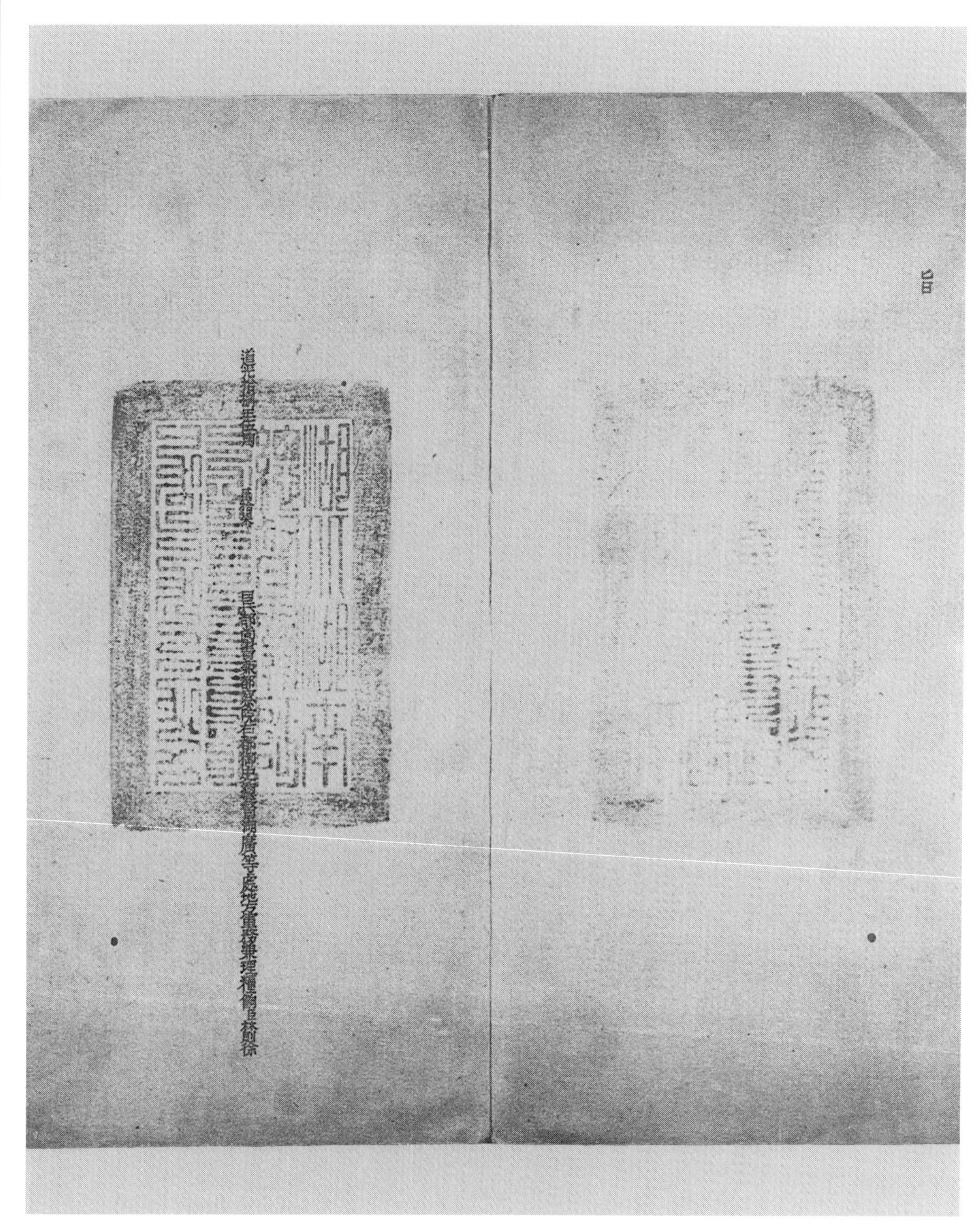

旨

道光拾捌年伍月　貳拾柒日　兵部尚書兼都察院右都御史總督湖廣等處地方軍務兼理糧餉臣林則徐

湖廣總督林則徐題本　題銷湖北各標鎮協營道光十七年份支過武職養廉銀兩
道光十八年五月二十七日

兵部尚書兼都察院右都御史總督湖廣等處地方軍務兼理糧餉臣林則徐謹
題
爲報銷武職養廉銀兩事該臣看得湖北省武
職養廉銀兩准戶部咨原充賞項之引規等銀
壹萬肆千兩應准其動支其不敷銀貳萬玖千
捌百壹拾陸兩亦應准其在於正項地丁銀內
動支仍於歲底專案造冊題銷并於各本案聲
明造報查覈又於嘉慶捌年改設提標等營案
內增設官弁新添養廉銀捌千捌百壹拾捌兩
共銀叁萬捌千陸百叁拾肆兩一併在於地丁
銀內動支等因遵照在案今據署湖北布政使
事按察使程銓詳稱湖北各標鎮協營道光拾
柒年壹歲額設養廉銀伍萬貳千陸百叁拾肆
兩按冊覈算共支過養廉銀伍萬壹千捌百玖
拾貳兩玖錢肆分柒釐均與定例小建不扣支
領數目相符實存剩銀柒百肆拾壹兩伍分叁
釐內係陞遷事故官弁應存空曠銀貳百柒拾
捌兩玖錢柒分陸釐又赴部引
見人員應存留半銀肆百陸拾貳兩柒分柒釐奉准
部文支給額外委署人員酌給養廉并武職修
理衙署之用其收支存剩數目俱於空曠留半
養廉
奏銷冊內備晰開造相應彙造總冊同各營款冊
一併詳請覈
題等情前來臣覆覈無異除冊送部查覈并將支
過總數敬繕黃冊
進呈
御覽外謹會
題請
旨

湖廣總督林則徐題本 **題銷荊州八旗及湖北各營官兵馬匹支過道光十七年份錢糧**

該部察核具奏冊併發

題

湖廣總督林則徐題本 題銷荊州八旗及湖北各營官兵馬匹支過道光十七年份錢糧 道光十八年五月二十七日

兵部尚書兼都察院右都御史總督湖廣等處地方軍務兼理糧餉臣林則徐謹

題爲報銷兵馬錢糧事該臣看得楚省駐防荊州八旂官兵馬匹及湖北各標鎮協營官兵馬匹支過道光拾柒年分俸餉乾銀白中本折米麥及本折豆草數目今據署湖北布政使事按察使程銑糧儲道李源查照實支清檔造具清冊并各營格冊該司照例用印鈐蓋彙呈前來臣查自道光拾柒年正月起至拾貳月底滿漢官兵馬匹實支俸餉乾銀并折色豆草通共銀陸拾伍萬肆千捌百壹拾貳兩叁錢叁分貳釐實支折色白米壹千壹百柒拾玖石貳斗捌升捌勺本色中米壹拾叁萬叁千玖百壹拾柒石叁

斗貳升柒合陸勺部撥餉項下折色中米貳萬
貳千玖百玖拾肆石壹斗玖升部撥不敷折色
中米叁萬柒千柒拾肆石伍斗玖合壹勺南糧
改折項下折色中米貳萬壹千肆百肆拾陸石
柒斗本色大麥伍拾叁石伍斗伍升肆合陸勺
本色豆伍拾貳石叁斗陸升玖合玖勺以上銀
米大麥豆草內除本色麥豆動支款項并折色
米石價值以及部撥支存餉款應聽撫臣統歸
民賦
奏銷案內報部覈銷所有實支銀米麥豆數目攢
造清冊同取獲清檔送部查覈并將支過總數
恭繕黃冊壹本

進呈
御覽外謹會同護理湖北巡撫印務布政使臣張岳
崧合詞恭疏具
題伏乞
皇上聖鑒敕部覈銷施行臣謹具
題請
旨

湖廣總督林則徐題本　題銷荊州八旗及湖北各營官兵馬匹支過道光十七年份錢糧

道光十八年五月二十七日

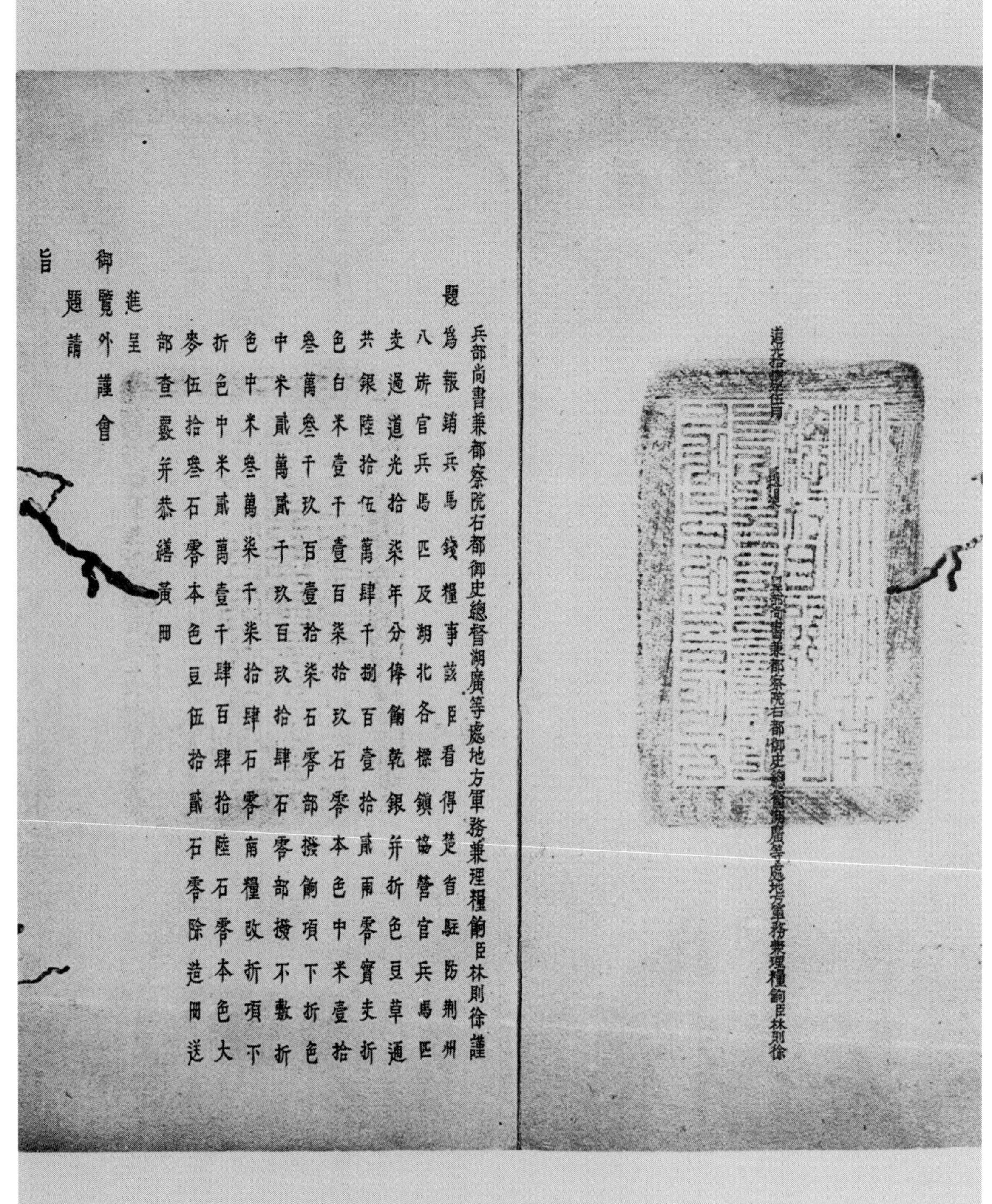

道光拾捌年伍月　日兵部尚書兼都察院右都御史總督湖廣等處地方軍務兼理糧餉臣林則徐

兵部尚書兼都察院右都御史總督湖廣等處地方軍務兼理糧餉臣林則徐謹
題為報銷兵馬錢糧事該臣看得楚省駐防荊州
八旗官兵馬匹及湖北各標鎮協營官兵馬匹
支過道光拾柒年分俸餉乾銀并折色豆草通
共銀陸拾伍萬肆千捌百壹拾貳兩零實支折
色白米壹千壹百柒拾玖石零本色中米壹拾
叁萬叁千玖百壹拾柒石零部撥餉項下折色
中米貳萬貳千玖百玖拾肆石零部撥不敷折
色中米叁萬柒千柒拾肆石零南糧改折項下
折色中米貳萬壹千肆百肆拾陸石零本色大
麥伍拾叁石零本色豆伍拾貳石零除造冊送
部查覈并恭繕黃冊
進呈
御覽外謹會
題請
旨

湖廣總督林則徐奏片

密陳提高茶葉大黃湖絲等售價並飭粤省籌議章程

再臣林則徐伏見我
皇上久道化成一切政典彝章悉秉
列聖成謨以垂法守況人命至重欽恤惟刑在強盜尚
有原情之條豈吸煙獨予加重之辟然目前立
法以救弊法雖創而理實因天下萬世固曉然
於因時制宜
前聖後
聖之揆一也況立法嚴行法恕古有明言將來尚有
自首之減輕與秋審之緩決原待
恩出自
上
聖明自有權衡現在既有黃爵滋此奏奉

旨交議不獨率土周知即詭譎萬端之夷人亦必有
內奸為之通信此議若寢則從此玩心愈甚其
害更烈於前故臣愚以為必須中外臣工併力
一心誓除此害
國家理財大計此時正一轉機也臣又嘗遍訪鴉
片來由實皆港脚奸夷所帶與㖞咭唎國之修
職貢者殊不相涉不過狡黠市儈各牟各利並
非有總滙之處主使之人是以從前責於澳門
追驅之而移泊於黃埔又驅之而寄椗於零丁
洋何嘗不畏法紀所可惡者內港之快蟹蔓船
為之盤送耳如果內地無人吸食諒彼亦即不
來然歷年出洋之銀固已不可勝數因思茶葉

大黄湖絲皆内地寶貴之物而外洋所不可一
日無者聞每年出洋交易約抵七八百萬第覈
其所賣之價不過與内地價同
天朝四海為家固不屑與之計較然揆諸造物好還
之理似亦宜以盈補虚而準諸物類不齊之情
尤不值以貴伍賤如將售賣出洋之茶葉大黄
湖絲等物倍蓰其價凡閩浙蘇皖川楚等處客
商似皆無不樂從且其交易悉由洋行並不必
與外夷對議每年内地收回之價值或可稍償
前此之漏卮如新價定後縱有奸商跌價私賣
亦總比内地之價為昂況賣成洋行自不敢聽
其搶跌而内地民間日用仍照常價並不病民

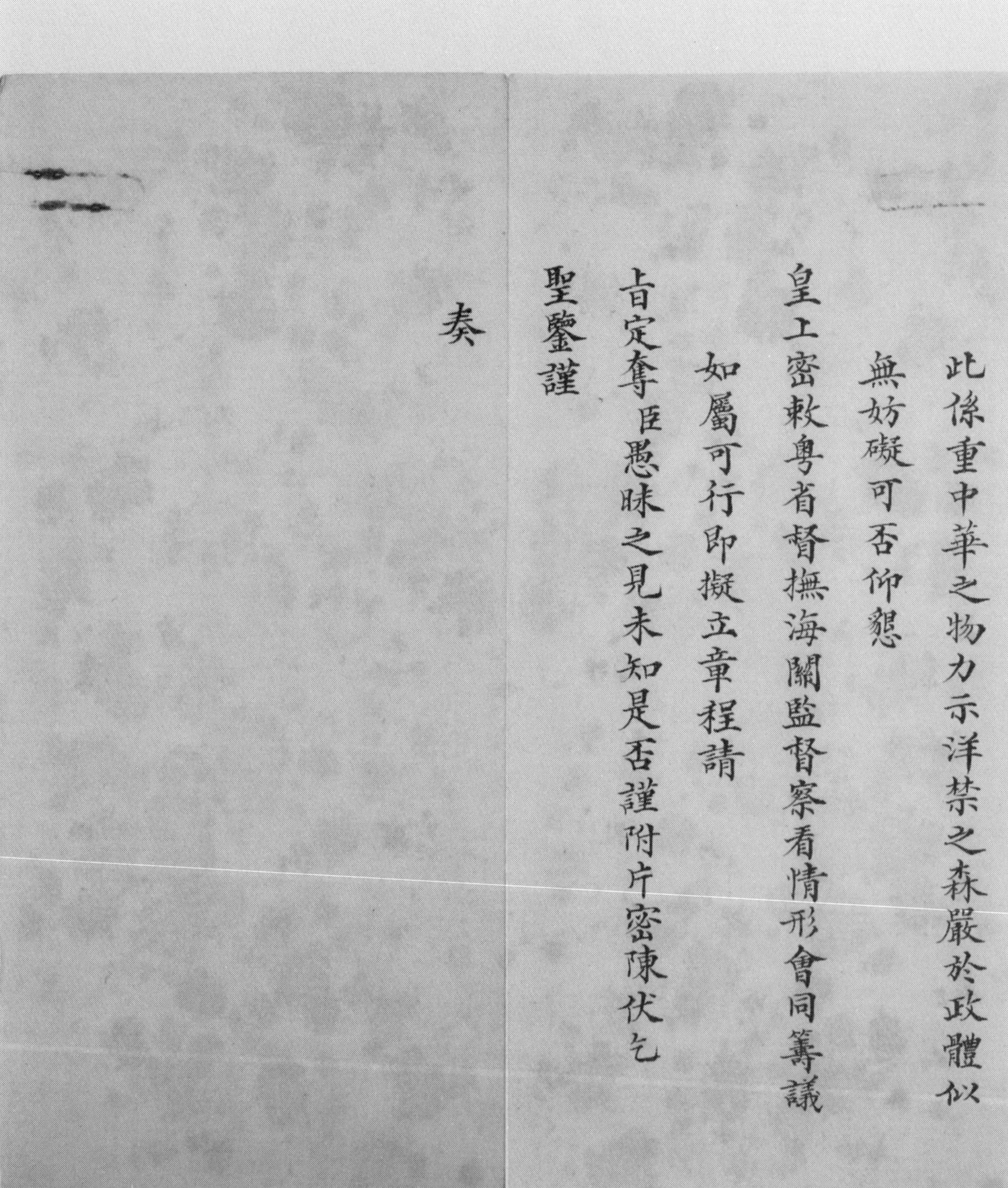

此係重中華之物力示洋禁之森嚴於政體似
無妨礙可否仰懇
皇上密敕粵省督撫海關監督察看情形會同籌議
如屬可行即擬立章程請
旨定奪臣愚昧之見未知是否謹附片密陳伏乞
聖鑒謹
奏

湖廣總督林則徐等奏摺　辰永沅靖道常慶交代賠項已清遵旨解配

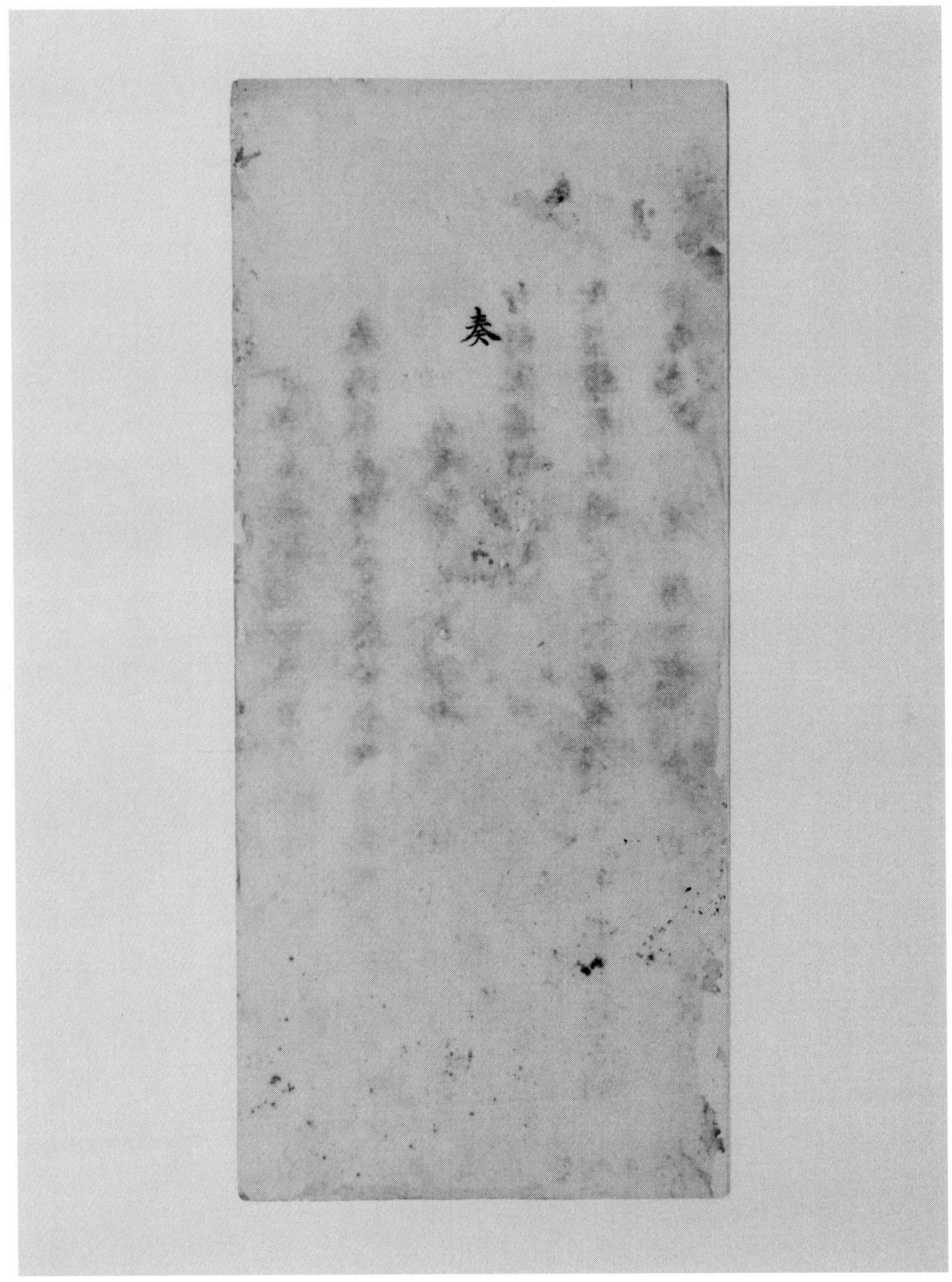

奏

湖廣總督林則徐等奏摺 辰永沅靖道常慶交代賠項已清遵旨解配

道光十八年六月初二日

兩湖總督臣林則徐跪
湖南巡撫臣錢寶琛

奏爲參革開道道員交代已清賠項亦經完繳應
行遵旨解配恭摺奏祈
聖鑒事竊照道光十六年前任湖廣督臣訥爾經額
旨審奏鎮筸兵勇挾借滋事案內欽奉又[illegible]年[illegible]
諭旨已革辰永沅靖道常慶僅擬革職未足蔽辜著
旨發往軍臺效力贖罪等因欽此當因常慶措繳洞
旨前案參革鎮筸總兵向尊化轉發兵丁銀一萬五
千五百八十五兩先經
奏明該革員等各半分賠計常慶名下應賠銀七
千七百九十二兩五錢原限半年完繳嗣因交

二一

湖廣總督林則徐等奏摺　辰永沅靖道常慶交代賠項已清遵旨解配

道光十八年六月初二日

代倉庫各款轇轕不清又經前撫臣裕泰
奏請暫行留禁欽奉
硃批該撫嚴查審訊務期水落石出斷不准因業經
問遣之人顢頇將就致令倖免等因欽此均經先
後轉行欽遵查辦在案茲據陞署辰永沅靖道
臣蕭鼎稱常慶交代倉庫銀穀各款
奏明清查苗疆屯務一案互相牽涉必須清查辦
竣方能水落石出現在清查完畢轇轕各款均
已分別查明除挾借案內鎮道應分賠銀一萬
[illegible][illegible]五百八十五兩另追歸款及歷年佃租穀
五千餘石屯丁苗官借欠穀一千一百七十餘
石練勇借欠銀六千四百餘兩已詳奉

湖廣總督林則徐等奏摺 辰永沅靖道常慶交代賠項已清遵旨解配

道光十八年六月初二日

奏請豁免另籌歸補外所有常慶應交銀穀一十
三萬一千八百餘兩內前已移交及代爲追收
共計銀穀二十一萬九千九百餘兩仍少銀穀
一萬二千八百餘兩現已三面算明交抵清楚
並無虧缺等情并據藩臬兩司詳報該革員常
慶將分賠各兵挾借銀七千七百九十餘兩陸
續完繳前來臣等伏[illegible][illegible]查案内丁佃[illegible][illegible]歷
年欠繳穀石及練勇積欠銀兩前已遵款查議
奏准一體豁免均經籌款歸補此外應交銀穀既
據該署道澈底盤查按款接收清楚臣等飭令
藩司龔綬會同確核並無不實不盡其應追兵
勇挾借案内分賠銀兩亦據全數完繳自應欽

湖廣總督林則徐等奏摺　辰永沅靖道常慶交代賠項已清遵旨解配

道光十八年六月初二日

遵前奉

諭旨即將該革員常慶解赴配所効力贖罪除檄飭

遵照起解外所有臣等欽遵查辦緣由謹合詞

恭摺具

奏伏乞

皇上聖鑒謹

奏

該部知道

湖廣總督林則徐等奏摺 辰永沅靖道常慶交代賠項已清遵旨解配

道光十八年六月初二日

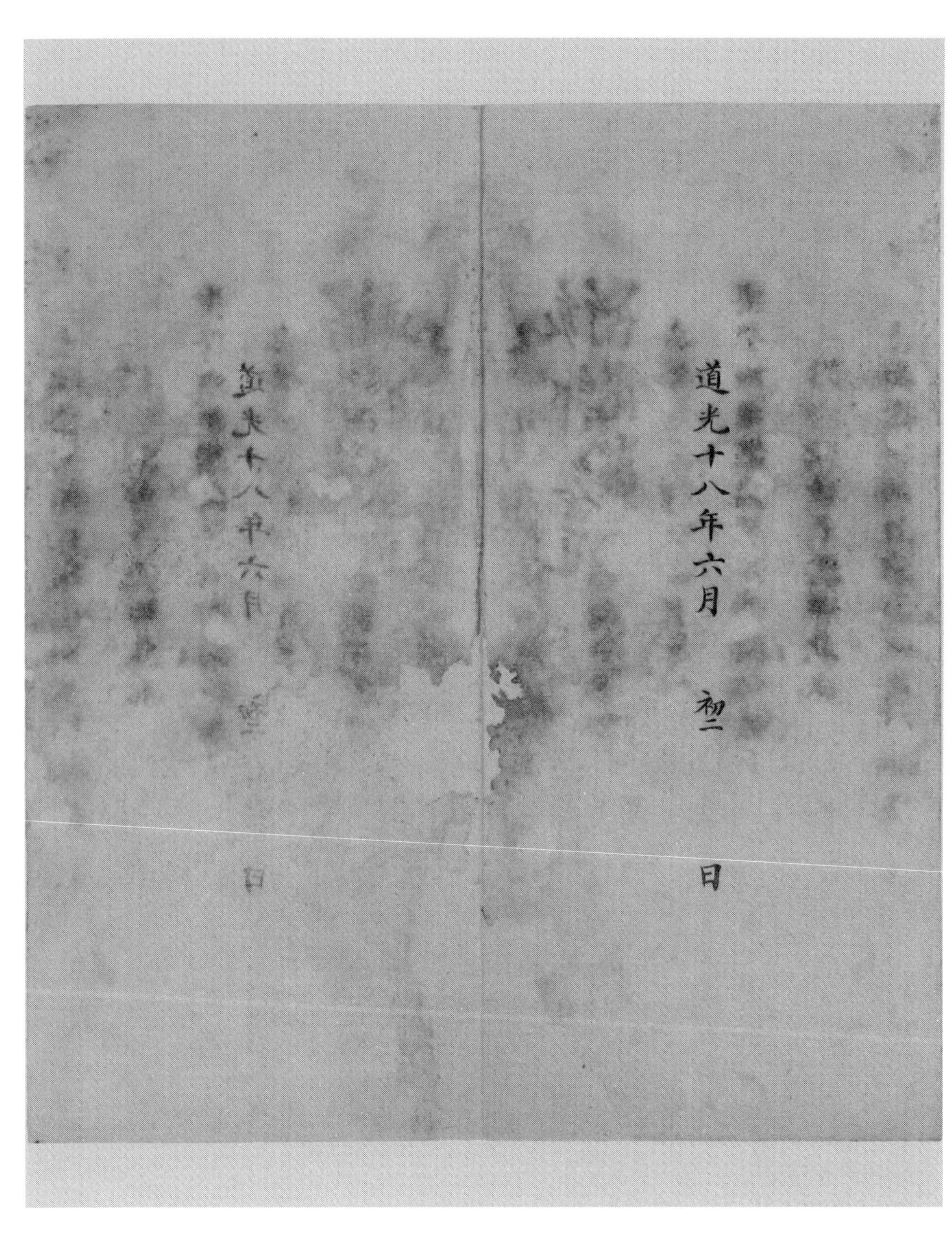

道光十八年六月初二日

道光十八年六月初二日

湖廣總督林則徐等奏摺 **同知姚華佐服闋後請仍發湖南差委**

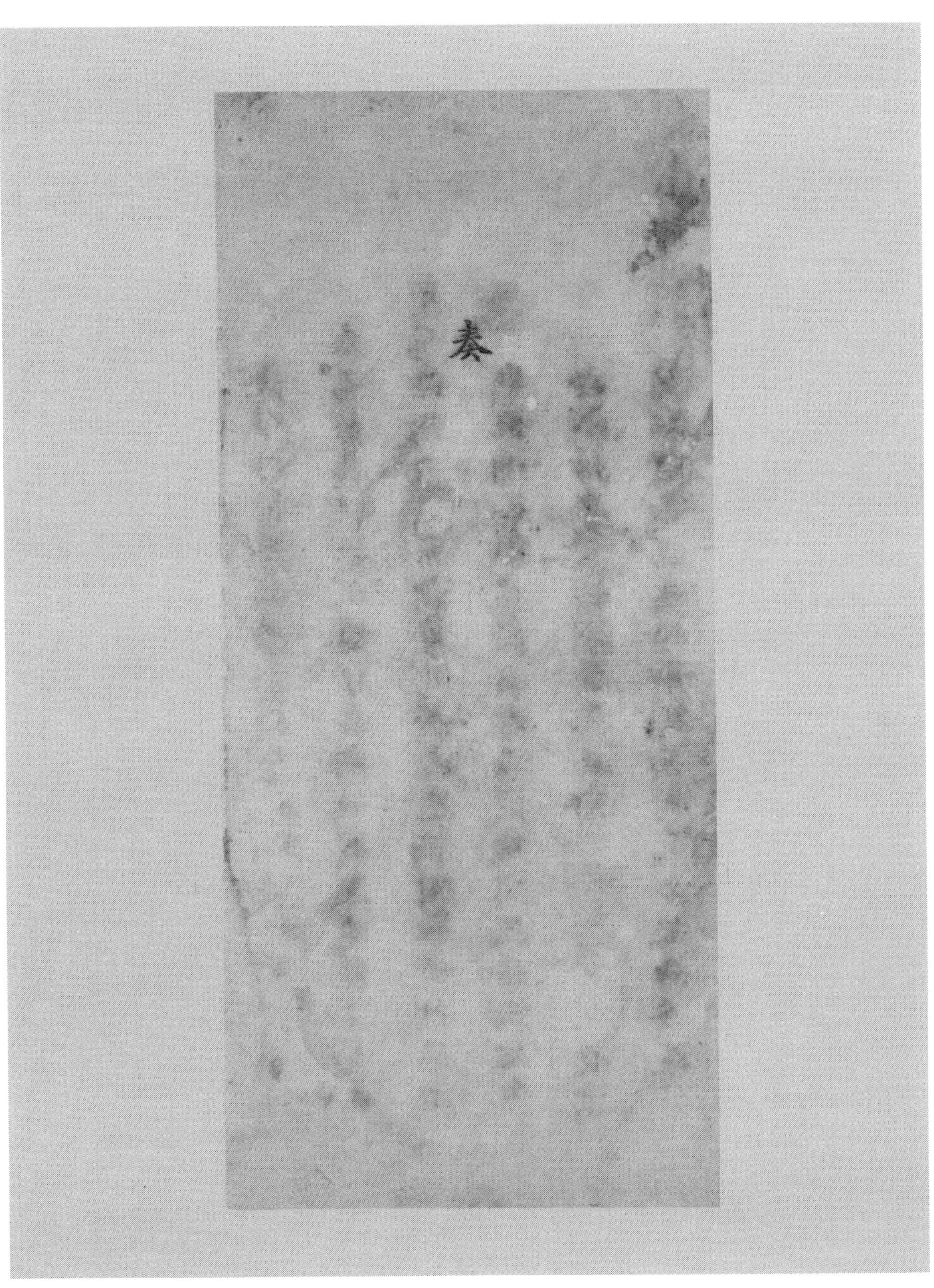

二一

湖廣總督林則徐等奏摺　同知姚華佐服闋後請仍發湖南差委

道光十八年六月初二日

兩湖總督臣林則徐
湖南巡撫臣錢寶琛跪

奏為苗疆得力人員丁憂回籍援案奏懇
聖恩請俟該員服闋後仍發原省補用以資熟手事
竊照湖南省苗疆廳縣各缺撫馭民苗經理屯
務[illegible]扐薄宜均關緊要必須熟悉苗情之員方
足以資治理是以俱定為題調要缺由外遴員
請補雖是苗疆缺分較多而實缺[illegible]候補各員
內求其熟悉苗情才具又足以資治理者不可
多得[illegible]遇苗疆缺出每致揀選乏人溯查嘉慶
二十二二十四等年湖南永綏廳同知蔣紹宗
保靖縣知縣查惠芷江縣知縣盧爾秋丁憂回
籍因該員等熟悉苗情疊經前督撫臣奏准俟

服闋後仍發湖南委用道光五年十二月永順
府同知劉重霄乾州廳同知嚴煥先後服闋亦
經前撫臣裕泰奏請均蒙
恩准各在案茲查鳳凰直隸廳同知姚華佐年五十
歲廣東監生報捐同知分發湖南道光八年
到省歷署岳州府同知郴州直隸州十年
江華猺匪滋事防堵出力保奏奉
旨不論雙單月遇缺即補等因欽此旋補今職十四年
三月到任先後委署沅州永州各府缺兼護辰
永沅靖道篆務辦理悉臻妥協十七年十一月聞
訃丁憂現已給咨回籍臣等查該員在南楚十
年幹練勤明輿情愛戴經理苗屯事務均屬認

湖廣總督林則徐等奏摺　同知姚華佐服闋後請仍發湖南差委
道光十八年六月初二日

員於苗疆甚為得力將來服闋赴部銓選在他
省不過得一循職之員在湖南則少一苗疆辦
事熟手合無仰懇
皇上天恩俯念苗疆需員准將丁憂同知姚華佐俟
服闋時由部帶領引
見後仍發湖南差委遇有相當缺出照例[illegible]用兼要
缺以得人實於治理有裨據藩臬兩司會詳
前來臣等往返札商意見相同謹合詞恭摺具
奏伏乞
皇上聖鑒訓示謹
奏

另有旨

湖广总督林则徐等奏折　同知姚华佐服阕后请仍发湖南差委

道光十八年六月初二日

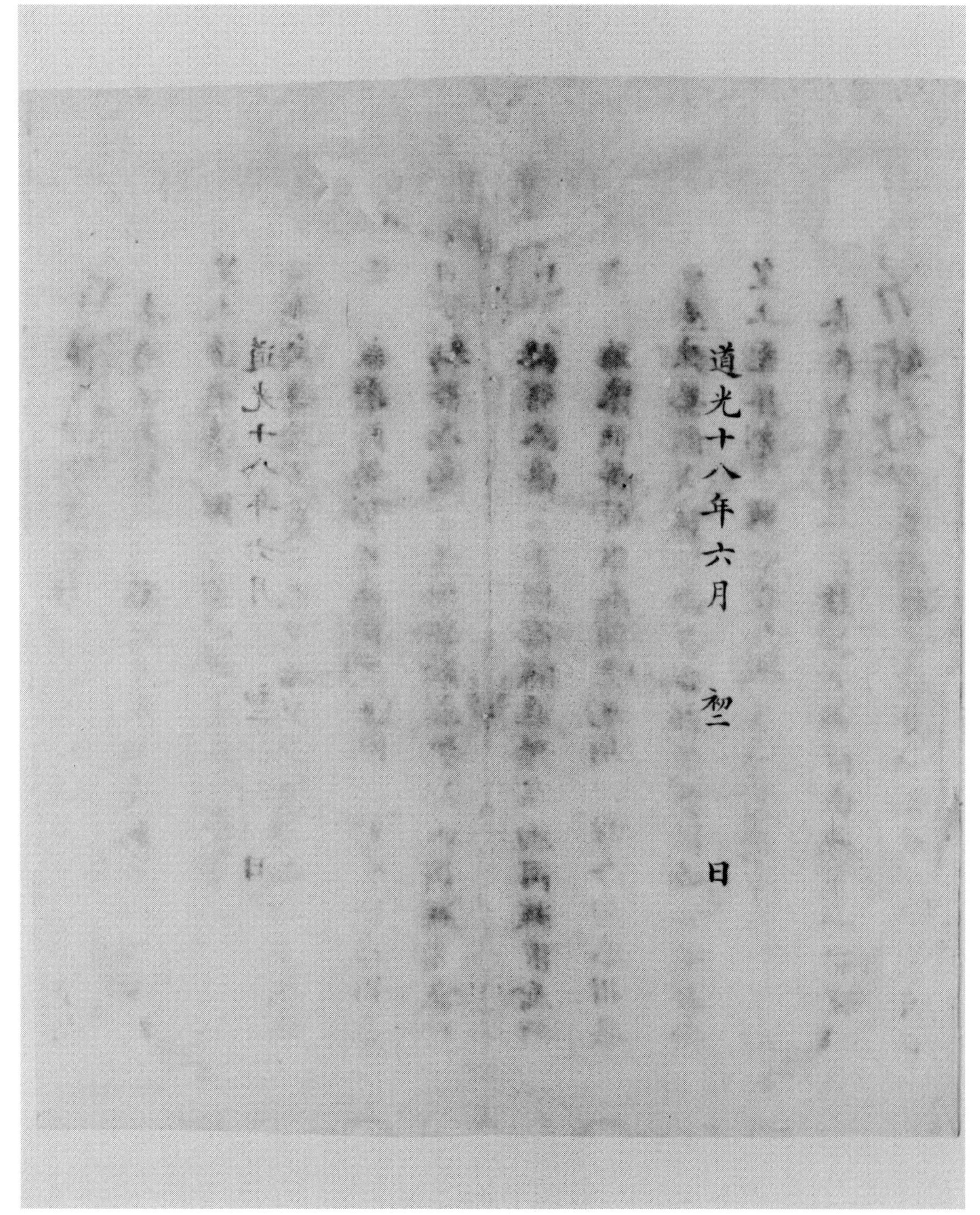
道光十八年六月　初二　日

湖廣總督林則徐等奏片 **革員向尊化家産盡絶庫款無從追賠請展限攤補**

再查鎮筸兵勇挾借滋事一案原奏聲明所挪
庫款著落該革員等賠繳已據常慶與向尊化
自認各半分賠至各兵勇借領銀兩應於月餉
內每月按名坐扣完繳充公仍作該兵勇隨時
調劑之用等因上年前撫臣訥爾經額追出向
尊化房産估變價錢三千五百三十一千此外
無可再追因
帑項未便虛懸又經
奏明飭令辰沅道將各兵名下陸續扣存銀兩先
行提歸庫款在案嗣據前鎮筸鎮總兵楊芳辰
沅道王簡先後稟稱此項銀兩先提歸庫核與
原案不符且無以示信於兵請仍照原奏辦理

湖廣總督林則徐等奏片　革員向尊化家産盡絶庫款無從追賠請展限攤補　道光十八年六月初二日

等情臣等竊思前撫臣所議請將各兵扣存銀
兩先行提還道庫雖為慎重庫項起見然究與
原案不符誠如該鎮道所稟無以示信於兵自
奏應查照原奏將各兵按月扣存之項仍作為充
公調劑之用其原挪庫款仍以該革員等賠項
歸補無庸另議更張惟查向尊化名下應賠銀
七千七百九十二兩零僅據呈出田房變價錢
三千五百三十六千折實庫銀二千四百七十
六兩零仍不敷銀五千三百二十兩零經前撫
臣奏奉
諭旨著落該革員原籍家屬賠繳無任延宕如再有
不敷准俟伊姪候補衛千總向椿補官日即廉抵

湖廣總督林則徐等奏片 革員向尊化家産盡絶庫款無從追賠請展限攤補 道光十八年六月初二日

繳等因欽此欽遵轉飭追繳去後現經查明向尊
化家屬前次已將房屋田畝全行呈繳此時實
係家産盡絶無從追賠伊姪候補衛千總向椿
又報病故苗疆封貯重款恐日後竟成無著臣
等實深焦慮再四會商不得不先為籌補查湖
南道光十三年
奏撥平猺正案軍需成半養廉銀十萬餘兩又續
案軍需銀二萬餘兩計每年應攤銀一萬四千
餘兩約至道光二十二年即可攤竣此外尚有
代造直隸撥船多用運費銀四萬八千餘兩經
户部
奏准接攤應展至道光二十六年方可全數攤完所

湖廣總督林則徐等奏片 革員向尊化家産盡絕庫款無從追賠請展限攤補 道光十八年六月初二日

有向尊化賠繳不敷銀五千三百餘兩請俟平
猺軍需撥船運費各案接續攤竣之後再行展
攤半年即可照數歸補仍請於道庫現在無需
動用之通米經費項下先行借動銀五千三百
餘兩提還封貯原款以備緩急之用一俟展攤
有銀即由司庫解還清款如此通融挹注庶苗
疆經費不致缺乏而庫項仍不虛懸是否有當
謹合詞附片陳明伏乞
聖鑒訓示謹
奏

另有旨

湖廣總督林則徐等奏摺　**審明咸豐縣縣民滿二挾忿殺死一家三命案凌遲處死**

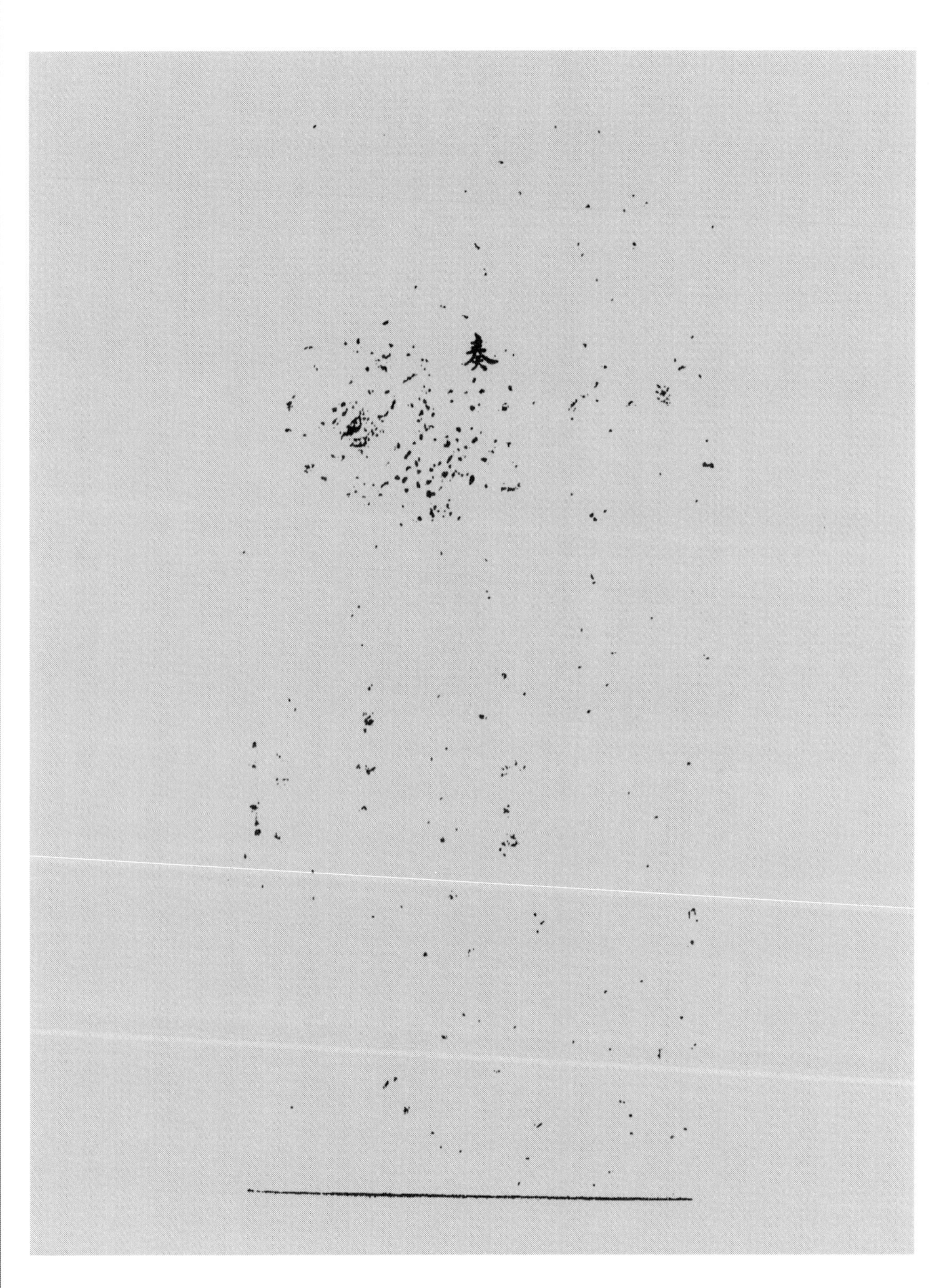
奏

湖廣總督林則徐等奏摺 審明咸豐縣民滿二挾忿殺死一家三命案凌遲處死

道光十八年六月初十日

湖廣總督臣林則徐
護理湖北巡撫布政使臣張岳崧 跪

奏為審明挾忿殺死一家三命之兇犯按律辦理

恭摺奏

聞事竊據署咸豐縣知縣段旭詳稱據保正畢德魁

暨役顏順等稟報四月初五日縣民滿二因挾

畢先久疑賊盤詰並因禁賭驅逐之忿起意將

畢先久之妻畢馮氏幼女畢女童媳覃女先砍

斃死已將滿二拏獲同兇器尖刀帶案稟請驗

聞事竊等情經該署縣驗明各屍身均係受傷身死

訊據滿二供認挾忿殺死不諱填格通報臣等

以案關重大批司提省飭委武昌府知府崇善

等審明議擬由署臬司楊以增覆審解勘前來

臣等提犯親加研鞫緣滿二籍隸咸豐縣隻身傭工度日與畢先久向不認識畢馮氏係畢先久之妻畢女係畢先久之女年七歲覃女係畢先久童養媳年甫二齡道光十八年四月初廿日滿二来畢先久所居之毛壩場見五初三日畢先久戚人劉老么攜布在集場被竊投知畢先久一同訪查畢先久見滿二面生形跡可疑恐係竊布之賊當向盤詰滿二不依爭罵而散次日滿二心懷不服復找至畢先久家內吵鬧稱欲拚命經旁人勸走初五日滿二在集場邀約覃洸與田受明秦仔祥楊洸顯等彈錢賭博即在空地石板上滿二取錢無支彈轉用碗蓋

湖廣總督林則徐等奏摺　審明咸豐縣縣民滿二挾忿殺死一家三命案凌遲處死　道光十八年六月初十日

覆令覃洸興等猜壓字背畢先久走至瞥見恐
地方聚賭招引匪類即將滿二彈寶錢文搶取
斥稱不應聚賭欲投保送官經覃洸興等代為
央懇畢先久聲言不許滿二在集場覓工明日
不去定行送究當即走散挨晚時滿二沽酒飲
醉思及被畢先久誣賴行竊復將賭場鬧散趕
逐忿恨莫遏起意將其殺死洩忿隨攜帶尖刀
走至畢先久家推門進內畢先久同子畢金凳
適已外出畢先久之女畢女攔向滿二查問滿
二乘醉遷怒復起意將其家中人一併殺死即
將畢女推扑跌地用刀連戳其右後肋後脇畢
馮氏趕攏揪住滿二衣服聲喊滿二用刀連砍

畢馮氏右胳膊左肐肘手腕頦顱右額角畢馮氏鬆手跌地滿二又亂砍傷其左乳左肩甲腋肷前後右肋脊背等處畢先久童養媳覃女在旁啼哭滿二亦用刀戳傷其肚腹畢馮氏畢女覃女均即殞命滿二見畢先久未在家內帶刀走出欲往找尋值巡役顏順徐剛查見將其扭獲奪下兇刀喊同地保畢德槐詰出前情稟送到縣畢先久旋亦赴縣呈報經該署縣驗訊通詳批司提省委員審明定擬由署臬司招解到

臣臣等督同兩司詳細研鞫據供前情不諱究無起衅別故及同謀加功之人矢口不移案無遁飾查律載殺一家非死罪三人者凌遲處死

財產斷付死者之家等語此案滿二因挾畢先火疑賊盤詰並被鬨散賭場趕逐之忿起意殺死往尋畢先久未遇輒遷怒將畢先久之妻馮氏及其女媳畢女章女一併殺斃兇殘已極滿二合依殺一家非死罪三人凌遲處死律凌遲處死該犯情罪重大未便稍稽顯戮當於審明後恭請

王命飭委署臬司楊以增署撫標中軍參將岱昌將該犯滿二綁赴市曹凌遲處死仍傳首犯事地方梟示以昭炯戒該犯訊無財產妻子已經由縣取具戶鄰甘結應毋庸議覃洸興與滿二彈錢賭博應照賭博不分兵民枷號兩個月杖一

湖廣總督林則徐等奏摺 審明咸豐縣縣民滿二挾忿殺死一家三命案凌遲處死

道光十八年六月初十日

百例枷號兩個月杖一百折責四十板田受明
等緝獲另結地保畢德槐失察賭博照例笞責
革役劉老么被竊布疋贓賊飭縣緝究無干省
釋除備具全案供招送部外所有審明辦理緣
由謹援照刑部議定條款專摺具
奏伏乞
皇上聖鑒謹
奏
刑部知道

湖廣總督林則徐等奏摺 審明咸豐縣縣民滿二挾忿殺死一家三命案凌遲處死

道光十八年六月初十日

道光十八年六月初十日

湖廣總督林則徐等奏片　限内緝獲逃犯楊和尚胡大朋原參疎防各員請照例開復

再襄陽縣遞解南漳縣斬犯楊和尚一名於上
年正月二十六日在途脫逃又江陵縣遞解枝
江縣秋審絞犯胡大朋一名於本年三月二十
五日在途脫逃經臣林則徐先後會同前撫臣
周之琦暨臣張岳崧將簽差護解各官並專委
押解之巡檢兵役等
奏請分別叅革審辦欽奉
諭旨勒限一年緝拏在案節經臣等嚴檄催緝茲據
京山縣知縣梁芸滋稟報該縣典史鄭棣督率
營縣兵役會同襄陽南漳營縣兵役等於本年
四月十四日緝獲逃犯楊和尚一名又據江陵
縣知縣黃肇愈署枝江縣知縣雙穗稟報會營

湖廣總督林則徐等奏片 限内緝獲逃犯楊和尚胡大朋原參疏防各員請照例開復

道光十八年六月初十日

選派兵役及叅革磨盤巡檢杜瓊外委錦繡等跟蹤踹緝於閏四月二十九日緝獲逃犯胡大朋一名各等情前來均經批司提省審辦臣等伏查逃犯楊和尚胡大朋均於欽奉

諭旨勒限一年之内緝獲未致疎縱所有原叅簽差不慎及疎防各員除俟審明具

題請分別照例開復外謹先將獲犯緣由附片奏

聞伏乞

聖鑒謹

奏

知道了

湖廣總督林則徐奏摺　**誤保被參遊擊馬辰降級留任謝恩**

奏

林則徐摺

謝降級留任恩由

〇

七月初七日

湖廣總督林則徐奏摺　誤保被參遊擊馬辰降級留任謝恩
道光十八年六月十六日

奏為恭謝
天恩仰祈
聖鑒事。竊臣接准吏部咨稱：湖南遊擊馬辰前准兵部行令預保，經該
督以該遊擊年壯技練，題准預保。今據該督奏稱馬辰現被參劾訊有
應得處分，自應銷去預保，並自請交部議處。欽奉
諭旨：林則徐著交部議處。應將湖廣總督林則徐照濫舉匪人例降二級調
用，毋庸查加級議抵等因。本年閏四月十八日奏，本日奉
旨：林則徐着加恩改為降二級留任，不准抵銷。欽此。臣聞
命之下，感愧悚惶，莫能名狀。伏念臣材識庸愚，仰荷
聖慈畀以湖廣總督重任，於兩省大小武職皆有考覈之責，兼照涉未
當察。即如辭乃於上年到任之時，准兵部行令預保，因馬辰年

湖廣總督林則徐奏摺　誤保被參遊擊馬辰降級留任謝恩

道光十八年六月十六日

護撫標[illegible]印參蘇保

題，旋將原案訊明自請處分，經部議以降調，實所應得。迺蒙

聖主格外優容，

加恩改為降四級留任。休

仁慈之曲逮，益循省而增懸。臣惟有勉竭愚誠，事事倍加詳慎，以冀仰

高厚生成於萬一。所有微臣感悚下忱，謹繕摺叩謝

天恩，伏乞

皇上聖鑒。謹

奏。

道光十八年七月初一日奉

硃批：知道了。欽此。

六月十六日

湖廣總督林則徐奏摺 循例動項修理督標中營軍裝局庫

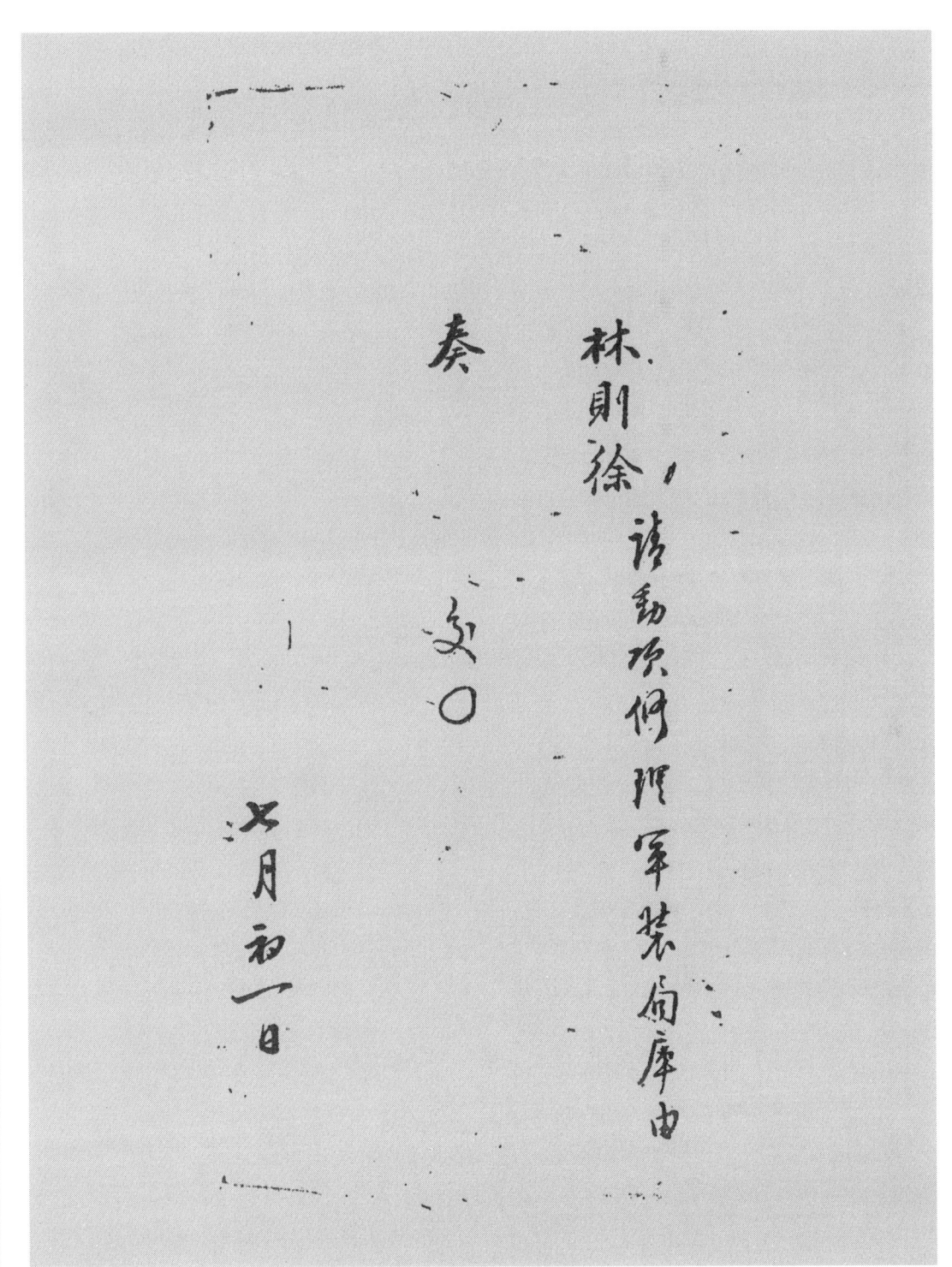

林則徐 請動項修理軍裝局庫由

奏 文〇

七月初一日

湖廣總督林則徐奏摺　循例動項修理督標中營軍裝局庫

道光十八年六月十六日

湖廣總督臣林則徐跪

奏為省營軍裝局庫年久朽壞循例動項修理以資收藏恭摺奏祈

聖鑒事竊照湖廣督標中營為兩省各營領袖其收貯軍械之軍裝局庫尤關緊要前據臣標中軍副將英俊詳報中營軍裝局庫一座自嘉慶二十四年修建以後迄今二十載節遭風雨飄淋樑柱朽壞牆垣傾圮一切軍械難以收藏詳請委勘興修等情經臣批司委員確切查勘如尚可以粘補即不准動項去後茲據署湖北布政使程鎔詳稱飭委武昌府知府崇善親詣復勘實係多年朽壞樑將傾塌急應趕修並按照工程所需物料價

外准例按部估計除舊料分別改用變抵外實需工

料銀七百八十七兩六錢三分，取造冊結加具勘結申

賫到司覈算相符。應請循例在於司庫文職生息

養廉款內動支興修等情，詳請具

奏前來。臣覆查督標中營軍裝局庫已逾固限，據

報稱塌傾圮，委員勘明並無捏飾，洵屬緊要，實

係不可緩之工，所估工料銀兩亦屬撙節無浮，自

應循例動支藩司庫存文職生息養廉銀兩，責

令該管員趕緊購料興修，務使工堅料實，不許

稍有偷減草率。仍俟工竣，委員驗收覈實報

銷，除將估工冊結分別送部外，所有湖廣督標

中營軍裝局庫動用銀款興修緣由，謹會同

護理湖北巡撫印務布政使臣張岳崧會同恭摺

具

奏伏乞

皇上聖鑒勅部覈覆施行謹

奏

道光十八年七月初一日奉

硃批該部議奏欽此

六月十六日

湖廣總督林則徐奏摺

湖北鶴峰長樂二州縣例食川鹽請就近專配大寧場以免侵越

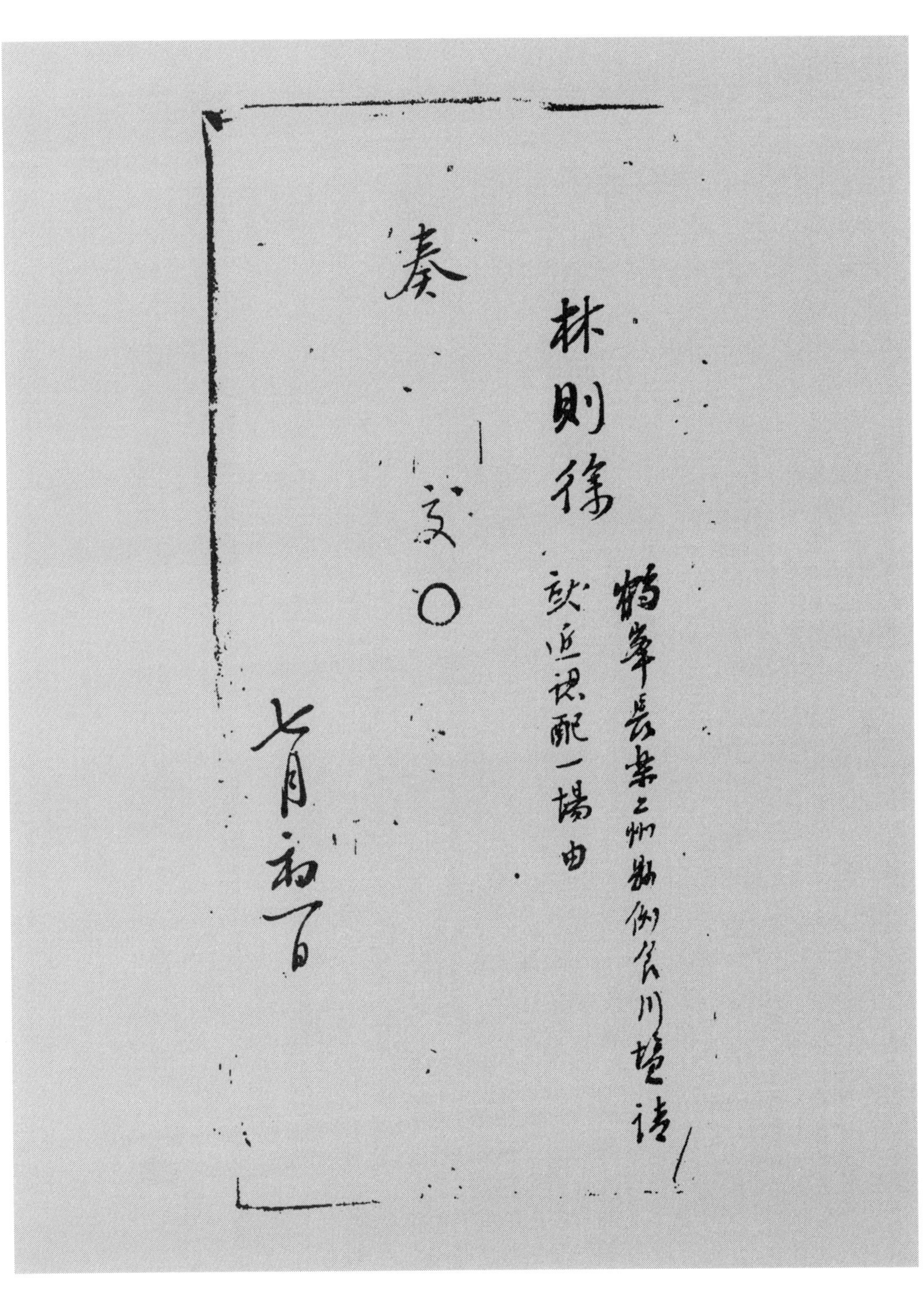

林則徐

奏

鶴峰長樂二州縣例食川鹽請就近撥配一場由

奏

七月初一日

湖廣總督林則徐奏摺 湖北鶴峰長樂二州縣例食川鹽請就近專配大寧場以免侵越
道光十八年六月十六日

湖廣總督臣林則徐跪

奏爲湖北鶴峰長樂二州縣例食川鹽只應就近

認配一場以免牽混侵越恭摺奏祈

聖鑒事竊照楚省歲銷淮鹽多至七十七萬九千九

百餘引而與川粵鄰鹽引地處處毗連各處鹽課

皆輕而淮鹽獨重各處鹽本皆賤而淮鹽獨貴

各處運鹽皆順流而下而淮鹽獨逆流而上故鄰

鹽無不越疆佔賣而百姓只圖賤價食私堵緝

之難久矣

聖明洞鑒臣既不敢請融重課于他省又不敢請移食

岸于鄰封惟有察其透漏最甚之區設法嚴

行禁阻如荊州一府本楚北旺售之地若被川鹽

湖廣總督林則徐奏摺 湖北鶴峰長樂二州縣例食川鹽請就近專配大寧場以免侵越

道光十八年六月十六日

達檣下灘則淮鹽斷難行銷故必于荊州上游之宜昌府屬節節防堵而宜昌所屬即有鶴峯一州長樂一縣照例應與施南全府同食川鹽若論淮界藩籬固難免開門揖盜但該處荒山瘠土窮民粒食維艱川鹽近在咫尺每斤市價不過二十文淮鹽到彼則賣價約須兩倍定例許其買食川鹽原係體恤之意第恐川販乘机侵灌便無底止是以鶴峯長樂二州縣所行川引特由兩淮委員赴彼駐劄萬戶沱地方代川運售意謂兩淮所委之員自必保護淮界無如其地距淮南遠至四千餘里委員之有無弊竇在淮難以周知臣上年察看情形咨商兩江督臣

陶尉改為由楚委員駐劄以便就近約束並以鶴長
二州縣每年額銷川鹽共止水引五百二十四張
陸引八百十一張本屬不多雖歷經章程許于四
川之大寧雲安犍為三場鹽斤通融配運然果
只須該二處民食不圖越界侵銷則專配大寧
一場已屬有贏無絀蓋大寧場距委員駐劄之萬
户沱僅四百十五里運售最便雲安場則相距七
百餘里其中尚有數十里旱路委員本不願運若
犍為場則相距三千二百餘里更屬遥遥然委
員不得其人則轉欲遠運犍為之鹽以圖影射
緣犍鹽色高味美于荊州一帶最利行銷故請
運犍鹽者乃專圖侵灌荊州並非為鶴長二州

湖廣總督林則徐奏摺　湖北鶴峰長樂二州縣例食川鹽請就近專配大寧場以免侵越
道光十八年六月十六日

與民食起見也臣上年檄委候補道劉肇坤
前赴宜昌一帶與該府程家頤再三訪察知此
弊端寔請嗣後鶴長二處禁配犍為鹽斤以
免侵灌飭據藩司鹽道會議僉同咨商兩江
督臣陶澍意見極合當即移咨四川督臣轉行該
省鹽道知照又恐犍為雲安二場少配鹽斤或于
課額不無積欠復經商請以大寧鹽配之課劃
抵犍雲二場設使尚有不敷亦由楚省補解若數
總使川課絲毫無短臣于本年二月間具奏整頓
鹺務情形摺內曾將此事原委彙列上陳欽奉
硃批所論周到妥細勉力而行必有功效欽此欽遵在
案旋據湖北藩司鹽道會詳揀委長樂縣知縣

湖廣總督林則徐奏摺 湖北鶴峰長樂二州縣例食川鹽請就近專配大寧場以免侵越
道光十八年六月十六日

蔡聘珍經理其事該委員遵照
奏案就近專運大寧場鹽以濟民食閭閻極為相
安犍鹽始免下灌于荊郡疏銷淮引亦有轉
机適准川省督臣來咨以鶴長二州縣專配大
寧場鹽與該省原案不符即補解課項亦恐路
遠難長有誤銷期造冊等語臣復飭司道詳議
茲據詳稱鶴峰長樂二州縣均係改土歸流乾
隆初年設食川鹽原派引張本無犍為在內迨
乾隆二十二年至五十年始將長樂一縣續增
犍為水引至三百一十張而淮界遂為犍鹽所灌
茲欲嚴杜侵越之害斷不可再以犍為之鹽至大
寧場鹽如果溢銷其課銀同歸川省自可以贏補

灶，即或不然，亦由楚省籌款解川補足，以免課
稅虧懸，仍請查照前
奏遵辦等情，詳稟前來。臣查川楚毗連之處，彼此
銷鹽界限間不容髮，若川鹽侵越一分，即淮鹽
壅銷一分，此乃必然之理。果使川課與淮課相等，
則均之有裨于
帑項，臣亦何敢畛域過分。今以課額核之，則淮鹽銷
得一分錢，足以抵川鹽二十分之課，其輕重甚殊
至于如此，似未便聽川鹽之影射，而不嚴淮界
之藩籬。況鶴長原運川鹽，本無犍為在內，今設
仍還其舊，而又將款課補足解川，是于款項毫
無窒礙，而專運大寧近鹽，足濟鶴長民食，禁

運艱爲遠鹽可免直灌荊州截私疏引之方
舍此更無他術臣因淮鹺積重時時設法督銷
棘手焦心實難言狀不敢因川省現在給票稍
任游移致令艱爲鹽斤下充淮界又成痼疾
謹將鶴峰長樂二州縣運銷緣由再行
據實具
奏伏乞
皇上聖鑒訓示謹
奏
道光十八年七月初一日奉
硃批戶部議奏欽此
六月十六日

遵旨審明蘄州文童與書役爭鬧誤傷知州愛祿案分別定擬

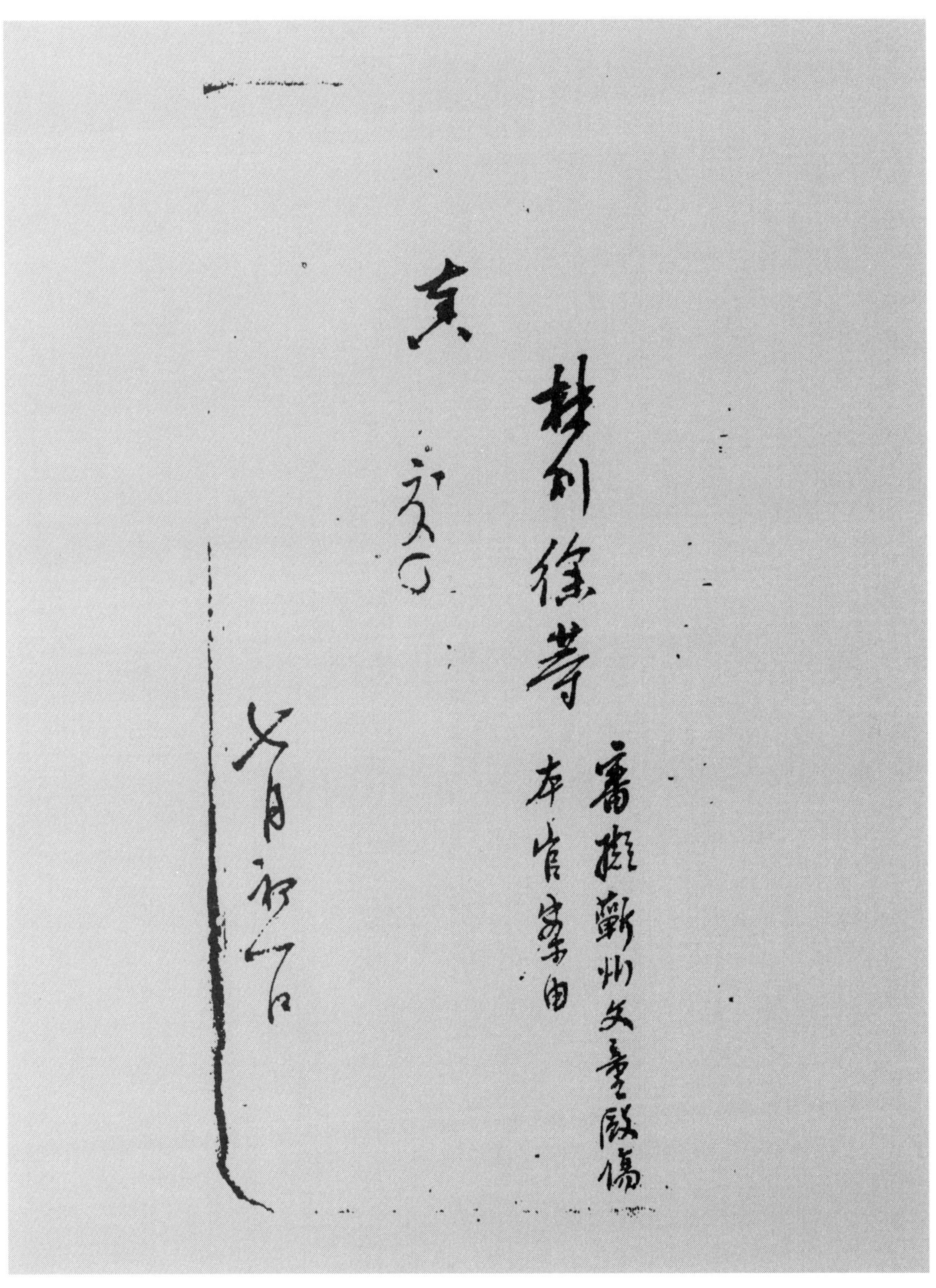

二一

湖廣總督林則徐等奏摺　遵旨審明蘄州文童與書役爭鬧誤傷知州愛祿案分別定擬

道光十八年六月十六日

湖廣總督臣林則徐
護理湖北巡撫布政使臣張岳崧跪
奏為遵
旨案審定擬恭摺具奏
聖鑒事竊照湖北蘄州州試文童請追捐輸考費與
書役爭鬧誤傷本官一案經臣林則徐會同前撫
臣周之琦具奏請將不能彈壓之署蘄州愛祿撤
任嚴審辦等
上諭此案湖北蘄州府考童生胆敢糾衆挾制地方
官捐派差徭索費爭鬧擔石拋擲以致誤傷該
州刻到官實屬目無法紀首先起意分別情自應確切
審訊按實懲辦署蘄州知州愛祿著先行解
任交該督等提同人證秉公研鞫務得實情毋枉

湖廣總督林則徐等奏摺　遵旨審明蘄州文童與書役爭鬧誤傷知州愛祿案分別定擬
道光十八年六月十六日

公秉審擬詳確按律定擬具奏等因欽此
欽遵行司委提人卷至省隨委武昌府知府恭
善武昌府同知陳天澤漢陽府通判劉錫榮
督[illegible]親提研鞫由署藩司程矞采臬司
楊以增覆審詳解前來臣等親提研審緣梅
庚子即梅甘王五沅即王大義夏仁山陳七即陳
休銓陳金富熊進錫楊性芝汝性繼汝俱籍隸蘄州
夏仁山曾弼冀生與梅庚子王五沅均應童試熊進錫
楊性芝汝性繼汝均充該州禮房書吏該州文童
考試歷屆約有二千人向由禮書製辦試卷應
考童生各自備錢向買每多偏少亦不充
道光十八年該前州孫承恩任內有文童周學

易情愿捐錢一千四百五千千文作銀一千兩
發典生息為歲科兩考試童卷費以圖見好
士林當之錢文未交庠生童殷伊等呈州主處開
因周學易之父貧易撥本捐項無力呈繳禮書
熊錫幅曾於該署州愛祿任內具呈請追愛祿
批駁未准十八年正月該州示行歲考熊錫幅
出籍辦試卷因熊與童內有周學易捐項未
肯出繳向眾聲言有違眾禁私與陳學汶陳健汶相商
央素識之生員王德之兄沈秀銘邀同學詩
生稱名年近毛德之並未應試他人即以周學
易既圖見好自應捐輸不能諉其翻悔之言
又為具呈熊錫幅又囑生童陳元鑑等名目

清宮林則徐檔案匯編 二一

湖廣總督林則徐等奏摺 遵旨審明蘄州文童與書役爭鬧誤傷知州愛祿案分別定擬

道光十八年六月十六日

寧追該署州愛祿以此項係屬書役經手便催追
仍行批發並示諭本屆試卷宜為指虛緩給
隨發錄入中千文文無錢稿等票備言彰正
月十八日開考該署州先於十七日往駐考棚
文考童隨亦騐至考棚填冊無錢稿因該署州
所發卷價不敷應用又有附學役張繼發稿
白考童每名索取錄卷錢十文並除錄亦于伴文梅森
子與生監之陳思柔性合伊族兄陳添坦陳添
模係附同于是晚回至考棚均以同學為由指
有卷價該署州又任意示指虛鬧亦不肯再
給錢文無錢稿等情同學為指項未經本州
發價不敷情由寫告梅森子等不信互相爭鬧

遞王五沅夏仁山亦往填册幫同兵丁呈送陳七兒
陳金富李孝洲在旁閒談閑閙趙亦因與梅麻子
等素好亦附和嘲罵維時考童與閒雜人等
均係之進場觀看人多擁雜擠喧閙至有嚷
稱局中易之弊在請該書役等不追出此次
捐繕之語王五沅夏仁山隨向將試卷於取梅麻
子等復行見官查問旁有門役王金情和之全
孔光與進場梅等向其嚷阻梅麻子檢取地上碎
石向該書役等拋擲遞該書辦安禄走出躲避
諾被擲傷右額角並因觀看人多將龍門擠倒
擠壞經知城文武各員聞悉往捕梅麻子等供
文巡撫等任該管道府勘明詳報臨即會詳查

鄧甫受為首傷官不能查要兇等嚴名未行提
到案審辦在案
諭旨將該署州愛禄解任並將失察之署知府夏仁
山交部議處一併革職審辦茲據臬司等親提案審
供吐前情再三究詰矢言於要別收私之藉端
核判情可矣旦不移等之處係此案梅麟子因與
州書熊鶴情等爭論未得並於所見官查詢經
書役等聲喝阻攔敢於石向擲以致誤傷州官
禄至書一役爭傷被中傷若鄧甫龍使于役國康
適近竟傳並彼有心手把等以公試文童滋鬧
傷及本官未便輕縱自應仍照毆傷制於梅麟
子即梅世合依刑民毆本官誤知州傷者杖一百流

二千里律杖一百流二千里王五沅即王大年
夏仁山陳七兒即陳佑鉄陳金富附和隨鬨均
應于楊瓊等流罪上減一等杖一百徒三年聯芳
與錫墉先因圈點字句指摘未能與聯試卷糾衆
商糾生童名目追逐誤罷物捐給鈔文卷
共繁偏頗案尚有不敷復應令收舉官論給乃
輒私向考童索取錢文以致釀成事端亦應照
童問擬查錢墉錫幅均與索得考童錢六千餘
文值銀六兩零錢錫幅應照蠹役詐贓六兩
以上杖一百徒三年仍照書吏犯法例加一
等擬杖一百流二千里姚學淡陳佳洮俱屬為
從均于聯錫墉流罪上減一等杖一百徒三年

梅麻子供有嗣毋守節已逾二十年夏仁山陳
金富熊錫幅多供母老丁單惟該犯等或係
考試滋鬧或係書役犯法均不准其查辦與
王丙沅等俱解配折責安置已革生員毛瀛
之昂毛兆晋于熊錫幅等央其拿追捐項混
行應允殊屬不合俱照不應重律杖八十開
復衣頂照律納贖夏仁山監照飭追繳銷失察
監生冒應童試之廩保飭查明戒飭熊錫
幅等所得錢文照追入官周孝易捐項既已
力呈繳應免著追嗣後試卷飭州循照定章
妥辦毋稍許爭多論少致滋事端逸犯陳恩榮
等飭緝獲日另結前署蘄州知州愛祿于生

童等追捐輸卷價批駁未准尚無不合其給
發卷資八十千文雖不敷製備究係捐廉辦理
惟于札書飭追錫幅等仍向各童增索
卷文未能查禁追書役與童生爭鬧復不能
當場彈壓致被擲石誤傷雖訊無被挾制別
情實屬駕馭無方咎有應得應請
旨交部照例議處除全案供招咨部外所有審明
定擬緣由謹合詞恭摺具
奏伏乞
皇上聖鑒敕部核覆施行謹
奏
道光十八年七月初一日奉

湖廣總督林則徐等奏摺　遵旨審明蘄州文童與書役爭鬧誤傷知州愛禄案分別定擬　道光十八年六月十六日

硃批該部议奏欽此

六月十六日

上諭　林則徐等奏請姚華佐服闋後發原省補用著不准行
道光十八年六月二十三日

上諭　林則徐等奏請姚華佐服闋後發原省補用著不准行

道光十八年六月二十三日内閣奉
上諭林則徐等奏請將苗疆得力人員俟服闋後仍
發原省補用一摺湖南鳳凰直隸廳同知姚華佐
丁憂回籍例應於服闋後歸部銓選所有該督等
奏請仍發該省補用之處著不准行欽此

林則徐等奏革員向尊化應賠庫款著准展攤歸補

道光十八年六月二十三日内閣奉

上諭林則徐等奏籌補苗疆封貯銀兩等語已革鎮草鎮總兵向尊化應賠庫款除呈繳外尚不敷銀五千三百餘兩既據該督等奏稱該革員家產盡絕無從追賠著准其俟平猺軍需撥船運費各案接續攤竣後再行展攤、半年照數歸補並准其於道庫通米經費項下先行借動銀五千三百餘兩提還封貯原款俟展攤全竣即由司庫解還以清款項該部知道欽此

湖廣總督林則徐等奏摺 **委署湖北臬司道府篆務並請簡放安襄鄖荊道**

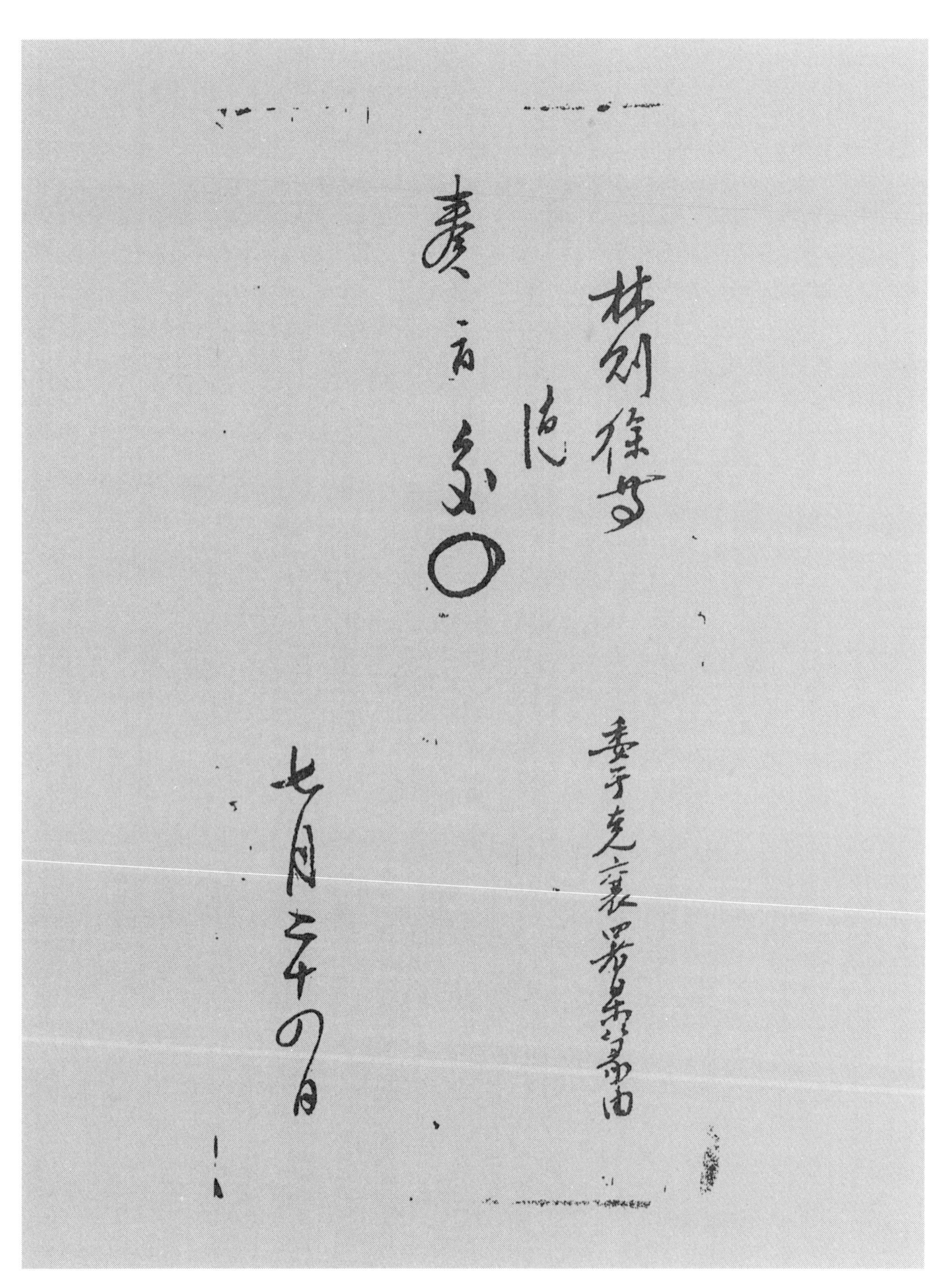

林則徐等

跪

奏

七月初七日

湖廣總督林則徐等奏摺　委署湖北臬司道府篆務並請簡放安襄鄖荊道

道光十八年七月初七日

湖廣總督臣林則徐跪

署理湖北巡撫布政使臣張岳崧

奏為委署臬司道府篆務恭摺奏祈

聖鑒事竊照湖北臬司安襄鄖荊道楊以增

等稟稱親父楊兆煜現年七十一歲迎養安襄

鄖荊道任所該道奉調進省委署臬篆伊

父暨眷屬仍寓襄陽茲於本年六月二十七日

聞訃於六月十九日伊父在襄陽寓所病故該道

係屬親子例應丁憂又據湖北黃州府知府楊

庚等稟稱現患怔忡病症恐致悞公懇請開缺

回籍調理各等情臣等查安襄鄖荊道一缺

前因楊以增調署臬篆業經

湖廣總督林則徐等奏摺　委署湖北臬司道府篆務並請簡放安襄鄖荆道

道光十八年七月初七日

奏委候補道劉齊銜前往署理現已在任三

月辦理裕如自可毋庸另委惟楊以增所署

之臬司篆因新任湖北巡撫臣伍長華尚未

抵楚藩臬兩司均未能遽回本任仍應

以臬司篆委員接署查有鹽法武昌道

于克襄本由刑部司員出身綜辦秋審

多年熟悉刑名堪以署理其鹽法道篆務

查有候補道查炳華在楚八年歷任

奏署司道俱無貽誤堪以署理至黃州府一缺

查有升補黃州府知府成善在楚年久堪

以接署[illegible][illegible][illegible][illegible]並將患病之員委驗

取結作補之員[illegible][illegible]

湖廣總督林則徐等奏摺　委署湖北臬司道府篆務並請簡放安襄鄖荊道　道光十八年七月初七日

題補外，所有安襄鄖荊道仍請

旨之缺，兼轄襄陽地方最要，應請

皇上迅賜簡放，以重職守。臣等謹合詞恭摺具

奏，伏乞

聖鑒謹

奏。

道光十八年七月二十四日奉

硃批：已有旨。欽此。

七月初七日

湖廣總督林則徐等奏摺　**湖北麻城等縣知縣人地未宜請簡員對調**

奏

林則徐等

中缺知縣人地未宜簡員對調　由

隱

奏

○

七月二十四日

湖廣總督臣林則徐跪
署理湖北巡撫布政使臣張岳崧
奏為中簡缺分人地未宜請
旨揀准對調以資治理恭摺奏祈
聖鑒事竊照知縣缺分因有繁簡之殊而簡缺中
亦有難易之別必須人地相得其宜庶足以
收實效湖北州縣內有不勝稱職者業經
臣林則徐會同前撫臣周之琦隨時甄別
奏請改簡降補勒休在案其中尚有才具頗能
駕馭而人地不甚相宜者亦應隨時酌量更調
免致貽誤茲查黃州府屬之麻城縣
雖屬繁難中缺惟該處民情強悍
賊匪出沒之區緝捕最關緊要非有素諳之員

湖廣總督林則徐等奏摺 湖北麻城等縣知縣人地未宜請簡員對調
道光十八年七月初七日

情強悍獄訟繁多必精明練達之員不足以
資治理新選麻城縣知縣邵正榮現年六十
五歲廣東監生遵籌備例捐指知縣選
授今職於道光十五年十月十二日到省前經
奏明留省學習三年期滿以來上學察看該
員年力正強才具亦堪造就惟係捐納初
任人員於麻城縣地方不甚相宜查有荆門
直隸州屬之當陽縣知縣王朝相現年三十
歲四川進士由庶吉士散館以知縣用選授隆
川縣
奏調當陽縣道光十四年六月二十六日到任該
員才識練達爲守兼優現署麻城印務

而程被□以之調補麻城縣知縣實屬人
地相宜所遺黄陂縣缺係題補繁缺即以
鄭若棻對調尚堪勝任又荆州府屬之
松滋縣屬查係簡缺惟該縣濱臨大江迤
東水勢浸淹屢常修隄防險經理不
易必須明幹諳練之員方能整飭新補松
滋縣知縣段旭現年五十九歲江西岸人
大挑一等分發湖北
題補今歲業選擬准部覆因委署咸寧縣缺
尚未到任該員心地質樸而于隄防不甚
諳習未便稍涉遷就致滋貽誤查有施
南府屬之利川縣知縣李彥昭現年四十六

寧福建拔貢由松溪縣鄉試中式舉人
係挑保舉選授今職道光十六年八月
初六日到任該員才具幹練亦屬勤能
現署松滋縣印務辦理隄防認真亦堪以之
調補松滋縣知縣洵堪勝任所遺利川縣
缺治理較易即以段旭對調庶為相宜與
一轉移間均不致用違其才實於地方隄
工俱有裨益據署藩臬兩司會詳請
奏前來臣等會查無異
恩准將以麻城縣知縣鄧心安與當陽縣知
縣王朝樹對調松滋縣知縣段旭與利川縣
知縣李彥瑞對調以資人地相宜如

鑒

俞允該員等均仍以簡調簡毋庸送部引

見亦毋庸查叙因公處分其段旭一員仍係

利川知任俟扣滿試署期限另請實授

臣等爲慎重地方起見謹合詞恭摺具

奏伏乞

皇上聖鑒訓示謹

奏

道光十八年七月初四日奉

硃批 欽此

七月初七日

湖廣總督林則徐奏摺　**請敕部揀發曾任實缺遊擊二員來楚差委**

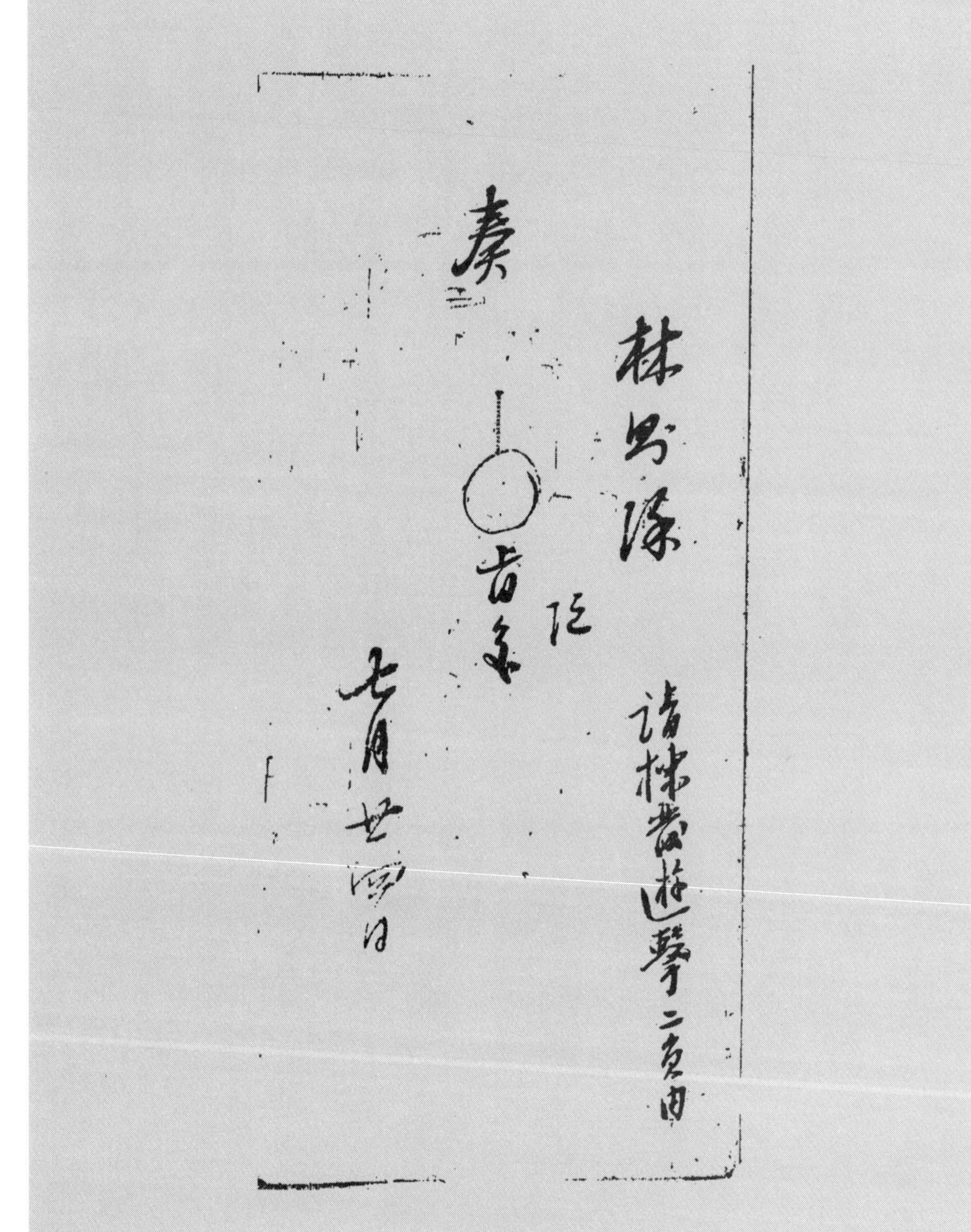

林則徐

請揀發遊擊二員由

奏

七月廿四日

湖廣總督林則徐奏摺　請敕部揀發曾任實缺遊擊二員來楚差委
道光十八年七月初七日

湖廣總督臣林則徐跪
奏為楚省遊擊乏員請
旨揀發以資差遣恭摺具祈
聖鑒事竊照湖廣北南二省額設遊擊十四員每遇遷調多
缺出必由本省題升其須送部引
見之員因部中揀發甚少遠近不一每至經年累月始能
需時擇委候補人員先行署理歷經
奏准揀發人員差遣委用在案道光十六年間前督臣訥爾經
額奏
請旨勅部揀發遊擊二員都司二員來楚其遊擊二員均已
題補實缺現在只標祇有候補參將孫洪漢一員候
補都司王灼亦因病去遊擊一項並無候補之人

湖廣總督林則徐奏摺　請敕部揀發曾任實缺遊擊二員來楚差委
道光十八年七月初七日

不同時出有對缺即難委署合無仰懇
奏請
敕部于曾任實缺遊擊人員內揀選二員帶領引
見敕發來楚以資差委俟有湖北鄰省對缺出缺
照例
題補實授于營務有裨理合恭摺具
奏伏乞
皇上聖鑒
訓示謹
奏

道光十八年七月廿四日奉
硃批　欽此

七月初七日

湖廣總督林則徐等奏摺

審明均州李大成被竊案分別定擬並請開復試用知縣謝敦孝

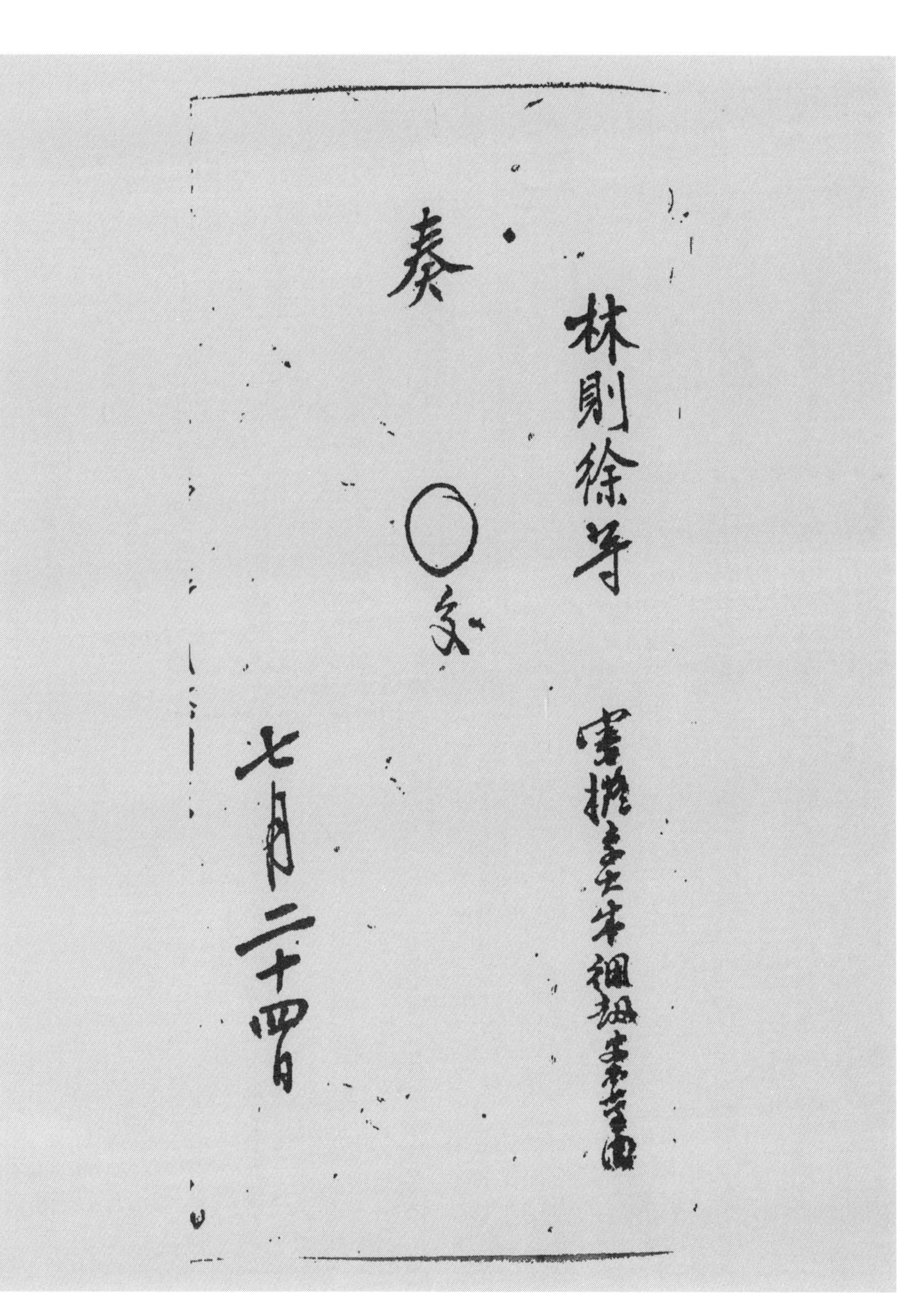

林則徐等

奏

七月二十四日

湖廣總督林則徐等奏摺　審明均州李大成被竊案分別定擬並請開復試用知縣謝敦孝

道光十八年七月初七日

湖廣總督臣林則徐
護理湖北巡撫布政使臣張岳崧跪
奏為遵
旨審明定擬恭摺奏祈
聖鑒事竊照署湖北均州事試用知縣謝敦孝于該
州民人李大成被賊拒捕捏報綑劫勒贖訊未得
實輒以保正萬迎春所獲劉登榜等誣服之供
通詳一案經臣林則徐會同前撫臣周之琦
奏參革審欽奉
諭旨謝敦孝即革職交該督等提同犯證秉公審
擬按律定擬具奏等因欽此欽遵行司委提人卷至
省飭委襄陽府知府楊炳堃襄陽府同知
擬審明確審明定擬由署臬司程銓署臬司

于克襄飭審詳解前來臣等隨親提研鞫緣當
迎春趙復業籍隸均州先曾保舉案內明經江與
富文三俱均州人傭工度日李東為匯謝達禮
屋草張馬姓牛王有均籍隸教職錄遺道光十三
年十二月二十七日謝達禮屋草乃東鄰李大成年
申谷城外民劉景珠段院牆倒塌
屋內無人謝達禮起意行竊商允屋草張五一
同進內竊出首飾衣服等件劉景珠捕獲屋
草解縣供明縣竊屬實起獲竊贓給主認領屋
草旋即在押病故又十六年五月內均州人劉登
榜在該州黃河村竊割宋姓麥苗宋姓邀約保
正趙復業舊迎春捕獲因劉登榜賠贓釋放又

湖廣總督林則徐等奏摺　審明均州李大成被竊案分別定擬並請開復試用知縣謝敦孝

道光十八年七月初七日

十七年二月初八日劉登榜在外擺賣鴨隻攜回
宰食又是月十日快馬張中王有在均時听
往左邀同胡得廣鄧元行竊是夜一共四人走
至李大成門首胡得廣撬開大門同張馬等
進內竊得錢文衣物事主驚起喊捕胡得廣
攜贓逃出主在後行走慌忙將自黃之難追矣
馬落後被事主扭住快馬掙扎不脫用手將事
主推跌倒地逃跑趕上胡得廣等告知拒捕
情由事主李大成手被竊後圖逮獲賊捏稱賊人
臨時行強將伊與雇工白德明用繩捆住搜傢
根物該署縣謝敦孝會營詣勘驗無傷痕訊推
李大成混稱伊等被賊綑縛捕是因案有沛械

是以無痕跡可尋並將在逃拾獲賊鞋呈認係正
曾迎春找尋賊蹤曾迎春為劉登榜曾經為匪
追執賊鞋至艾家向查詢劉登榜外出艾妻謝
氏貪小冒認為劉登榜之鞋曾迎春又見艾家
有宰食鴨毛李大成失竊有鴨一隻詢據謝
氏稱係在外拾獲迨劉登榜回家又稱自買宰
食言語不符曾迎春疑劉登榜係大成根劫案
內竊犯將劉登榜捆獲追問不認即用繩縛住兩
手並用言恐嚇劉登榜畏懼因聞知李大成被
竊情形被賊竊當臨時捏認即照報詞供認
曾迎春又追問夥犯劉登榜不能指出曾迎春
拾行稟縣劉登榜被逼無從誣扳江興富文

三听從彭富謝達禮宗明往隨行听從行强事
後蕭正春將劉登榜送案經州提訊劉登榜亦
即認服並獲謝達禮等到案又被劉登榜指定
不能分辯並起獲鉄鍬一把李大成見鉄鍬與
失贓式樣相似含糊混領並即將劉登榜謝
達禮審明後收禁詳報與富文三責押錄供通詳
謝達禮旋在監病故驗訊並無別故謝敦孝因此案
失贓僅止起獲鉄鍬一把又係民間同有之物事
主並已混領現有不實即後提犯研訊始審出
蕭正春安與劉登榜並劉登榜安叔各實情
即分差緝獲正賊張馬狀牛王有起出原贓布
褲各物訊取確供後詳往襄陽府提審免累因

謝敦孝前審錯誤詳揭
奏參奉
旨革職歸案審辦經臣等親提研鞫據供前情將該再
三處訪查無據意圖搪塞及串捏改根藉因請緝
情各矢口不移案無遁飾查例載捕役人等
差保賊盜非本案正盜或令供扳無辜者
將捕役照誣良為盜例減一等杖一百徒三年
又律載不應監禁一日以下杖六十一日以上至一十
兩杖七十為從減一等又誣告人杖罪加所誣
罪三等又例載捕役誣竊為盜者分別按例定擬
禁因而監斃者將誣拏之捕役杖一百流三千里
又誣指良民為強盜者發邊遠充軍又律

載竊盜知人欲告而于財主處首還者減罪
二等。又罪人拒捕于本罪上加二等。又例載湖北
省襄陽府屬匪徒擄竊並案罪止擬杖者擊
帶鐵桿三年，限滿開釋。又予主以為首杖一百
各等語。此案係王蕃迎春將曾經行竊之劉登
榜指為盜犯，妄拏解明，照誣良為盜例減一等
罪止滿徒。該犯逼令劉登榜供出同夥，致將良
民江興富、文三誣扳為夥賊，照誣告江興富等
夥竊李大成家計贓不及十兩杖六十罪上加三
等，亦止杖九十。該犯又逼令劉登榜將倪庭收
楊美之竊賊謝連禮誣扳為盜，謝連禮因而病斃
在獄，照誣竊為盜有別故收禁監斃例，亦罪止

均係據該犯逐令劉登榜證報良民宗明德
為所往行跟同至往查同捕著追春合核詳指
良民為強盜者發邊遠充軍例發邊遠充軍訊
所拆毀屋劉登榜與伊宗明德等係屬盜犯
雖由手筆追春嚇逼所致究有不合除劉麥
苗姪曾還事主及擬發輕罪不議外合依
不應重律杖八十折責三十板謝廷禮起意商
允屋草行竊劉長珠家牛王有張馬聽從往
並至胡得廣縣當李大成家計贓十兩及二兩不
等謝廷禮合依竊盜贓一兩以上至一十兩杖七
十律杖七十屋草牛王有張馬均係為從
應減一等杖六十謝廷禮屋草已在監在押病

湖廣總督林則徐等奏摺 審明均州李大成被竊案分別定擬並請開復試用知縣謝敦孝 道光十八年七月初七日

該役居與訊無凌虐之事弁看役均毋庸議惟
牛玉有應折責二十板洪馬因脫非推事主加
非捕役二等應杖八十折責三十板洪牛等竊
剩贓係在累屬犯竊捕杖照例擊帶鐵桿三年
限滿折責詳釋事主李大成以竊報盜合依事
主以竊為強杖一百例應杖一百折責四十板
保正趙復業列入事主將已獲竊賊交保刑蹬
棲釋放並不送官究治應照不應重律杖八十
折責革役女失察劉登棲為匪之保甲傳業照
例分別折責革役謝連訊等失察為匪原係父兄
保甲年從其約覺察應免置議被竊給主未
獲各賊照估追賠逸犯胡得廣等係獲另結完

湖廣總督林則徐等奏摺　審明均州李大成被竊案分別定擬並請開復試用知縣謝敦孝　道光十八年七月初七日

核為屬欽埋無干者稽查已革試用知縣謝敦
孝審理盜案先不詳細推鞫輒以事主捏報之詞
及無干證眼之供草率通詳實屬錯誤惟該
革員于通詳後因案內失贓僅獲鐵鍬一把又
係民間罕有之物事主認領恐有不實即
復提犯研訊審出李正春安等劉煌榜並逼
令劉煌榜安報無實情夥緝正賊到案並起獲
真贓錄供通報不敢迴護原詳案情得以雪冤
雖經錯誤于前尚能更正于後應請
旨開復原官交部照例議處除全案供招咨部外
所有覆審定擬緣由謹會同恭摺具
奏伏乞

皇上聖鑒敕部覈覆施行謹

奏

道光十八年六月二十四日奉

硃批刑部議奏欽此

七月初七日

上諭　著照林則徐所請麻城當陽並松滋利川知縣各准予對調

道光十八年七月二十四日内閣奉

上諭林則徐等奏請對調知縣一摺著照所請王朝梠准其調補湖北麻城縣知縣所遺當陽縣知縣員缺即以邱上東對調李彥昭准其調補松滋縣知縣所遺利川縣知縣員缺即以段旭對調段旭仍俟試署期滿另請實授該部知道欽此

上諭 林則徐請揀員赴楚差委著兵部揀選遊擊二員帶領引見發往

道光十八年七月二十四日内閣奉

上諭林則徐奏請揀發遊擊二員赴楚以資差委一摺著兵部於曾任實缺遊擊人員内照例揀選帶領引見候旨發往欽此

湖廣總督林則徐奏片

查驗江漢隄防各工起程日期

林則徐片

再湖北地方濱臨江漢，各屬隄防最關緊要。上年冬令水
落後，即督飭各府廳州縣將應修築工程，隨時分飭該州
縣趕緊修築，於春汛前一律完竣，飭委該管道府先
行驗收在案。
奏明俟伏秋大汛由臣親歷各處，擇要前往隄段加查驗。仰
蒙
聖鑒在案。查本年江漢水勢，先以五月間為最大。維時北南
兩省雨水連綿，上游之川、陝、粵西久晴多雨，且楚中湘水
大發，匯入洞庭，滔滔下注，而江西之九江及鄱陽湖來勢
節節頂托，不能迅消，楚北武、黃二屬濱江隄岸均甚喫
查省城望山門外碑誌，據長水至三丈四尺有零，是以亦與

護撫臣伍長華督率文武親歷隄塍屢經
出赴襄河暨咸寧嘉魚一帶往來查勘，幸保無虞。臣
五月二十七日始見水落，此後雨暘調順，水雖時長時消，伏
汛極為平穩。自交秋令，雨又稍多，連日大江襄河均報
長發，且恐秋汛較諸伏汛為日更長，巡防尤宜周密。臣
即將省署要件趕緊清釐，定于七月初八日登舟由漢
陽漢川沔陽天門潛江京山荊門鍾祥折赴荊州萬城隄
並江陵公安石首監利暨武昌府屬江夏咸寧嘉魚蒲
圻等縣逐沿隄履勘，前修各工果否一律鞏固，有無
續行殘缺及受險要段落，即指示機宜，設法搶築，仍
飭將各隄堆積土牛於險處，其巡守人夫是否齊全，
印委各員有無曠懈，俟逐一覈實妥理，諸首者另

湖廣總督林則徐奏片　查驗江漢隄防各工起程日期

道光十八年七月二十四日

題咨而外，其並各營務、錢穀、兵條、餉等事，飭委署藩司張

鈐代行，代印委照要件包封寄至途次，自行查

為此謹附片陳明，伏乞

聖鑒。謹

奏。

道光十八年七月二十四日

硃批：知道了。欽此。

湖廣總督林則徐等奏摺

請以陳天澤陞補鄖陽府知府武昌府同知委令紀昌期暫署

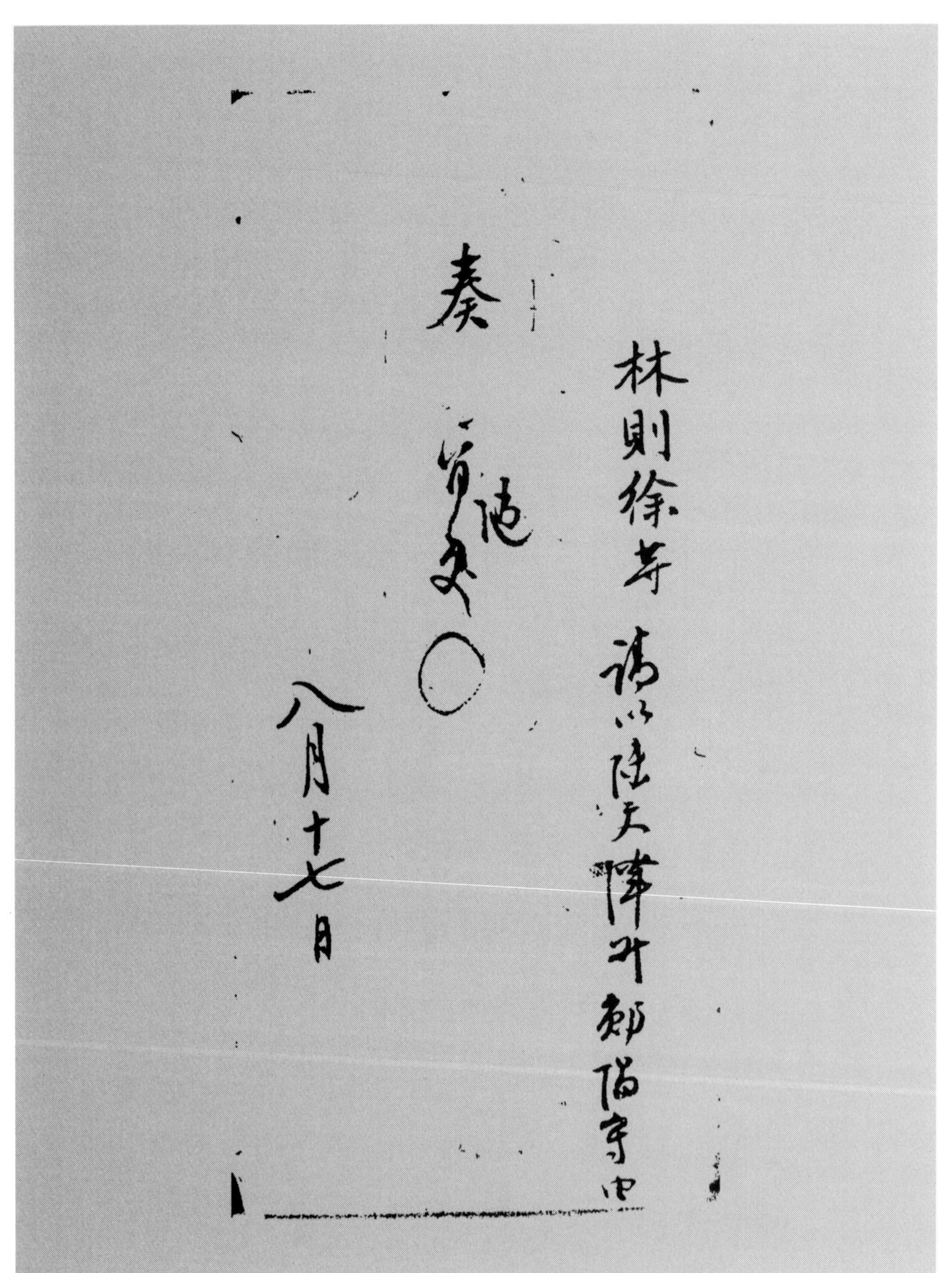

林則徐等　請以陳天澤陞鄖陽守由

奏

另有旨○

八月十七日

湖廣總督林則徐等奏摺　請以陳天澤陞補鄖陽府知府武昌府同知委令紀昌期暫署　道光十八年八月初二日

湖廣總督臣林則徐跪
護理湖北巡撫布政使臣張岳崧
奏為遴員陞補知府恭摺具
奏仰祈
聖鑒事竊查吏部則例內載要用試用道府並現任
人員著有勞績等
旨應陞例得陞選府者若該省並無堪調缺分准將
選缺內告病告故休致所出之缺扣留陞補等
語湖北省知府並無堪調缺分向遇選缺內病
故休三項缺出歷經照例揀員准補在案茲鄖
陽府知府李嘉祥因患病呈請開缺回籍調理
陽照例另疏
題報外所遺鄖陽府知府係屬選缺但本省現有

湖廣總督林則徐等奏摺　請以陳天澤陞補鄖陽府知府武昌府同知委令紀昌期暫署

道光十八年八月初二日

應補人員例准扣留請旨查該府為楚北邊疆
界連豫陝地方遼闊民俗悍強非精明幹練之
員不足以資表率　查有武昌府同知陳天澤
年四十歲福建進士分發湖北以知縣即用道
光七年
題補潛江縣知縣因節次捐辦隄工奏請鼓勵奉
旨以同知直隸州俟先補用旋補武昌府同知十六
年調赴湖南剿辦武岡猺匪出力奏奉
上諭以本班應升知府俟先選補期惟部咨應歸于
本省遇有應升知府缺出儘先升補復因
大計卓異赴部引
見奉

湖廣總督林則徐等奏摺 請以陳天澤陞補鄖陽府知府武昌府同知委令紀昌期暫署 道光十八年八月初二日

旨准其卓異加一級仍注冊回任候陞缺此外查案該
員廉明勤幹為守兼優在楚多年情形最熟
歷署漢陽安陸等府篆務辦理裕如以之陞補
鄖陽府知府人地既甚相宜與例亦屬符合雖
本省尚有試用知府而到省在該員之後
旨應陞之員自應以該員儘先升補擬署藩臬兩司
會詳前來合無仰懇
天恩俯准以武昌府同知陳天澤升補鄖陽府知府
實于邊疆地方有裨該員係儘先升補之員毋
庸查叙參罰案件已另先往署理所遺武昌府
同知業經部議准改繁缺除另行揀調外查有
襄陽縣知縣紀昌期老成明幹堪以先委暫署

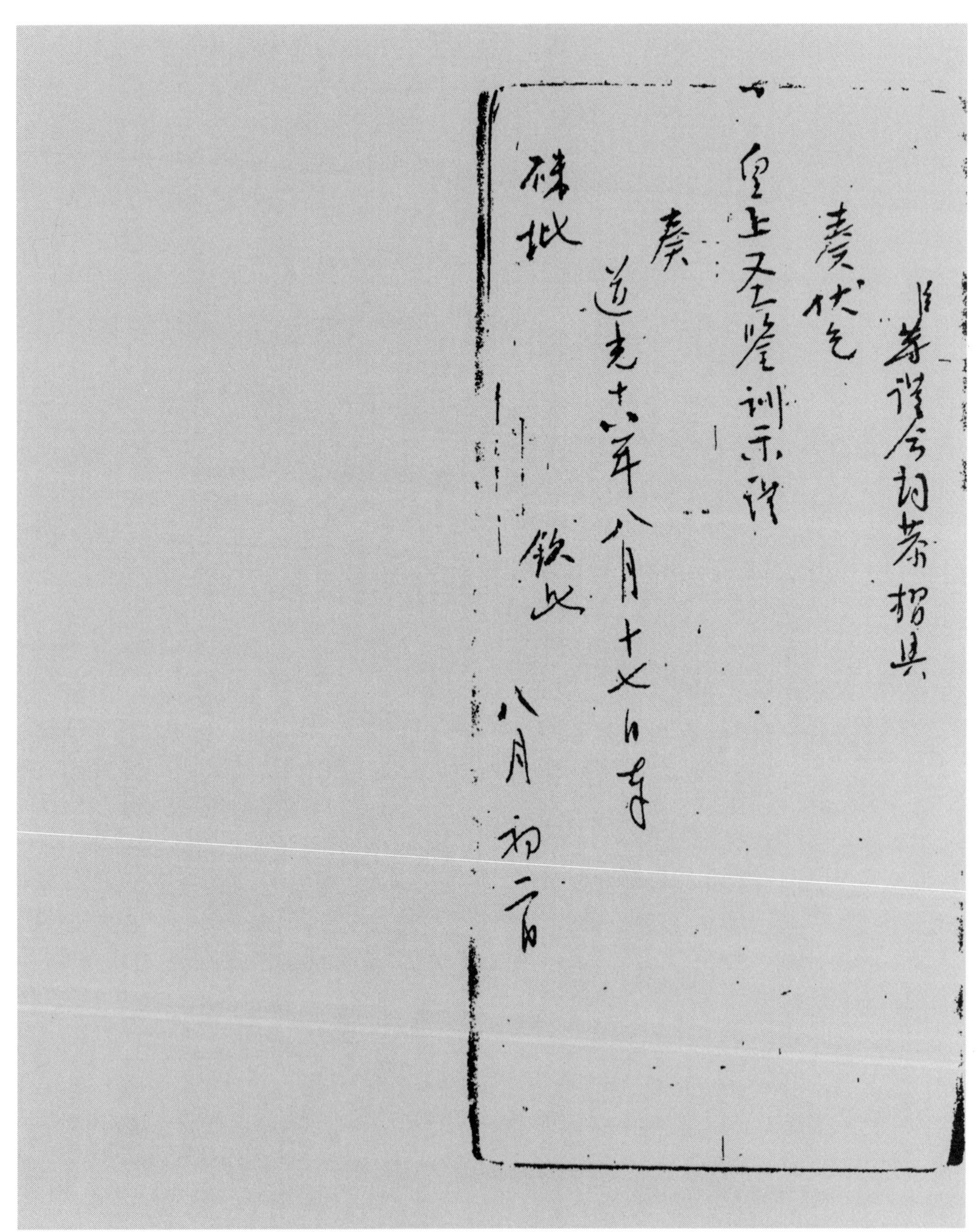

臣等謹合詞恭摺具
奏伏乞
皇上聖鑒訓示謹
奏
道光十八年八月十七日奉
硃批　欽此
八月初二日

湖廣總督林則徐等奏摺　遵旨查明楚粵交界地方情形請設卡巡緝

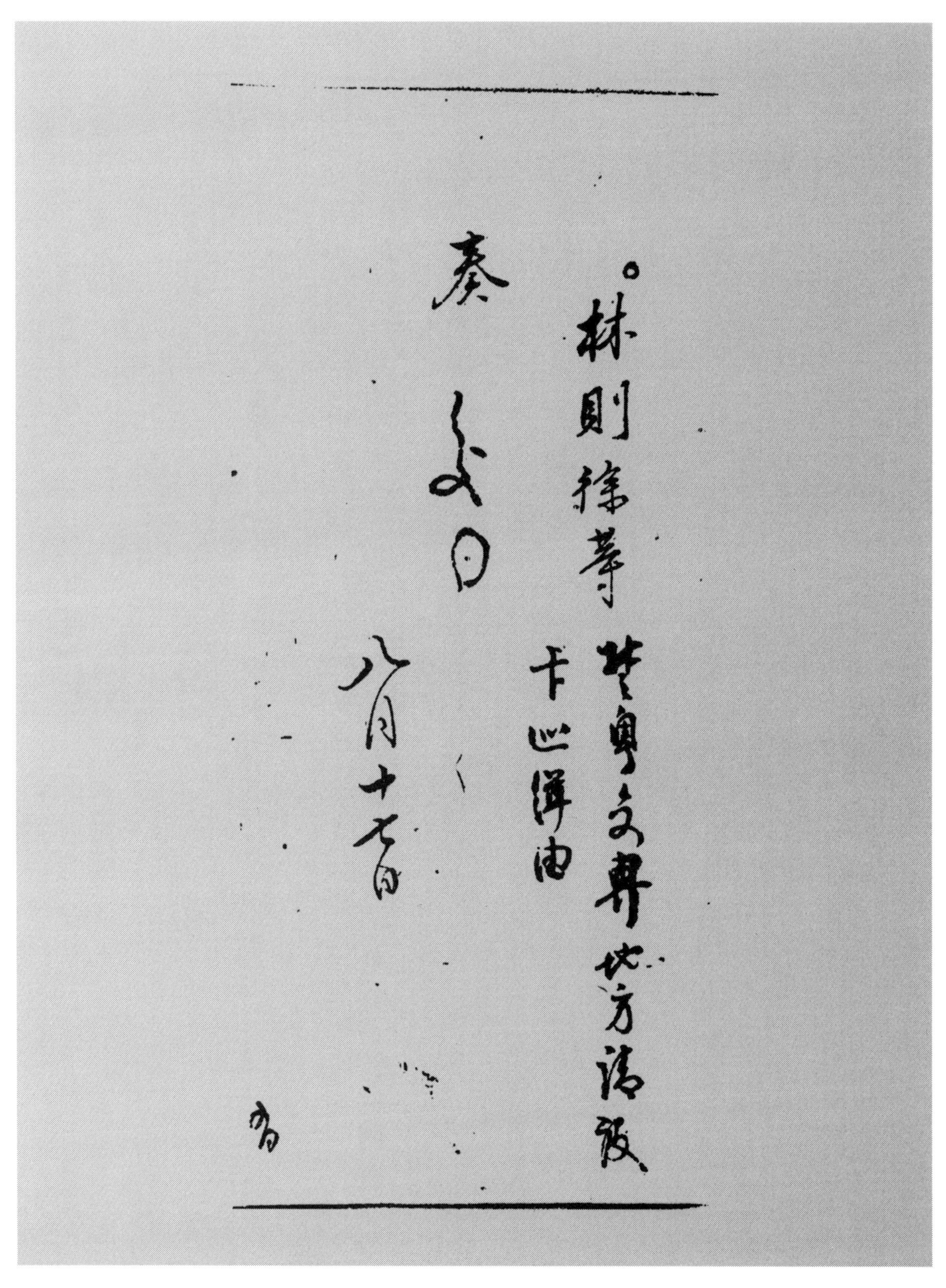

林則徐等楚粵交界地方請設
卡巡緝由

湖廣總督林則徐等奏摺　遵旨查明楚粵交界地方情形請設卡巡緝
道光十八年八月初二日

湖廣總督林則徐等奏摺　遵旨查明楚粵交界地方情形請設卡巡緝

道光十八年八月初二日

湖廣總督臣林則徐跪
湖南巡撫臣錢寶琛
奏為遵
旨查明楚粵交界地方設卡巡緝情形先行覆
奏仰祈
聖鑒事竊臣等承准軍機大臣字寄道光十八年閏四
月二十八日奉
上諭御史莫樂之奏廣東湖南兩省交界沿河地面
屢有搶劫匪案請撥兵弁彈壓一摺據稱廣東
自樂昌至湖南宜章地界上有巡檢並無專設
武營其廣東湖南接壤之區即樂昌宜章乳源三
縣交界之域匪徒百十成群每於交界地面肆行
搶劫過往客商時形擾害現在南韶鎮委千總

一員暫住坪石村彈壓並無專責是以搶劫如故
請撥弁兵巡邏並添募民壯幫護又請將巡檢衙
門移駐坪石村專司緝捕等語匪徒聚衆劫掠最
為地方行旅之害不可不嚴行懲辦著該督等
飭令文武員弁將各匪賊務獲究治其應否
添設員弁並改駐巡檢衙門之處並著悉心議
具奏原摺著鈔給閱看將此各諭令知之欽遵臣
等查覈該御史原奏內所指之三翠橋坪石村黃
泥坑大石巖羅渡司及道光十七年浙江河東
各客民失事之瀧河地方皆係廣東省樂昌乳
源兩縣所轄並非湖南地界據請該近營中撥
武弁一員駐劄三翠橋並撥兵百名巡船二號及

添募民壯幫護巡邏又將羅渡司巡檢移駐坪
石村專司緝捕之事俱應由粵省察看情形酌量
辦理惟查湖南宜章縣與廣東樂昌乳源兩縣本
皆接壤向有逃徒往來交界地方出沒擾害行旅曾於
道光十一年據前任宜章縣知縣楊廷燦詳經
前撫臣吳榮光咨會廣東督撫臣飭委代理廣
東韶州府知府朱桂楨會同湖南署郴州直隸
州知州姚華佐暨同樂昌乳源宜章各縣勘明
宜章有溪河一道下達樂昌計程二百餘里由
宜章縣至牛石巖水路四十里係楚粵分界
又十里始至乳源縣管轄之三鞍橋又四十里
始至樂昌縣管轄之坪石村該處沿河兩岸

皆山人煙稀少，向來設立塘汛，而路當要隘，商
賈之所必由，常有匪徒搁河搜搶，應於各該要
設法堵緝，方足以安商旅。查宜章縣設有白沙、
赤石兩巡檢，樂昌縣設有九峰、羅渡兩巡檢，乳
源縣設有武陽巡檢，均與該要窵遠，勢難兼顧，
且各巡檢駐劄地方亦關緊要，未便移駐，以致
顧此失彼。議請於宜章縣之牛石巖、乳源縣之
翠橋、樂昌縣之坪石村各扼要地方，捐建卡房，
派撥幹役，住宿巡緝，並由縣刊刷印票，飭令
宜章縣典史、樂昌縣羅渡巡檢、乳源縣武陽巡
檢每月於朔望日親身帶同弓兵，會哨兩次，交換
印票，按月賫縣通報，俾得聲勢連絡，[illegible]

經督臣兩司覈議詳咨飭遵在案茲奉
諭旨飭令悉心妥議臣等伏查湖南宜章縣至牛石
巖與廣東乳源縣分界地方陸路僅二十五里水
路亦止四十里離城尚不為遠且已建設卡房二
所撥役巡緝該縣仍不時會營親往巡查是以
近年以來宜章縣界內尚無失事自應飭令
該縣多撥幹役加意巡防毋庸添設員弁亦不
必改駐巡檢惟廣東乳源縣所轄之石壁廣濟
水江三華橋和尚岸等處及樂昌縣所轄之
黃泥坑觀音巖坪石村瀧頭廟等處均為扼要
相距各縣城或百數十里或二百里道路窵遠
地方遼闊卡役巡緝難周各員按月會哨二次

每時常復甚猶以致匪徒乘間竊發擾害商民
自須相度情形於河路最要地方酌撥文武員
弁移駐彈壓以資巡緝而安行旅除咨會兩廣
督臣廣東撫臣委員確勘兼由臣等飭委郴州
直隸州知州胡鈞馳往會同籌辦並嚴飭直
隸州多撥幹役加意巡防仍令粵交嶺域緝
拏各案贓賊務獲究懲外合將楚省交界地方
業已設卡巡緝并請添設員弁及改駐巡緝緣
由先行會摺覆
奏伏乞
皇上聖鑒訓示再該御史原奏所稱道光十七年
有河南地黃客船被匪劫去銀兩二客受傷詳報

東昌、宜章二縣亦未破案等語。臣等查宜章縣詳以萬案據恐該縣有諱匿情事，當即嚴劄行查。現據該縣王雲龍以萬霞蒼查上年十月前署縣陳錫麟任內，准廣東乳源縣移據河南汛內稱客民戴萬鵬具報八月二十日船至乳源清水江河西路擄掠兩拒傷事主一案，備獲賊犯劉戴子訊認聽從宜章縣民李亨松等搶奪得贓不諱，關拘首夥各犯解究等因，並經緝拏，旋准乳源縣移知已將該首犯李亨松拏獲詳辦。餘犯尚未緝獲，亦未據該事主赴宜邑呈報等情。臣等現又嚴飭該縣上緊協緝夥犯，務獲解究，以期淨絕逃蹤。合併陳明。謹

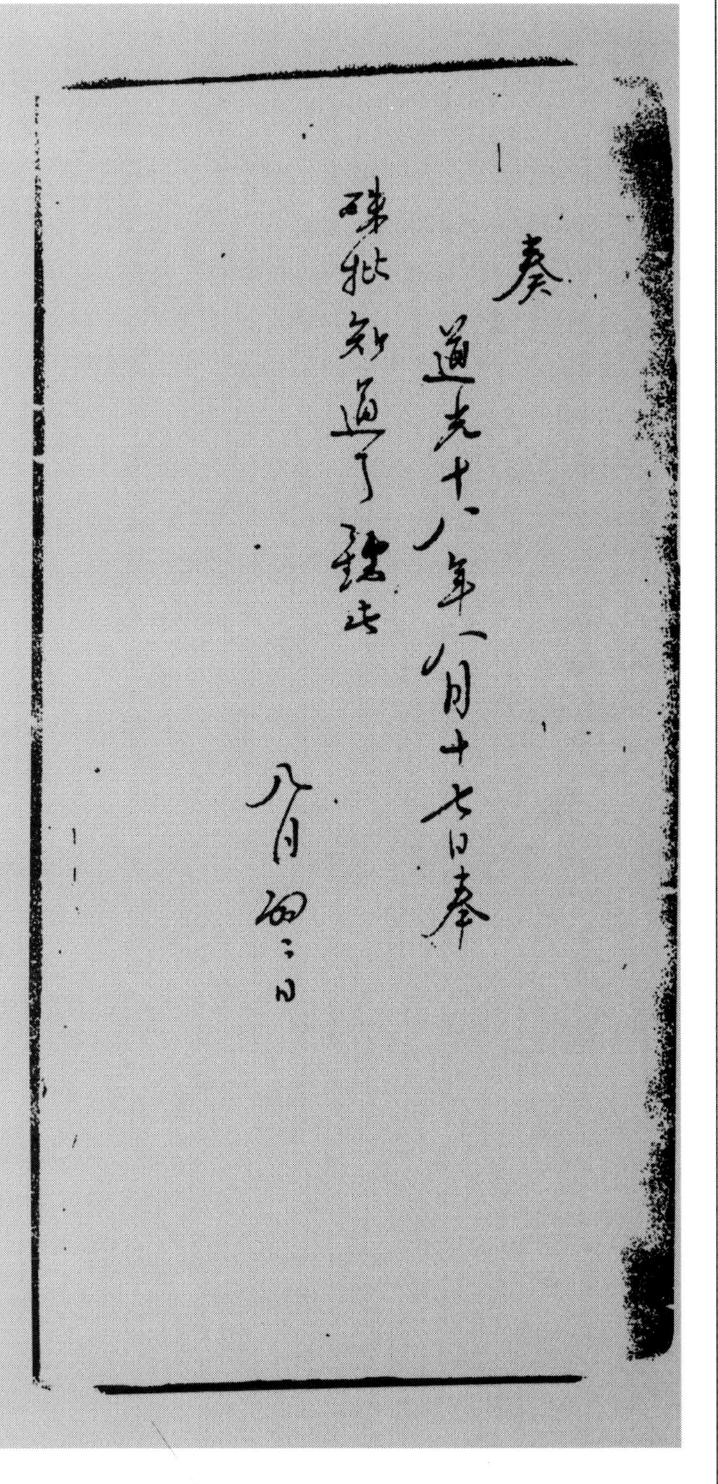

奏

道光十八年八月十七日奉

硃批知道了欽此

八月初二日

湖廣總督林則徐奏摺　襄河秋漲督飭搶護隄工悉臻平穩

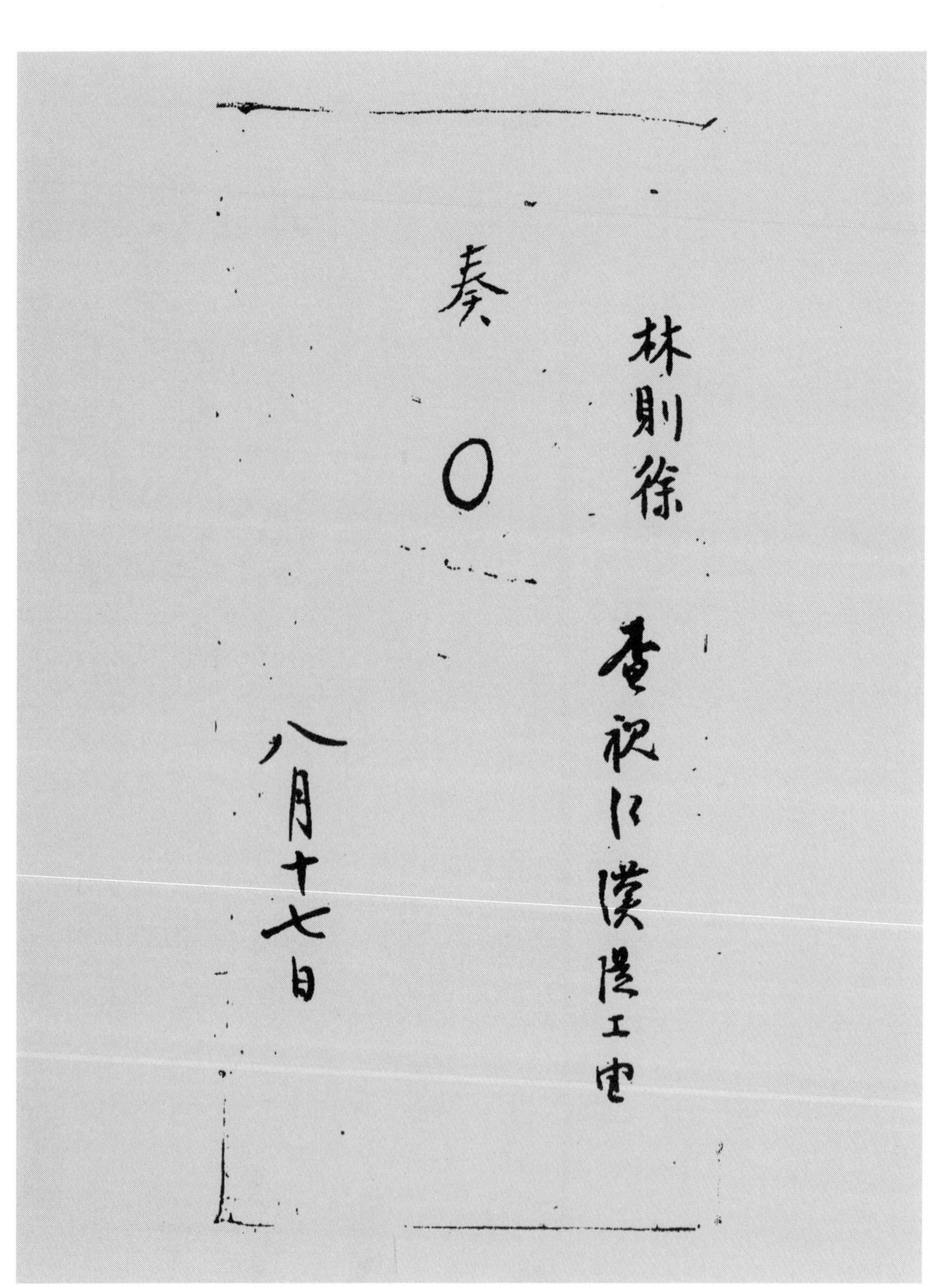

林則徐
奏○
查視江漢隄工由
八月十七日

湖廣總督臣林則徐跪

奏爲查視江漢隄工遄往襄河秋漲督飭搶護化

險爲平並現在水勢已落緣由恭摺奏祈

聖鑒事竊臣前因秋汛屆期水勢正在長發當即親赴

各屬查工督防業經附片奏

聞在案臣乘舟溯流而上先抵漢川沔陽二州縣境內

即見汛水驟至業已盈隄拍岸泛漲異常查

覈各處報單並量驗沔陽之仙桃鎮誌樁七月

初九初十十一此三日內共長水二丈零一寸漢川

北岸之漢兒垸隄長一千九百餘丈香花垸

隄長四千二百餘丈均因被水激蕩間段坍

卸經該縣趙德轍督率垸民在于隄外排竪木

椿捆柴捆護隄上加高子堰隄內趕築襄帮極力
堵御三晝夜水漸退落隄乃保全其沔陽州之
隄北岸計七十五里南岸計八十五里險處不
勝枚舉而周家擋隄尤為衝要率柴土料物
皆已隨修隨盡且資捺護又有西毛臺垸一段
形勢當灣風衝浪激隄內忽有滲水情形甚
危居民挈其家具紛紛遷避該州李兆元與前代
理州析錦元均駐該處督率汛弁員集夫搶築
臣遣至隄上察看形勢尚可不至決裂衹當諭居民
不必驚惶亦不可相率逃避致亂人心正當隨
同地方官搶工束薪盡力守護即可保無失事
時有署沔陽州事判沈廷遠未至並于水中連

夜收土堵夫塞漏有隙即填防風之要又彭風
池亦于上下隄段來往巡備舂搗紛集該隄岸
漏之處悉遂得迅速堵閉並未過水掣通隄內境
田一望無際皆免淪于巨浸之中實為至幸且復
由沔陽上至天門潛江荊門又上而至京山鍾
祥州皆在汛漲已過之後隄身出水較高民情
極為安帖所有各縣本屆歲修暨捐修各工
除大汛以前完竣
奏明先委道府驗收者此次復經臣自行覆驗外
又據署潛江縣知縣甫經卸事之何錦琛稟呈
近日續修工摺查係于歲修之外復經勸捐興
辦如方家灣戴家嶺卸甲埠白伏垸等處月隄

新豐垸皮家塆之上下埧座及石盤頭暨各垸老
隄加高撐幫之工臣皆親往錐驗均係碾砌堅實
足資抵禦此襄河一帶之情形也至大江水勢
向以荊州府城外之楊林磯誌樁為準自入七
月以來據報初三日長水四尺七寸初五日長
水二尺一寸初九日長水四尺二寸其在一日間
一長至數尺之水固不可謂不驟所幸旋長
旋落宣洩較靈較之連日泛漲不消者似為有
間臣由荊門州水路至荊州府之萬城隄周歷
履勘本年秋汛水勢自交白露後逐日大落
已比去年此刻小至一丈有零各段皆設兵夫
散布巡邏防護亦皆周密隨又由荊江順流而

湖廣總督林則徐奏摺 襄河秋漲督飭搶護隄工悉臻平穩
道光十八年八月初二日

下查看江陵公安石首監利沔陽土石各工雖易
難各不同辦理均尚如式現屆秋分節令水勢
漸已就平但距霜清尚有一月之期防護斷不容
稍懈臣勘過之處即責成印委各員實力嚴防
不得始勤終怠致滋貽誤擬再就歷嘉魚蒲
圻咸寧一帶將沿江隄段逐一履勘即可回
至武昌省城除俟霜降屆期另行照例
奏報安瀾外所有閱視江漢隄工悉臻平穩緣由
理合恭摺具
奏伏乞
皇上聖鑒再臣經過各屬正在陸續收成稻穀雜糧
均屬豐稔市價亦皆平賤堪以仰慰

湖廣總督林則徐奏摺　襄河秋漲督飭搶護隄工悉臻平穩

道光十八年八月初二日

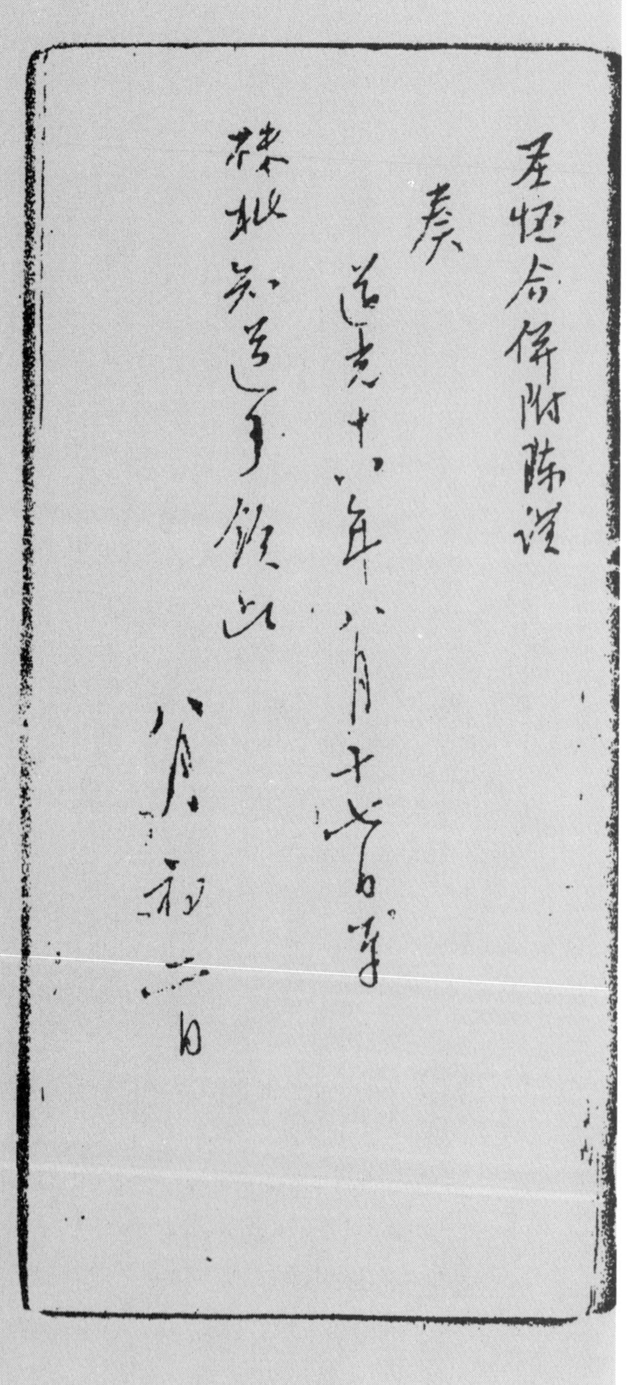

差總合併附陳謹

奏

道光十八年八月十七日奉

硃批知道了欽此

八月初二日

湖廣總督林則徐奏摺

楚省近日查拏烟販收繳烟具情形

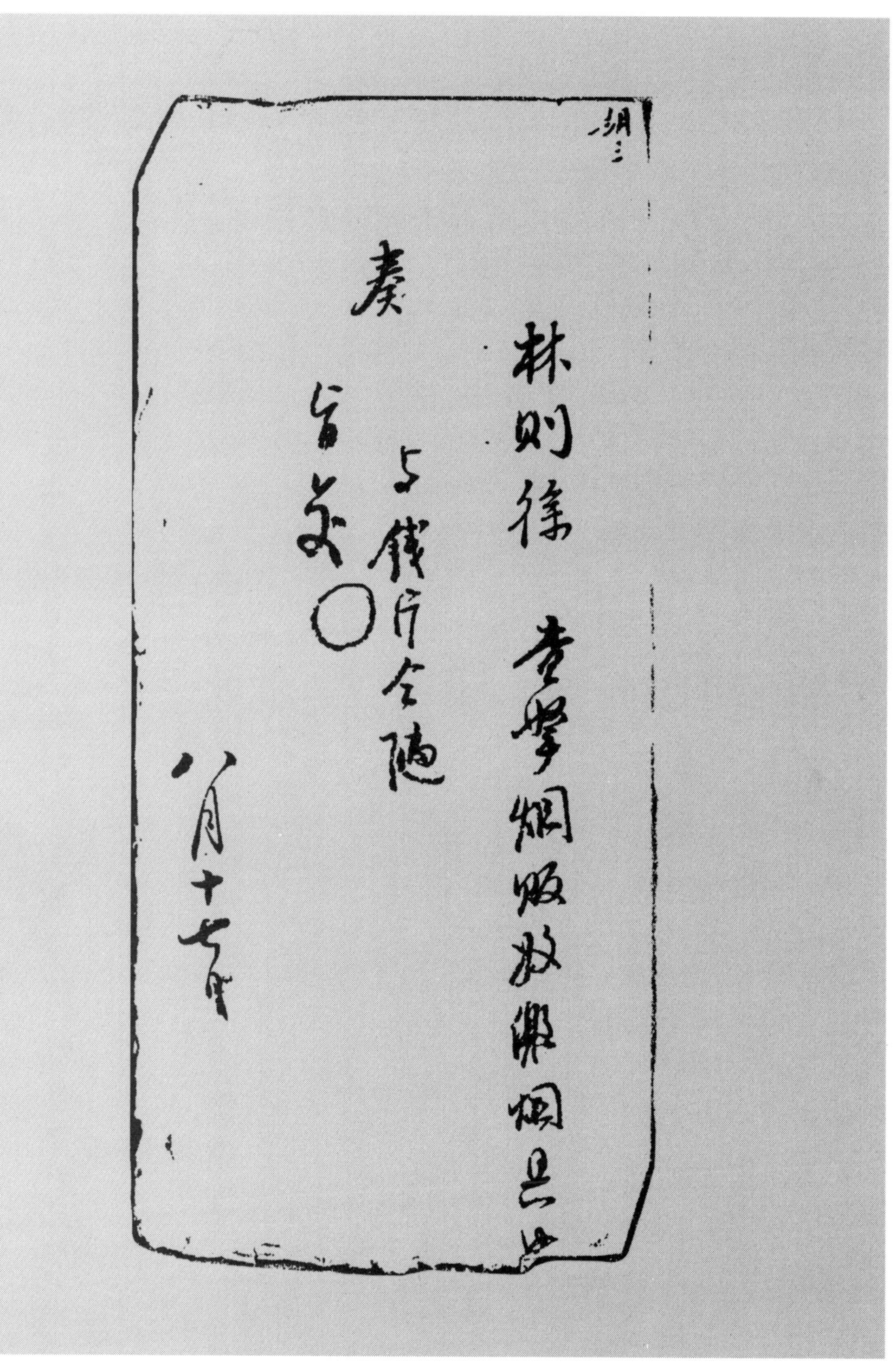

湖三

林則徐 查拏烟販收繳烟具由

奏

与錢片今隨

旨發○

八月十七日

湖廣總督林則徐奏摺 楚省近日查拏烟販收繳烟具情形

道光十八年八月初二日

湖廣總督臣林則徐跪

奏為敬陳楚省近日查拏烟販收繳烟具各情形恭摺奏祈

聖鑒事竊臣前奉

諭旨飭議吸食鴉片烟罪名當經擬具條款恭摺密

奏在案臣思此事須待各省奏齊上裁

宸斷奉到

諭旨頒發祇遵而各省遠近不同定議尚需時日恐民間以為久無消息或且不必查辦此心稍放即不可以復收是以臣與湖南撫臣錢寶琛護湖北巡撫布政使臣張岳崧熟商目下吸食罪名雖未定議而查拏總不可稍懈收繳亦不可稍遲當即飭屬先訪開館與販之人嚴拏務獲一面會同出示剴切禁戒並指畫配製斷癮

藥丸二千料在于省城及漢口鎮等处設局派委妥員
收繳烟槍烟斗及一切器具餘烟果係真心改悔查無
不實不盡者一律請暫免治罪並酌給藥料俾其服食
除癮以觀後效旋據漢陽县知县郭觀辰一律拏获
興販鴉片之朱運舟一犯在其船上貨箱內起获夹帶
烟土一千二百餘兩烟膏八百餘兩嗣又于漢鎮卯第祥
棧房內拏获興販之何日昇傅桂芳烟土五百兩又卯阿
兩犯起獲何日昇烟土三百五十兩傅桂芳
三冯奉金二犯先期已回廣東在卯阿三皮箱內搜获
烟土二千零七十兩冯奉金木箱內搜获烟土九百八十
兩又在余萬順棧房內拏获興販之范永隆鍾亞長
兩犯起獲范永隆烟土七百二十兩鍾亞長烟土
烟土一千二百五十兩又于在逃之樊益隆夹層艙內搜
获烟土八百五十兩隨有興販之卯錦璋謝長林范中

和等赴府縣自行投首即錦璋呈出烟土二千餘兩謝
長林呈出烟土九百五十兩范中和呈出烟土三百六十
兩以上拏獲及首繳烟土烟膏共計一萬二千餘兩又
自設局至六月底止已繳烟槍計一千二百六十四桿
皆係久用漬油之物烟斗襍具俱全臣于未出省以
前即率同兩司道府逐一驗明先用刀劈繼用火燒
就中精緻華麗之槍斗窮巧盡飾之式樣不勝枚舉
其有餘膏殘瀝者拌以桐油再行燒透將灰投入江心
自此次燒燬以後兩局續繳烟槍又據報有七百餘桿
省外各屬所收亦已陸續呈報尚未彙計統俟臣回
省時驗明燒燬並接湖南撫臣錢寶琛來信南省
收繳烟槍亦有二千三百餘桿臣查近來鴉片烟

湖廣總督林則徐奏摺 楚省近日查拏烟販收繳烟具情形
道光十八年八月初二日

流毒之深凡于口有同嗜地方官以為滔滔皆是不免
畏難苟安幸蒙
諭旨特頒飭設重罪奸徒聞有論死之法莫不愧悚視
驚不特開館與販之徒聞風遠竄並吸食者亦
恐性命莫保相率改圖臣等察看輿情並非不
可挽救是以乘机諭戒寬猛並施呈繳者始許自
新隱匿者力加搜捕不追既往嚴儆將來無非仰藉
聖主德威務令力迴汙俗以目下楚北情形而論除官紮斷
癮藥丸外凡省城漢鎮藥店所配戒烟之藥無處不
有無日不售高麗參洋參等藥皆已長價數倍
並有耆民婦女在路旁叩頭稱謝據云其夫男久患
烟癮今幸服藥斷絶身体漸強等語是其父子

家人平日所不能斷者皆係恃
国法有以斷之此时新例尚未頒行而情形業已如
是總因死罪二字足以怵其心志可見民情非不畏
法習俗大可轉移全賴
功令之森嚴始免衆心之渙弛臣惟当督屬随时加
緊極力嚴除俾皆革薄还淳以期仰副
聖主務國保民之至意其曡經拏獲興販鴉片人犯之
漢陽县知县郭觀辰起出烟膏烟土為數頗多
可否
賞予鼓勵之處出自
天恩謹將現辦情形會同護湖北巡撫布政使臣張岳
崧恭摺具

湖廣總督林則徐奏摺 楚省近日查拏烟販收繳烟具情形
道光十八年八月初二日

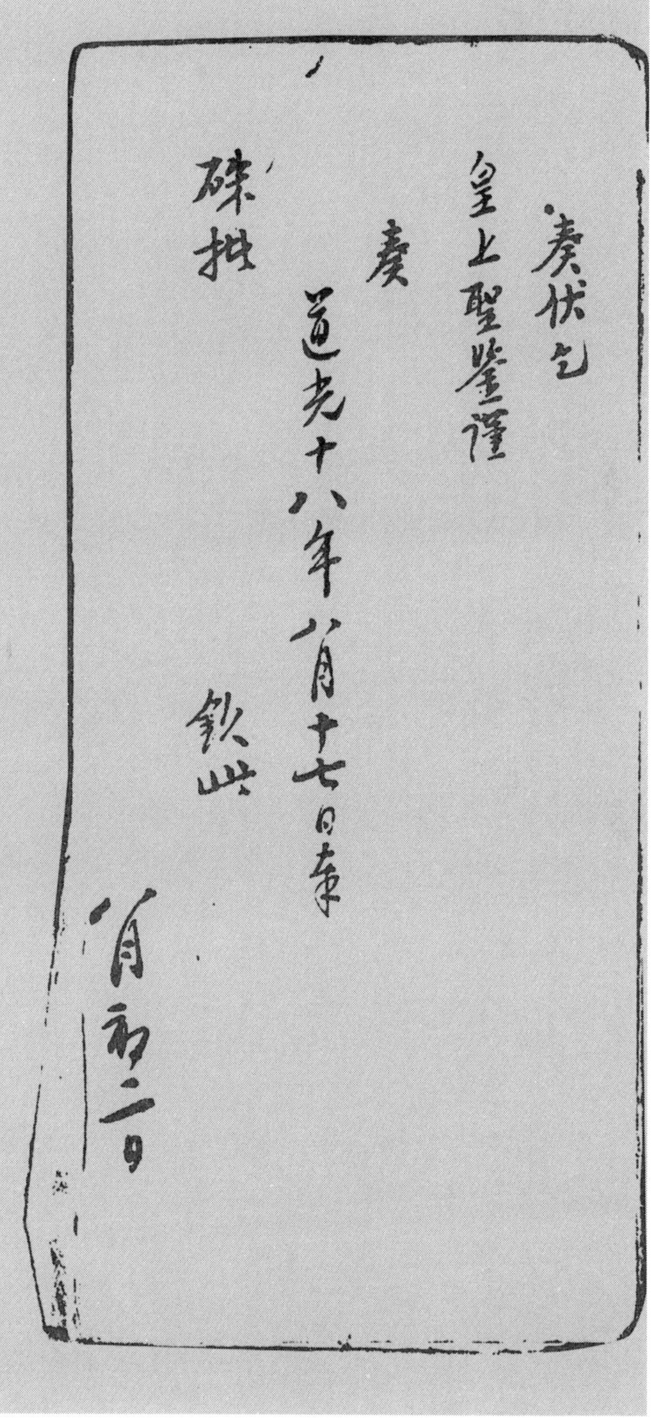

奏伏乞

皇上聖鑒謹

奏

道光十八年八月十七日奉

硃批

欽此

八月初二日

上諭　林則徐等奏兩湖拏繳烟販烟具甚屬認真郭覲辰著予陞銜鼓勵

道光十八年八月十七日内閣奉

上諭林則徐錢寶琛奏查拏烟販收繳烟具情形各等語鴉片烟流毒中國爲害已久現經該督撫等剴切曉諭嚴行禁止設局收繳烟具數月以來軍民人等咸知畏法該地方官等亦能力加振作現在湖北省拏獲及首繳烟土烟膏共一萬二千餘兩收繳烟槍一千二百六十餘桿湖南省報獲烟販十餘起收繳烟槍三千五百四十餘桿均已分别劈燬所辦甚屬認真可見地方公事果能振刷精神實心查辦自可漸有成效該督撫等惟當督飭所屬乘機諭戒有犯必懲呈繳者予以自新隱匿者力加搜捕斷不准始勤終怠日久視爲具文

上諭　林則徐等奏兩湖拏繳烟販烟具甚屬認真郭覲辰著予陞銜鼓勵　道光十八年八月十七日

硃

總期波骫靡積習立即挽回方為不負委任所有拏

獲烟土為數衆多之湖北漢陽縣知縣郭覲辰著

賞加知州升銜

硃

加恩交部從優議敘以示鼓勵欽此

上諭　著照林則徐所請以陳天澤陞補湖北鄖陽府知府

道光十八年八月十七日内閣奉

上諭林則徐等奏遴員升補知府一摺著照所請湖北鄖陽府知府員缺准其以陳天澤升補該部知

道欽此

湖廣總督林則徐奏片

荊州城守營參將興安泰年力漸衰請甄別回京帶領引見

另有旨

林則徐片

再，臣此次履勘隄防，于附近營分亦即順便查閱。除偏弁以下有操防懈怠、弓馬生疏者隨時降革責懲外，茲查有荊州城守營參將興安泰，平日辦理營務尚無貽誤，惟年逾六十，近來精力漸衰。荊州地當孔道，控扼長江，差使絡繹，該將于所轄汛弁稽查督率殊欠嚴明，未便因其尚無劣蹟，稍任因循，以致漫無振作。查該將興安泰曾經出師川楚、回疆及湖南、廣東，得受巴圖魯名號，並加副將銜，應請照新定甄別回京之例，由部帶領引見，恭候欽定。所遺荊州城守營參將本係推缺，但本省現有

湖廣總督林則徐奏片　荊州城守營參將興安泰年力漸衰請甄別回京帶領引見　道光十八年八月十七日

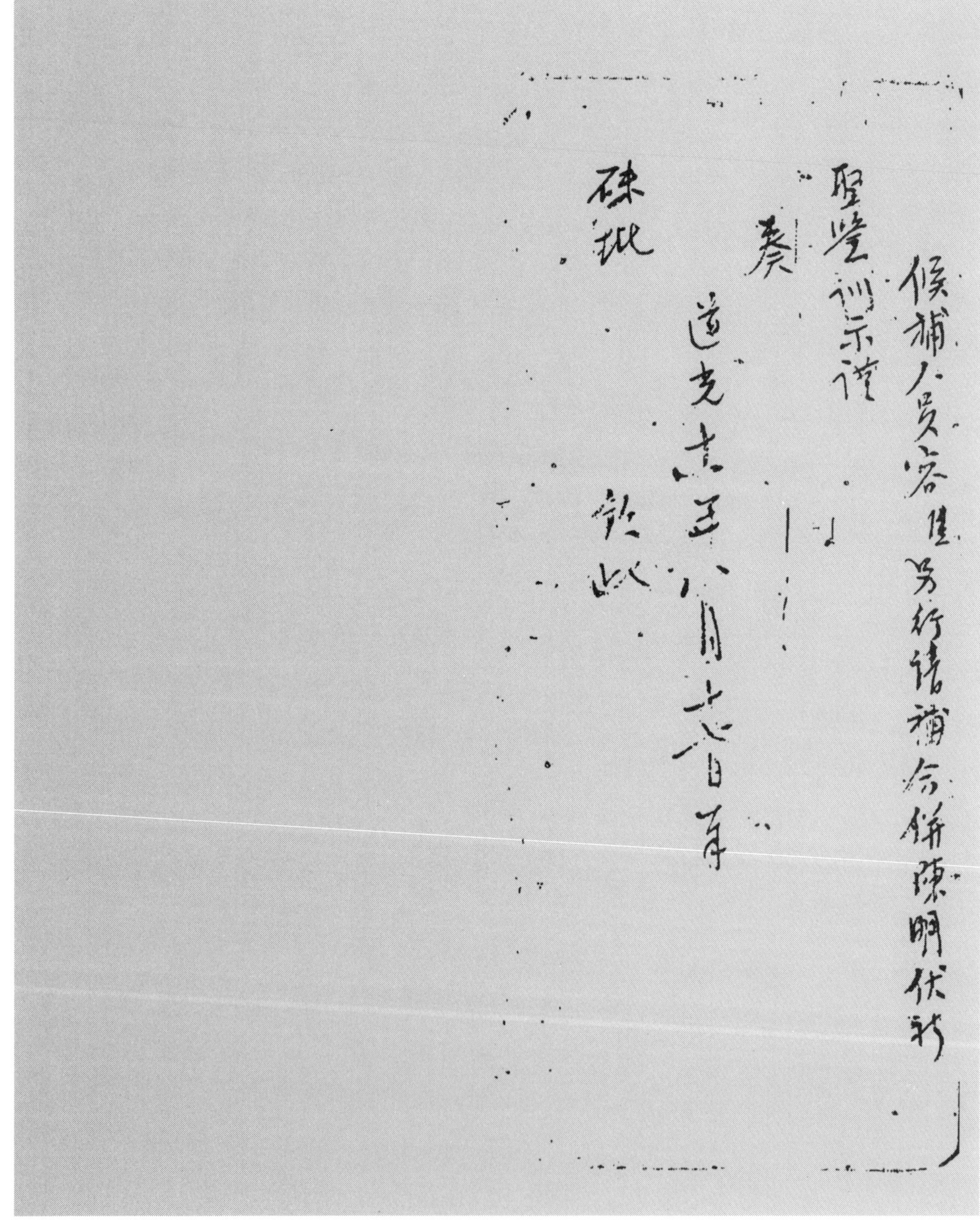
候補人員容其另行請補合併陳明伏祈
聖鑒訓示謹
奏
道光十八年八月十七日
硃批
欽此

上諭　林則徐所奏湖北荆州城守營參將興安泰著即來京交部引見

道光十八年八月十七日内閣奉

上諭林則徐奏叅將年老力衰等語湖北荆州城守營叅將興安泰年逾六十精力漸衰著即來京交部帶領引見欽此

湖廣總督林則徐等奏摺　**湖南岳州水師營防汛戰船駕駛不靈籌捐改造**

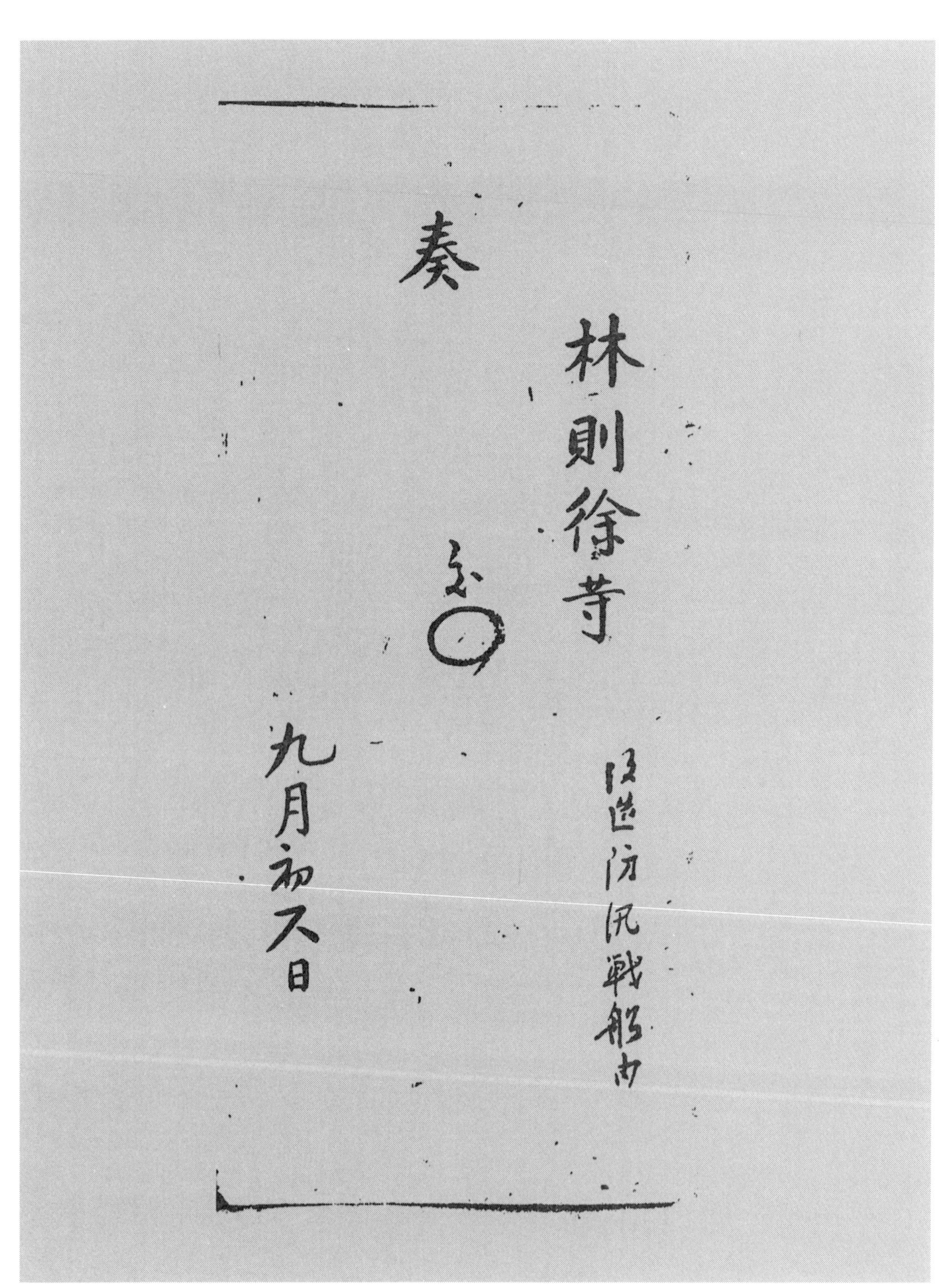
林則徐等

奏　岳州防汛戰船由

九月初六日

湖廣總督林則徐等奏摺　湖南岳州水師營防汛戰船駕駛不靈籌捐改造

道光十八年八月二十日

湖廣總督臣林則徐跪
湖南巡撫臣錢寶琛跪
奏為防汛戰船駕駛不靈酌籌改造以資巡緝而收實效恭
摺奏祈
聖鑒事竊照湖南岳州水師營原設戰船二十四隻乾隆年
間兩次奏明裁減尚留一十八隻永為定額內以九隻
在營安設岳州府城外之君山為洞庭湖扼要
地方以備不時調兵操演如庸另議設造其餘諸字
十五至十八號戰船九隻向係安置石山內天花塘
鹿角扁山城陵磯荷葉洲荆河口上下反嘴舵桿洲等
處為巡防緝捕之用近來湖面安靜盜賊不致竊發
弁兵隨時巡緝捕務亦尚無廢弛惟查各該汛戰船
均因船身笨重駕駛不靈且以艙過高易于招

湖廣總督林則徐等奏摺　湖南岳州水師營防汛戰船駕駛不靈籌捐改造
道光十八年八月二十日

風不特波濤洶湧之時不能駕以巡邏即小有風信亦
驟難拖動是以弁兵每遇巡緝例係雇用民船而防
汛戰船往往終年未出實用且按年修造一切經費
尤屬虛糜溯查嘉慶二年欽奉
上諭外省戰船向因船身笨重遇賊追捕盜賊之時駕駛
不靈動須添雇民船昨吉慶奏請浙江戰船仿照民船
改造一事已照所請行各省戰船亦應照浙江奏請照辦
省改造其餘沿海省分戰船自當于應行拆造之年一
律改小仿照民船式樣改造以便操防等因欽此飭經前
督臣等于嘉慶七年將洞庭營分防協汛戰船十隻
奏明改造在案今岳州營防汛戰船九隻因船身笨重
駕駛不靈不足以資巡緝應請援照此案仿依民船式

湖廣總督林則徐等奏摺　湖南岳州水師營防汛戰船駕駛不靈籌捐改造　道光十八年八月二十日

樣量為收小一律改造以便駕駛似於捕務殊有裨益
惟查各船均於道光十六年小修工竣現在甫屆大修之
年並非拆造年分未便遽請動項更造而汛兵船面
巡緝最關緊要未便再事延緩臣等往返籌商應俟奉
旨准行即由臣等籌捐估辦以冀及早興工俾免稽延
時日有誤巡防所有臣等會籌改造戰船以資緝捕而
收實效緣由謹會同湖南巡撫臣裕泰合詞恭摺具
奏伏乞
皇上聖鑒訓示再此外各營防汛船隻如有應行一律改
造之處容俟查明另行奏辦合併陳明謹
奏
道光十八年九月初六日奉
硃批工部議奏欽此
八月二十日

湖廣總督林則徐等奏摺　武昌城垣捐修工竣請獎勵捐項較多各員

道光十八年八月二十日

湖廣總督林則徐等奏摺

武昌城垣捐修工竣請獎勵捐項較多各員

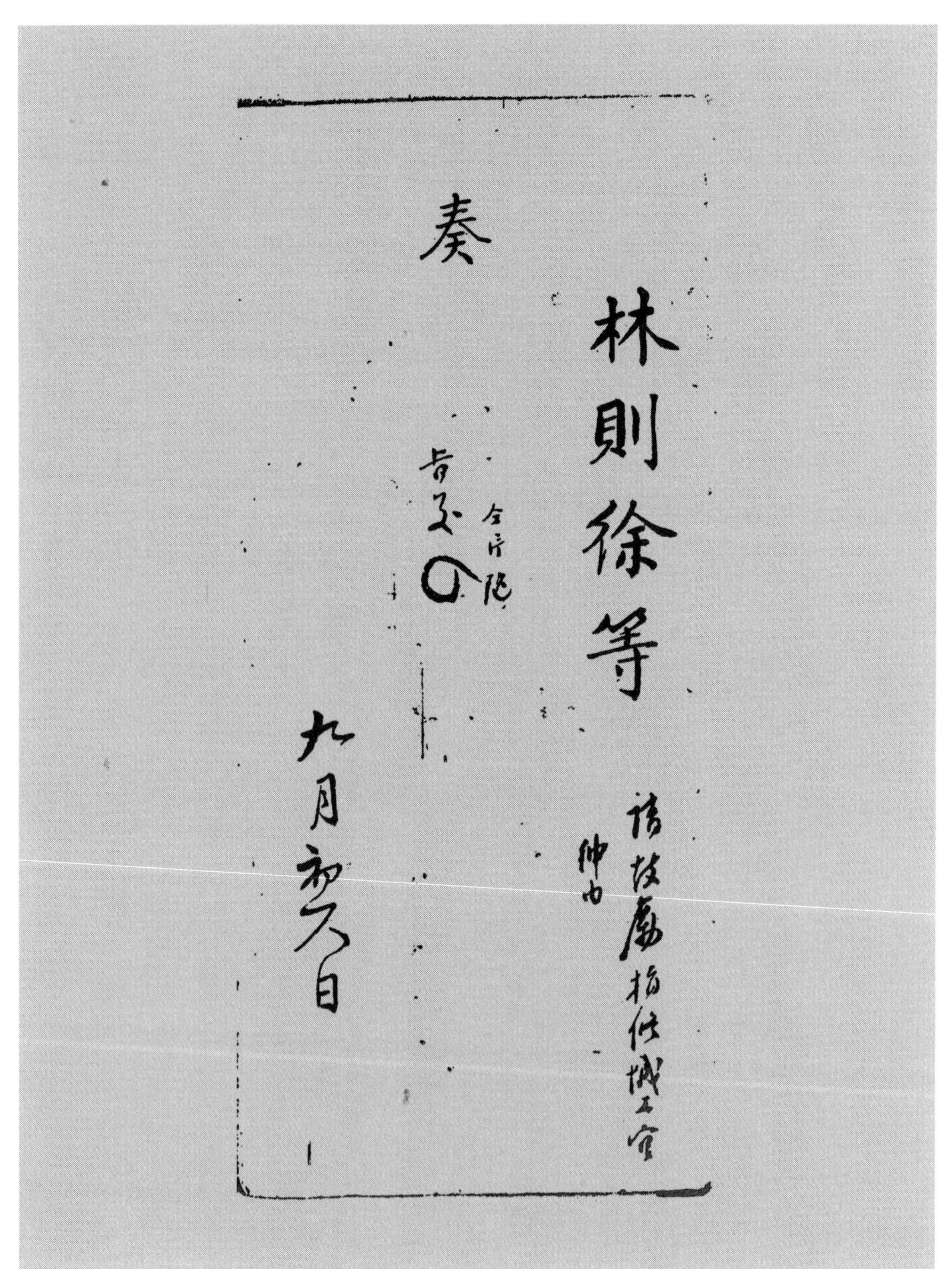

林則徐等

奏

九月初八日

湖廣總督林則徐等奏摺　武昌城垣捐修工竣請獎勵捐項較多各員
道光十八年八月二十日

湖廣總督臣林則徐跪
護理湖北巡撫布政使臣張岳崧
奏為省會城垣捐修工竣驗收如式恭摺奏
聞並將捐項較多之員照例請獎仰祈
聖鑒事竊照湖北武昌府城垣為省會地方保障周圍一九
里又奇濱臨大江最關緊要該城建自前代至乾隆四
十三年
奏准動項大修嘉慶五年亦請項小修一次均已早逾
固限近年以來頻遭大水城牆多有坍塌臌裂城腳
亦形矬陷並城樓垛堞等處均多朽壞坍卸亟須間
段打築興修惟核計工料銀兩動需數萬查此
停緩工程之時未敢請動款項臣林則徐于上年到
楚後察看情形實難緩待當與前撫臣周之琦籌

議捐修，先由在省各官捐廉爲倡，並勸諭紳商士民
樂輸勸辦。幸值年歲豐稔，捐輸稍有眉目，即檄飭按
武昌府知府宗善、江夏縣知縣膝以春確切估計工料
銀四萬四千九百餘兩。經臣張岳崧在藩司任內奏
蒙隨即催收捐項，先行購辦磚石灰觔木料，于道光
十七年八月吉日興工，一面將各功捐以資湊辦，業經附片奏蒙
硃批：知道了。欽此。欽遵在案。查自開工之後，經該府縣督
率紳衿選舉殷實練習之耆士隨辦隨勸隨捐隨
收，計拆修補砌內外城牆一萬八千二百丙，合長一千一百十五
丈三尺，修葺垛牆一千九百六十五個，堞牆一千一百八丈
四尺，女牆一千七百八十丈五尺，以及九門城樓、馬道、窩鋪、
砲房、兵房、轉角樓、望江樓、官廳、砲臺各處傾塌者

重行建蓋，續於本年分別興修，按於十八年八月十二日一律完竣，共用過工料銀四萬四千九兩零。工程較原估更堅，并減銀數較原估更減。年終臣等隨即率同在省司道各員親詣該城內外上下周歷履勘，逐一丈量，所修各工均係堅固如式，用過捐項亦屬核實。造具保固年限，由署藩司程銓詳請具

奏前來。臣等查省會城垣工程浩大，經費繁多，況省城坍卸已甚，籌辦實屬匪易，全賴官紳協力捐辦。時歷年餘之久，銀至四萬兩之多，并上下數千丈工程一律完整，俾瀕江省垣重地崇墉鞏固，洵足資保障而壯觀瞻。所有捐輸銀兩，先由各官捐廉倡導，紳商士庶遂以慕義急公。除臣林則徐、臣張岳崧各捐銀一千兩為

撫臣周之琦捐銀五百兩，署藩司事臬司程銓捐銀三百兩，署臬司事鹽道于克襄捐銀一千兩，糧道李源捐銀三百兩，暨籍隸湖北之江蘇巡撫臣陳鑾捐銀一千兩，均不敢仰邀議敘外，共捐銀二千兩之武昌府知府崇善，捐銀一千兩之漢陽府知府楊炳堃、江夏縣知縣滕以嘉、漢陽縣知縣郭觀辰、在籍之浙江新補道姚心箴，俱例應

奏請議敘。崇善、滕以嘉又經勸捐當鋪出力，應照例另予從優議敘。又漢岸各鹽商共捐銀一萬五千兩，江夏、漢陽各典商共捐銀八千兩，應查明捐戶姓名與捐銀五千兩以下官員紳民，俱分別另行造冊咨部

請敘。並查有捐銀一萬兩之江夏縣人候選知縣杜宣

銓捐銀四千兩之咸寧縣人分發河南試用知縣孫砥因丁
憂回籍之舉人淳溶捐共銀數與現行保案之章程相
符相應仰懇
天恩俯准援照新例將柏宇銓以知縣儘先選用舉
淳溶俟服闋到省以知縣遇缺儘先補用此外董事出
力之紳士王應新黃兆台劉秀耀秦鈺李慈驗
擬獎頭目文燦劉倬雲馮大年王貞瑞均係遵照
例議敘再此項係捐辦工程請免造冊報銷合併聲
明臣等謹合詞恭摺具
奏伏乞
皇上聖鑒敕部議覆施行謹
奏。

湖廣總督林則徐等奏摺　武昌城垣捐修工竣請獎勵捐項較多各員

道光十八年八月二十日

道光十八年九月初六日奉
硃批
欽此
八月二十日

遵旨審明湖北鍾祥縣吳星紀金珍京控案分別定擬

林則徐

審擬鍾祥京控案由

奏

九月初八日

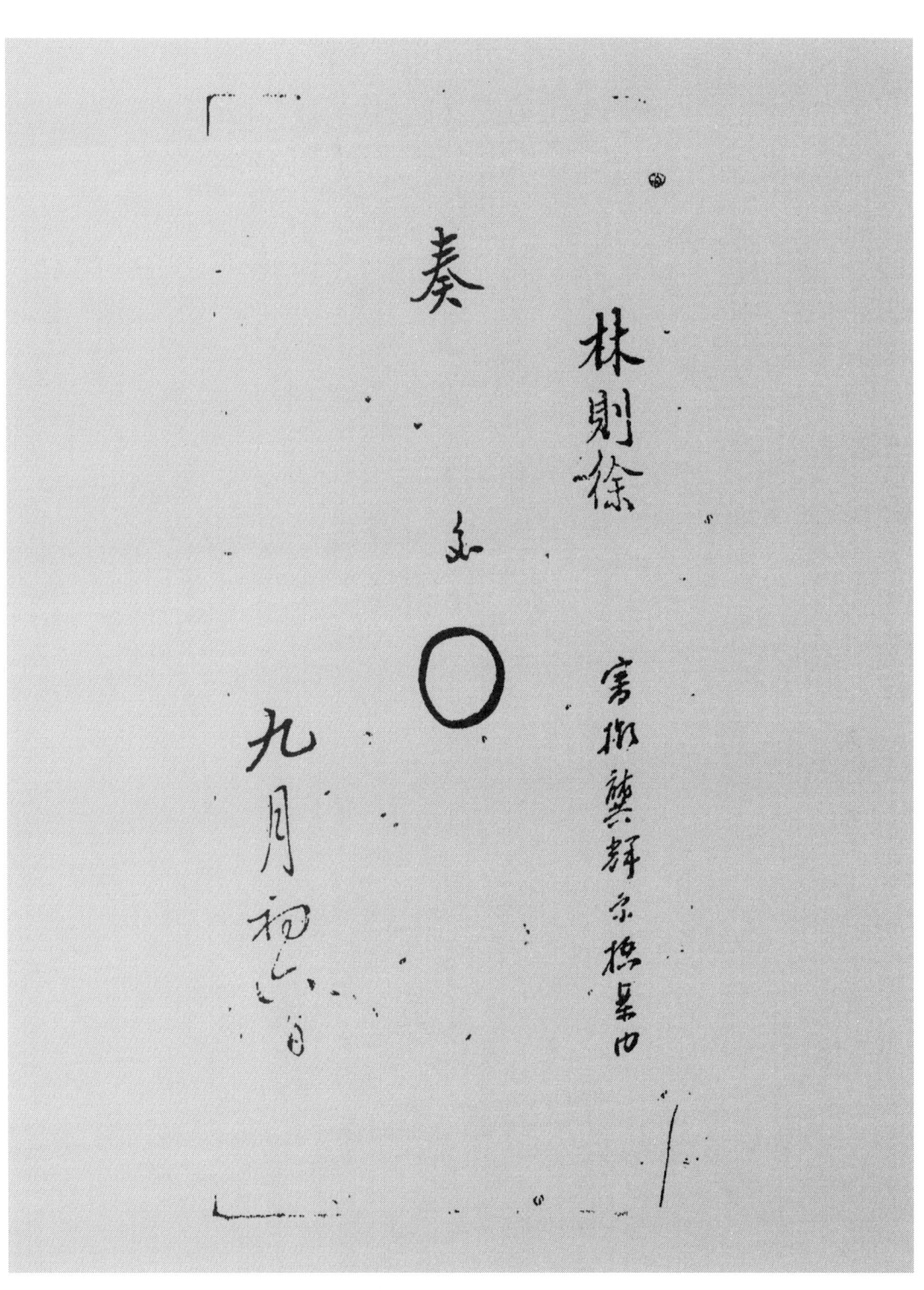

湖廣總督林則徐奏摺 遵旨審明湖北鍾祥縣吳星紀金珍京控案分別定擬 道光十八年八月二十日

湖廣總督臣林則徐跪

奏為遵

旨嚴審定擬，恭摺奏祈

聖鑒事。竊照湖北鍾祥縣生員吳星紀、盧廷楷等

遣抱告龔輝以虐縱私徵、黑票浮勒等詞，又

民人金珍以強搶押斃、虐縱私徵等詞，同日赴

都察院具控，奏奉

諭旨：此案著交林則徐親提人証卷宗，秉公嚴審，

按律定擬具奏。抱告龔輝、金珍均著該部照例

解往備質。欽此。並准將該抱告龔輝等同原

呈咨解來楚，當即行司飭提人卷，並督飭委武昌

府知府李集、漢陽府通判劉錫蕃覆審訊供

據現明由署藩司程鐘署臬司于克襄審詳
解前來臣查此案控關糧書私征已遂多糧必先
查明果否應緩抑係應征方足以定控情之
虛實當經查照原詞所指年分將鍾祥縣道光
十一年至十六年應分災歉緩征及完納各糧
各案按逐一調卷悉心稽覈該縣田地有山鄉
湖鄉之分山鄉高而湖鄉窪自道光十一年來
湖鄉屢被淹浸歷請緩征款賦並將積年日久
遞緩一年第湖鄉田地甚多不能概緩自須勘
明被淹輕重分別辦理即如湖鄉之劉家橋有
上中下之別現查詞內有名之吳星紀印森烈
田地俱坐落下劉家橋該處通共有田三百餘

收道光十二年後征二千四頃零十三十六兩年
俱緩征二十一頃零係經委員勘明被淹輕
重之田始經詳請展緩並非普律緩徵節經
題奏奉准並造册咨部有案并核查該冊吳
星紀等田地均不在應緩之列至金珍之田在崖
家閘胡作霖田在胡家閘陳瑞元田在精忠
山均係靈應山鄉歷年有收並無災歉金珍每
年完民七兩八分陳瑞元每年完民一兩四錢零
俱當無欠惟胡作霖每年應完九分五分二
釐欠至兩年未完劉彬全查糧冊無名訊係代
人佃種並無田業是該縣糧書查無私征已緩
之錢糧委係確鑿有據隨將通案人証親提訊

訊鞫緣金珍籍隸鍾祥縣，其族中有昔存今故之金樹春於嘉慶二十二年十一月間，該縣户書金壽堂即金述仁赴鄉催收錢糧，被金樹糾人搶去錢文，當經縣差郭青、丁金等將金樹拘獲，又被金珍族兄金檢與二雇工姚常唐等中途打奪，金樹逃與監生郭星平并控道轅制撫府查究，金樹畏懼逃避，差獲金檢、姚常唐帶縣訊供，取保着令交出金樹究办，金檢旋在保户郭正家患病身死，報縣驗訊，並無别故，取保傳屬領埋，姚常唐亦因病交其弟姚常[illegible]領回在家病故。詎于十七年春間，金珍偶至湖鄉，聞人談及十一年至十六年錢糧均緩至十七年秋收帶但金珍不知所錢之處，專指湖鄉被淹最重者而言，致疑將通邑一律普緩。後詢問素識之稍曉千總鄧起泰，始知歷年皆緩，但未完納之糧為該錢糧，因向經征之戶書金述仁理論，致將伊歷年已完之糧概還一遍，還金述仁不依，互相爭毆，經人勸散。生員吳星紀、畫廷椿、邱森此并因見有利貼錢糧騰貴，以為下劉家橋鄉自必合錢，遇有書役往催，即糾人捏毆。經戶書黃子禧告以下劉家橋田地共有二百餘頃，只緩二十餘頃，未能一概免徵。又有該處居住之監生蘇志超亦以該生等田地距河較遠，不在應緩之列，吳星紀等疑為徇護書差，串同私

繳按經安陸府訊明該生歷欠數年家糧損課
又納詳請革究由道批審押追詳辦金珍聞知
吳星紀等控案經為于書役舞弊遂與金樹
之子金自敦赴巡撫衙門呈控被府查究逸往
以與前控同呈控
奏明示禁革冊書吳書名目金珍借此揚言係
伊控告准革以致吳報不須加完耗羨並揑造
巡道告示以舊欠家糧俱行豁免與生員張恒修
邱恍植胡商僻名下帖借酒邀附近鄉民湊
參斂費陸續收得錢八十餘千送至鄭起泰家
收存鄉民因而觀望延不輸將該縣飭差委試
用從九品黃儀帶同書差赴鄉催征十七年

八月二十九日到金家湖地方傳集地保族户
開導，將金珍外出，其母孫氏以伊家並不欠糧，
疑係假充異姓兄弟并兄吳星紀書金述仁等查揭賄及，
從前金樹金校亦因欠糧之案被營拘拿，即與
金珍之妻吳氏、金樹之妻孫氏伴喊附近婦女
多人將差役書役圍住，庶高執械毆致族人
金直、金林、金恫材、金兆、金森與堂啟等聞聲往
看，當因不知姓氏婦女將地保金正宣之書金述
仁、借差役路鄧太一併捆縛，捉送赴安襄鄖
荊道衙門請究，吳星紀等欠人家難以理論，亦即
赴道具呈，經張恒修等亦以吳星紀僅奉府
劉姜催征，始悔不應捆縛書役，致釀事端，即令其

徒生員胡作霖與民人陳瑞元劉彬趕至中途
解放維時安襄鄖荆道桂因黄曦具禀情形即
飭差查獲金真胡作霖等並提書差訊問供出
金珍收有鄧民文收存鄧起秦家檔查鄧起
秦歷年抗欠平粮恐其串謀斂費多委襄陽府
同知張書年會同安陸府查提解究金珍回家
後知其母妻畏官致差恐干重累起意京控搪
抵查前户書王丹亭之父指交王宗熙曾往科
房幫貼子雜理等差役聞王丹亭係屬生
員因指為幹充粮總庫總又聞有謝登才支帽幸
蘭以外等曾將田房賣給户書為業即指為勢
充多粮加利壞等並隨意捏寫陋規孔多火耗

併作浮折數月又將綑差之金帽林等捏作被
搶以夏捲其綑縛之罪並因武生夏榮春見人
夏帽斯從旁村作證即捏為同搶當控提單將
完粮印票及戶書收糧字據捏為墨票粘入呈
詞赴京具控復邀允張恒修胡作霖陳瑞元列
樹金直同控希圖扛幫僥倖准張恒修即與金珍
之姪並撮拾吳星紀等先前上控原詞添捏粮
書燒通要吳滕等鎖押勒索嚴刑永文等情
將吳星紀等三人列在詞首並未向其告知胡作
霖即遣其雇工龔輝與金珍同路進京赴都
察院具控奏奉
諭旨咨解回楚經臣親提研審究悉前情並訊明之

書王丹亭之吳氏生員其父楷貢生王守照潛赴科
房幫辦確有其事學長遽飾查例載蓦越赴京
告重事不實發邊遠充軍又定例生員控告錢糧
欠至十分以下俱照革枷號兩個月杖一百
又舉人應納錢糧欠至十分以下問革為民杖一
百生監有頂戴人員與舉人同又革役全完
仍准開復又律載官司差人追徵錢糧而抗拒
不服毆所差人者杖八十又詐傳四品衙門
言語者杖一百各等語此案金珍于應完錢糧
並無抗欠因議令繳徵之言意欲懲書將己完
之銀退還未免以致捏詞遣其母妻晉省細差
眾出夫男與捏造巡道告示均屬誣衙惟其倚

酒飯費並以私抵存動多垂借赴京妄控今審
屬全虛自應照例問擬金珍應照蓦越赴京
告重事不實發邊遠充軍例發邊遠充軍已革生
員胡作霖民人陳瑞元劉彬奎並與來到之生
員光恒係聽從妄告應于金珍軍罪上減一等
各擬杖一百徒三年張恒緒應先斥革生員分
縣吏錢務獲照擬辦理錢均辭託於貴安呈指
納千總職銜即起意抗欠米斛載數至一百
餘石後因金珍收存所飯費米應革去職銜照
在籍有頂帶人員例擬杖一百收贖年已七十
捐職執照被水沖失是否屬實均令縣查明詳
辦並飭令將所欠米斛照數全完乃准開復已

革生員吳星紀鄧森迎與未到之盧廷楷係姚
恆修代為列名入詞並不知各控情事惟吳因
地本不在後任之刻乃執捏欠米糧並在本省
誣控均應照應納米糧人至十分以下枷號兩個
月杖一百仍押令將所欠米糧照數完繳如果
趕緊全完照例開復免罪金林金四材金魁
金森與未到之趙啟學明知差人追徵米糧幫
同捆縛即與毆傷各異應照官司差人追徵米
糧抗拒不服毆所差人杖八十律各杖八十折
責發落金書金述仁黃子鎔鍾經紹欽糧查明當
無弊竇惟金求述石于金珍頓共返還各糧附並
不應為鬧遂執行至毆員不讓未將吳星紀等

田地不在緩徵之列殊為字跡明白字樣曉諭
致滋事端亦屬不合均照不應重律杖八十折
責革役王宗照既指貢生乃因其子王丹齡究
尚在書辦潛赴科房探聽亦係多事實屬不合應照
不應重律杖八十係私罪應革去貢生仍照例
免其發落追照繳銷龍英輝所從作抱不知案
情應毋庸議除全案供招咨部外所有審擬定
擬緣由理合恭摺具
奏伏乞
皇上聖鑒敕部議覆施行謹
奏
道光十八年九月初六日

湖廣總督林則徐奏摺　遵旨審明湖北鍾祥縣吳星紀金珍京控案分別定擬

道光十八年八月二十日

硃批該部議奏欽此

八月二十八日

湖廣總督林則徐奏片 **請嗣後辦災將應蠲緩村莊田畝細冊隨謄黃榜示曉諭**

交○

林則徐片

再查湖北省每遇水旱偏災奏請

恩旨蠲緩錢粮，俱係立時飭令藩司刊刻謄黃刷印

交收後以各屬於被災處所及各村庄集鎮僻

壤窮鄉遍貼曉諭，並將貼過地方開明清冊

申報。惟據司道府州稟，不容稍緩，再令委員查催

且隱匿謄黃征情弊，不但一查立見，即各家貧

民亦斷不肯甘心緘默，必有出而首告之人，胥吏

貧民所施其伎倆，防範本極周密。惟被災地方

亦不僅一州一縣，該州縣中又不僅一村一庄，地名繁多

繁瑣，謄黃內備載錄

上諭只將開載某州某縣某某等若干村庄應蠲應

湖廣總督林則徐奏片 請嗣後辦災將應蠲緩村莊田畝細冊隨謄黃榜示曉諭

道光十八年八月二十日

緩應蠲緩字樣蓋

偏僻鄉區有依山傍勢不能將所有地名一一全叙而各

村莊零星細碎不一而足雖經分晰造具頃

畝細冊詳送院司查覈而民間未必周知奸猾

胥吏難保不藉某某字樣高下其手而獲逞

黔民既欲蠲免即明白查應徵之列者亦必疑為

已蒙

恩旨列入緩免之內紛紛詐訛藉詞抗糧必應嚴切防維免

滋流弊以重國課應請嗣後凡遇辦災奏到

恩旨刊發謄黃之時即由藩司飭令該州縣將所造應

蠲應緩應蠲緩之村莊頃畝細冊另行謄榜隨

同謄黃遍貼曉諭俾業戶咸得知遵有據查

湖廣總督林則徐奏片 請嗣後辦災將應蠲緩村莊田畝細冊隨謄黃榜示曉諭

道光十八年八月二十日

貼近地方，毋許隱匿，俾窮鄉貧民一目瞭然，

胥吏更無從滋弊，其從前所無村莊，亦無可覬

覦混行牽執矣。是否有當，理合附片陳明，伏乞

聖鑒訓示。謹

奏。

道光十八年九月初四日奉

硃批：所見精細，着依議行。欽此。 八月廿日

湖廣總督林則徐等奏摺

遵旨審明前任廣濟縣勒休知縣蔣炯虧短倉庫銀穀案分別定擬

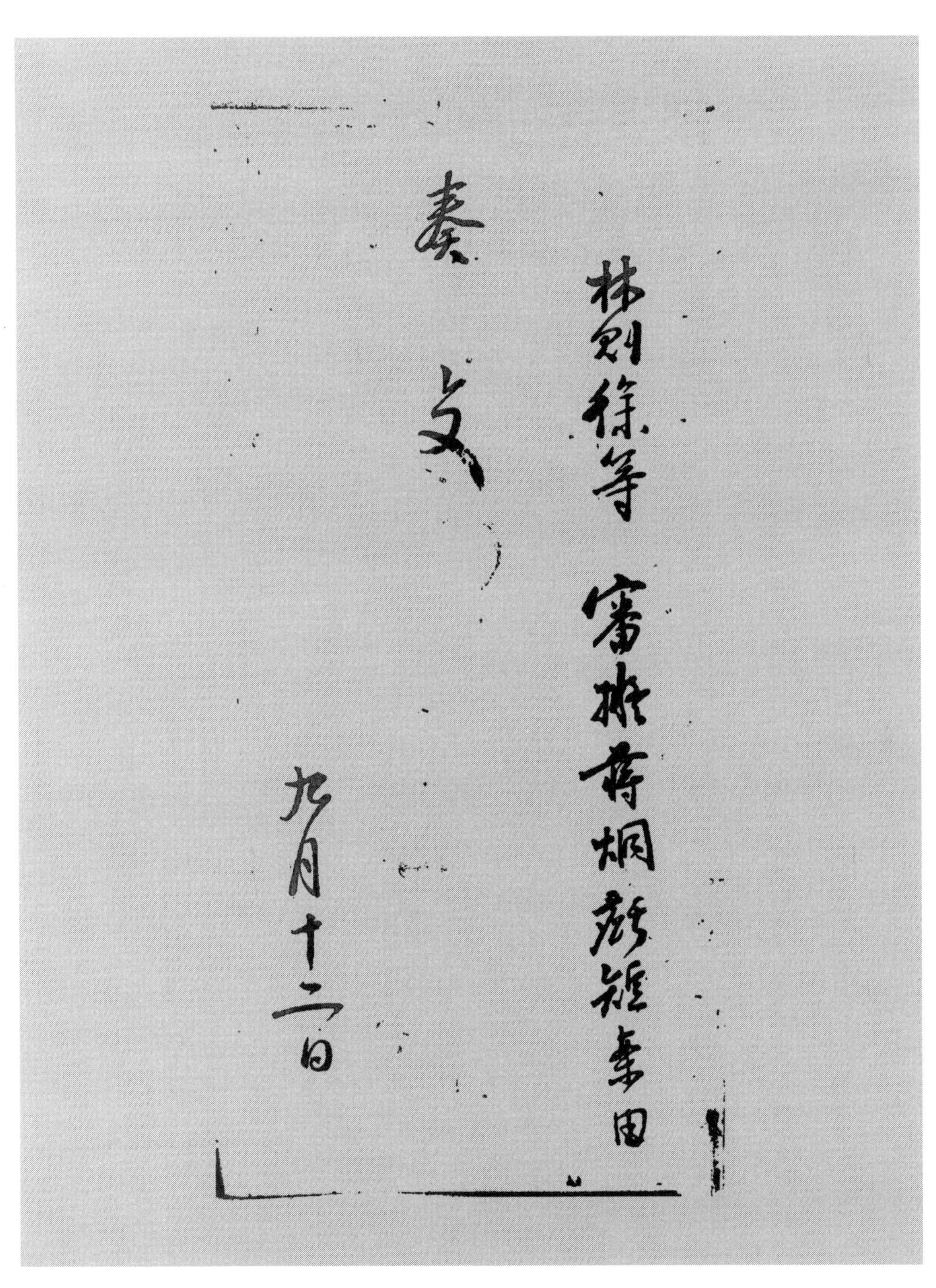
林則徐等　審擬蔣炯虧短案由

奏文

九月十二日

湖廣總督林則徐等奏摺　遵旨審明前任廣濟縣勒休知縣蔣炯虧短倉庫銀穀案分别定擬

道光十八年八月二十五日

湖廣總督臣林則徐
署理湖北巡撫布政使臣張岳崧跪
奏為遵
旨審明定擬恭摺奏祈
聖鑒事竊查前任廣濟縣勒休知縣蔣炯虧短倉庫
銀穀先經臣林則徐前撫臣周之琦會摺具
奏欽奉
諭旨這所參前任湖北廣濟縣勒休知縣蔣炯虧短
交倉庫各款至九千五百餘兩之多並即革職交
該督等提同經手丁書人等嚴審確情按律定
擬具奏該革員家産資財及原籍家産並著一
併查封備抵等因欽此欽遵照行原籍省分查
封家産一面行提丁書詹宗秉省城嚴訊為

府崇善審出去後，查核該府訊明，議擬由署
藩司程銳暨臬司于克襄、糧道李源覆審
解勘前來，臣等親提研鞫，緣蔣炯以籍隸浙
江銓選縣由湖北孝感知縣調補廣濟縣知縣，
道光十四年三月初十日到任，五月，該縣員
因值大水，該縣黃花隆一帶江隄險要，應備
夫工物料樁等及分修費，核需運需實貲
隄潰口，該縣員以保障攸關，急款可無，共挪
用征存庫銀三千三百七十五兩三錢七分六釐，
又兩次解運荊倉南米遭風沉溺米二千一百
二石，該縣員以兵糧計口授食，刻不可緩，先行
買補，挪用銀四千七十七兩二錢，又歷年勤攤

倉穀折耗及交代盤查折戽賠穀價銀二千七十一
兩二錢五分四厘，統共虧那銀九千五百十二兩
八錢三分，接署知縣丁鹿壽查出，會詳請咨
道府轉詳揭
奏參革審，據供前情不諱。臣等查該參員
蔣炯虧短倉庫各款至九千五百餘兩之多，
恐有侵欺入己、捏飾避就情事，復向嚴詰，據
該參員執供，實因在任之時，搶築堤埝等項修
濬口岸，以及協運荊倉南米兩次遭風沉失，均係
因公要需，累及多款，一時籌不得已，先後那用，並應賠
穀價，原冀設法彌補，不意勒休卸事，以致籌
補不及，委非侵蝕入己等語。質之經手書役徐桂森

等令供出一詞核與案卷相符似無捏飾查例
載那移庫銀五千兩以上至一萬兩者擬實犯
杖一百流三千里一年全完免罪開復等語
此案參員蔣炯虧短倉庫各款共銀九千五
百餘兩訊係因公那移自應按例問擬已革
前任廣濟縣勒休知縣蔣炯合依那移庫銀
五千兩以上例擬杖一百流三千里所虧銀兩現經
原籍浙江按察使密查抄家產並該革員現
在省寓衣物估價備抵外不敷銀兩因監禁勒追
係一年限滿能否全完再行照例辦理經書徐
桂森王大林向鳳鳴於本官那用庫銀並不攔阻
殊屬不合均應照不應重律杖八十折責革役

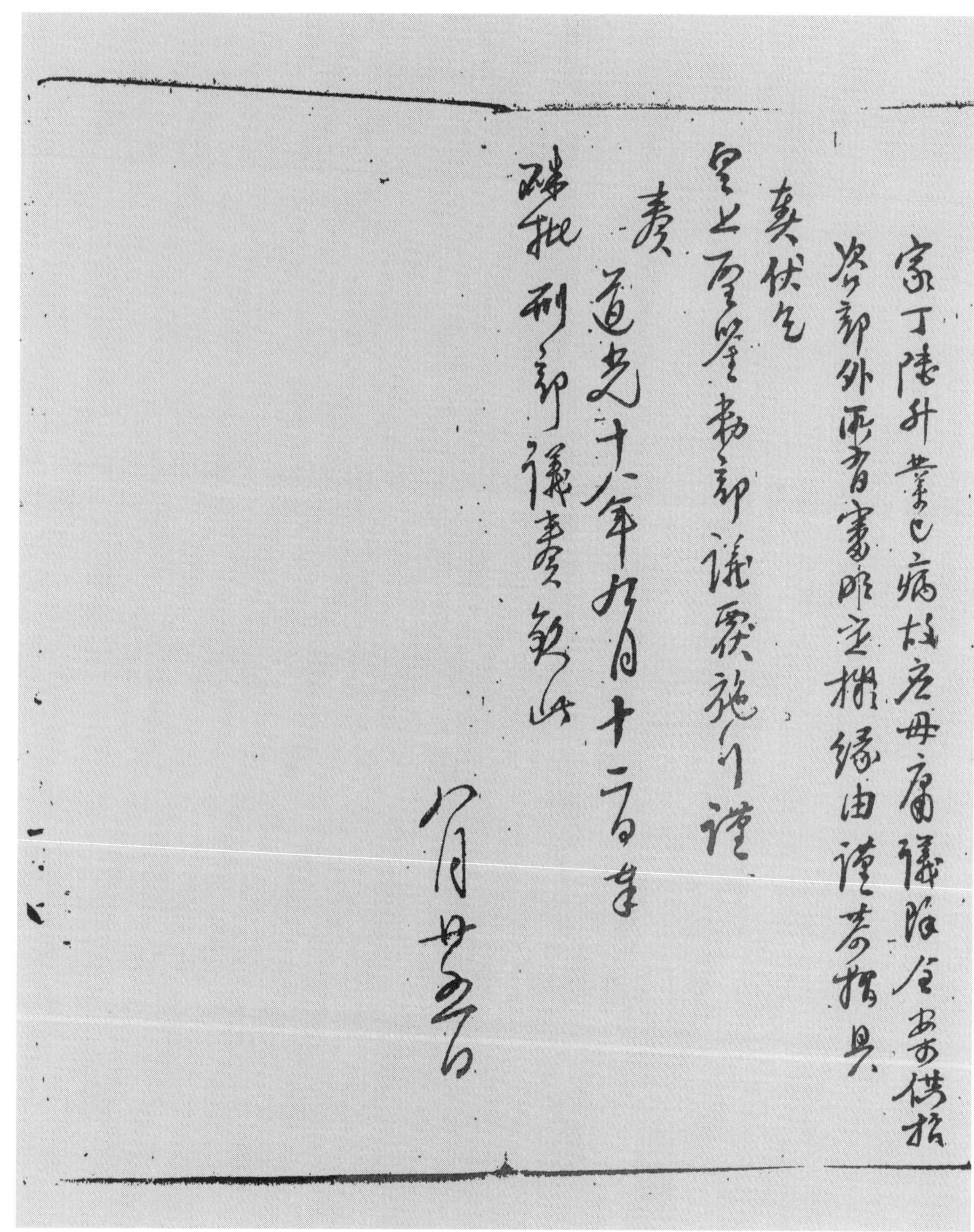

家丁陸升業已病故，應毋庸議。除全案供招
咨部外，所有審明定擬緣由，謹恭摺具
奏，伏乞
皇上聖鑒，勅部議覆施行。謹
奏。
道光十八年九月十二日奉
硃批：刑部議奏。欽此。
八月廿五日

林則徐等　買補倉穀由

奏　乙文〇

九月十二日

湖廣總督林則徐等奏摺　動項買補缺額常平倉穀

道光十八年八月二十五日

湖廣總督臣林則徐
護理湖北巡撫布政使臣張岳崧 跪
奏爲動項買補缺額常平倉穀恭摺奏祈
聖鑒事。竊照湖北省額貯常平倉穀因歷年災賑借糶及
撥運軍需撥補緩徵南糧等案動缺者，經
奏准于每年秋收豐稔之時動項採買。此外尚有清查
虧缺及代追賠盤折各案穀石。截至道光十七年奏
銷以未買穀粟一百二十三萬六千一百八十七石三升七合，內
扣除道光十六年
奏明採買案內未經領買穀一萬八百一石二斗七升六合，有
內漢陽黃岡鄖縣等處業已領買穀九千五百石，尚有
鶴峰州因穀價稍昂恐妨民食未領買穀一千二百
一石零，又十七年

東湖採買穀一十三萬三百二石零又續據咸寧石首二縣
呈請增買穀四千八百二石六斗六升連四案動支原價
買二共買穀一十三萬五千一百四石八斗八升六合四勺內江
夏等州縣衛已領買穀一十二萬四千五百一十四石零尚有
因秋收歉薄之廣濟黃梅監利均州鄖縣鄖西保康等
州縣未領買穀一萬五百九十石以上共存除穀一十四萬五千
九百六石六升三合六勺尚動缺未買穀粟一百九萬二百八十
石九斗七升四合八勺茲據署藩司程銓糧道李源查明本
年各屬收成豐稔糧價減平所有缺額倉穀急應乘
時買補以實倉儲飭據武昌等府體察各州縣情形共可
採買穀一十萬石計需價銀六萬五千兩內有買補備給各
營兵丁穀二千五百八十三石應于司庫扣存兵穀價銀內動

給又買補查賑借動穀四千石應于捐輸解存司庫價銀
内動給又買補查辦賑撫蓮通倉收養難民雜項等
著派撥軍需歸還裁留沽米等項穀四萬三千一百八石八斗九
升一合二勺應于地丁項下動給又買補節年撥補緩徵
南糧穀五萬二百八石一斗八升八合六勺應在四案動支地丁
發買俟帶徵南糧完日變價解司報撥已十六年十七兩
年未經領買穀一萬一千八百九十七石零仍按市價
奏明原動價銀款目發買以符原奏造冊報銷等情詳
請具
奏前來臣等伏查常平倉缺穀近年屢奉
諭旨嚴飭各省察看情形買補還倉本年接准部咨欽奉
上諭著各督撫嚴飭所屬如有價值採買倉穀之州縣即

邑年穀豐稔即令前赴採辦設或本境足敷採買亦
准量予變通如有假借胥吏勒派需索者立予參處等
因欽此欽遵在案臣等查湖北本屬產穀之區歷
係本境採買現在各屬多豐價平急應乘時買補茲
據該司道等體察情形本年可採買穀一十萬石
連十六七兩年未經領買穀一萬一千八百九十一石零今共
買穀一十一萬一千八百九十一石一斗九升六合二勺約需價銀行司飭
屬趕緊請領責成該管知府督率州縣循照舊章例價採穀
多寡當量發足價銀公平採買運倉申請委員盤驗如領
買後市價再有平減堪以增買若干石隨時由府州縣詳請
發價添買於積貯更見裨益臣等竊思採買一事地方州縣果
能於閭閻預籌積貯固還于集斯民當倉補之餘值

穀賤妨農之日，歲無不裒多益寡，隨糶急公。由今日之
買補備將來之不足，雖州縣賢否不一，或短發價銀，或多
派穀數，或勒收於色，或需索費規，以及蠹役衙棍朋比為
奸，往往以儲備之美名，致騷擾之實害，以上積弊，臣等
惟有認真查訪，按實參辦，庶額穀充盈，可備年
遠。除咨明戶部外，所有本年動項買補缺額倉穀
緣由，理合恭摺具
奏伏乞
皇上聖鑒謹
奏。
道光十八年九月十二日奉
硃批：戶部知道。欽此。

八月二十五日

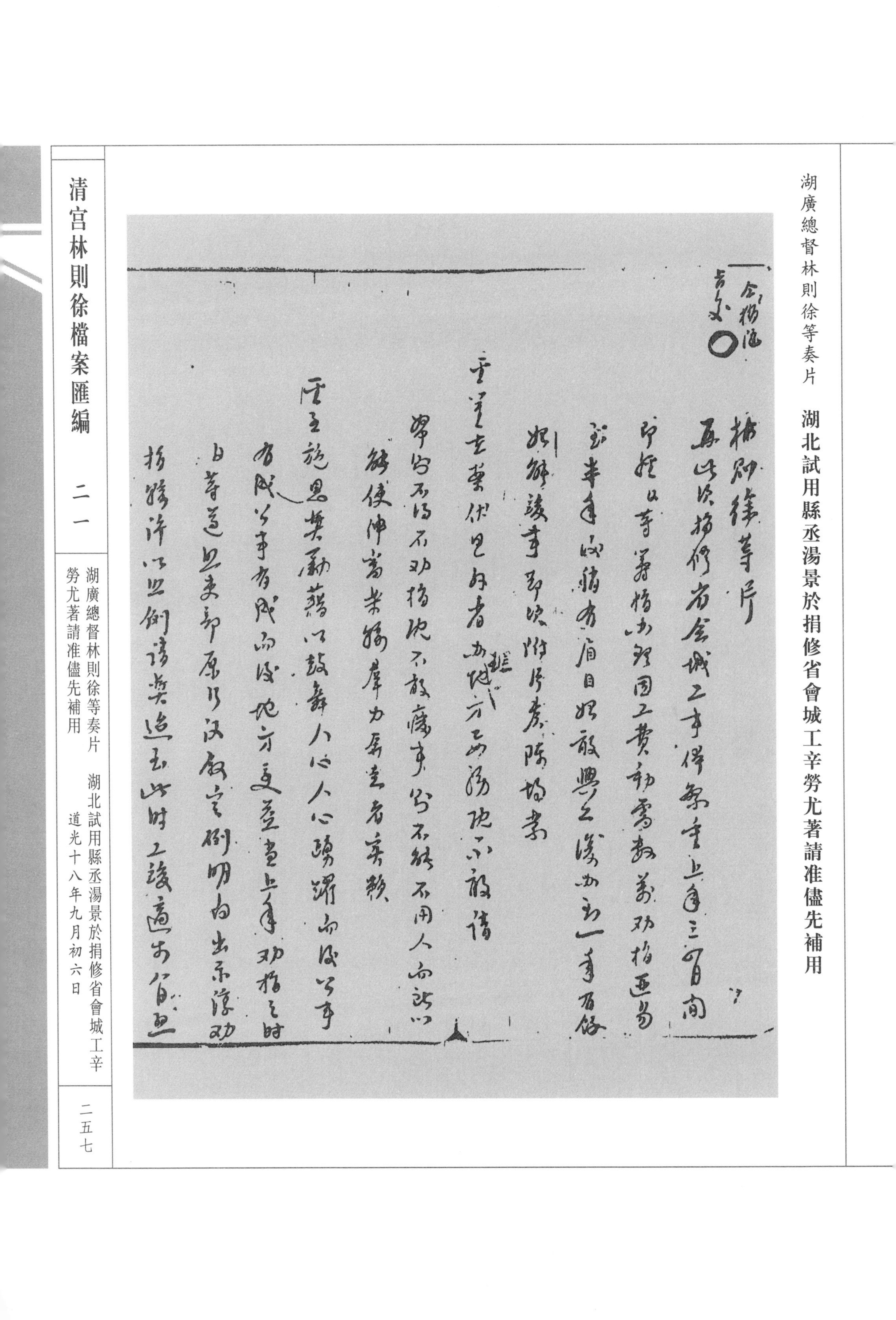

湖廣總督林則徐等奏片

湖北試用縣丞湯景於捐修省會城工辛勞尤著請准儘先補用

湖廣總督林則徐等奏片 湖北試用縣丞湯景於捐修省會城工辛勞尤著請准儘先補用

道光十八年九月初六日

旨准部頒新章程將捐項不敷酌議加

為是上年捐修之人未合於議叙之例其

今歲與現行新例又不符合殊覺不免向隅

但既准部咨 臣等何敢瀆請是以此項捐項

至四萬餘兩之多而照例僅請儘先選補

此後有急公之丞亦一員之助捐修工出力之官

員紳士人數實多此試用縣丞湯景不

特倡捐銀二千兩助捐至數萬兩而其經營

籌畫總理全工幾及兩年不勞瘁成事巨細

躬親設法撙節涓滴實心籌辦不遺餘力查

歷屆各省府縣辦理重大城工歷經奏獎

恩綸特加鼓勵今部議既新定限制 臣等亦不敢瀆

湖廣總督林則徐等奏片　湖北試用縣丞湯景於捐修省會城工辛勞尤著請准儘先補用　道光十八年九月初六日

除惟於衆委員董事之中查有湖北試用縣丞
湯景自備資斧朝夕監工年餘之久辛勞較
衆尤為可否仰懇
皇上格外天恩俯念微員出力係在未奉新例以前
恩准儘先補用似与現在新定章程尚不至遽有
妨礙頂感
鴻慈更無既極不揣冒昧謹合詞附片具
奏伏乞
聖鑒訓示謹
奏
道光十八年九月初六日奉
硃批　欽此

上諭 林則徐等請鼓勵捐修城垣官紳及儘先補用試用縣丞著吏部議奏

道光十八年九月初六日内閣奉
上諭林則徐等奏請將捐修城垣之官紳鼓勵一摺又另片奏請將試用縣丞儘先補用等語俱著吏部議奏此項工程免其造冊報銷該部知道欽此

湖廣總督林則徐奏片

查明廣西右江鎮總兵滿承緒赴任行程並無逗留

又〇林則徐片

再臣兩次接准部咨欽奉

諭旨飭查廣西右江鎮總兵滿承緒究于何處逗遛等因欽此當經臣節次欽遵轉行經過各州縣確查去後茲查得該總兵滿承緒係由河南陸路而來于本年四月十八日行抵湖北襄陽縣所轄之樊城地方雇覓船隻于二十一日由水路開行三十日到漢陽縣之漢口鎮復換船隻由湖南赴廣西適值連日大雨未能開船至閏四月初五日雨止即開行前進查樊城至漢口水程一千餘里該總兵行走十日尚不為遲其自漢口至廣西省城陸路一千九百七十餘里水路較遠陸路尤長而上水比下水為緩既經廣西撫臣奏

湖廣總督林則徐奏片　查明廣西右江鎮總兵滿承緒赴任行程並無逗留　道光十八年九月初六日

稱該總兵已於五月十六日抵省，似在湖北湖南地方

均無逗遛，謹據實繕片

奏，伏乞

聖鑒。謹

奏。

道光十八年九月初六日奉

硃批：知道了。欽此。

上諭 著林則徐查明德安府知府方長慶有無藉端科派情弊具奏

軍機大臣 字寄

湖廣總督林 道光十八年九月初十日奉

上諭有人奏湖北德安府知府方長慶倡為設局銷鹽之議借捐辦書院膏火為名斂取民財歸入鹽局以作運本並親赴隨州傳齊富戶抑勒捐銀隨州戶書徐錫齡李熙安包辦漕糧著名蠹吏該府與之交若友朋以致該戶書等倚勢將局中鹽斤分派各鄉保多寡不均藉以需索使費本年五月間鄉民拆毀鹽局該府州掩飾不究徐錫齡等現有被控之案亦未完結該府到任時派捐留養貧民公所並未留養一人公項盡歸無著又隨州歷任知州俱令民間捐納穀價藉飽私橐追呼逼迫亟

於正供民間畏累不敢呈控等語地方官藉端科
派久干例禁若如所奏實屬擾累閭閻且難保無
侵吞入已情弊不可不嚴行懲辦著林則徐即照
原摺所指各款明查暗訪務得確實如有前項情
弊即據實嚴參毋稍瞻徇原摺著鈔給閱看將此
諭令知之欽此遵
旨寄信前來

湖廣總督林則徐等奏片　前任麻城縣知縣王汝霖參後限內緝獲盜犯請給還頂戴

林則徐等片

再湖北麻城縣城內居民顏耀宗等于道光十六年三月二十七夜被盜劫去衣物一案經前據日閏公琦会同前督日訥爾經額將承緝不力之麻城縣知縣王汝霖麻城縣汛把總邵鈞元參奏

奏請摘去頂帶勒限緝拏欽奉

上諭王汝霖邵鈞元俱着摘去頂帶勒限兩月務將此案賍盜迅速緝獲完辦等因欽此茲據署藩司移銓署臬司于克襄会詳據麻城縣营兵役協同河南羅山縣兵役于兩月限内拏獲此案夥盜胡三田洗信二名又經安徽宿州拏獲夥盜熊

小犯一名又首盜徐磨因拒捕被羅山縣差役格殺身死業經提解已獲各犯到省審擬勘

題在案嗣王汝霖于甄別案內

奏請降爲府經歷縣丞歸部選用卸鈞元亦已另案斥革查該耀宗案行強首夥盜犯五名前任麻城縣知縣王汝霖已拏獲夥盜二名又首盜因拒捕格斃夥盜一名亦經鄰封捕獲僅止夥盜一名在逃應將已降爲府經歷縣丞前任麻城縣知縣王汝霖

奏請開復頂戴前來臣等伏查此案盜犯現僅夥盜一名未獲前任麻城縣知縣王汝霖已經參降前

摘頂者應請開復相應仰懇

湖廣總督林則徐等奏片 前任麻城縣知縣王汝霖參後限內緝獲盜犯請給還頂戴 道光十八年九月十二日

天恩俯准給還前任麻城縣降補府經歷王汝
霖頂帶、俾得赴部候選理合附片具
奏伏乞
聖鑒訓示謹
奏
道光十八年九月十二日奉
硃批
欽此

上谕　著照林则徐等所请开复湖北麻城县知县王汝霖顶戴

道光十八年九月十二日内阁奉
上谕林则徐等奏请开复顶带等语湖北麻城县知县王汝霖前因承缉不力降旨摘去顶带勒限缉拏兹据奏称本案行强首影盗犯现仅一名未获该员已于甄别案内降为府经历县丞所有前摘顶带著加恩准其给还该部知道钦此

湖廣總督林則徐等奏片

遵旨查明兩廣總督鄧廷楨驛遞本章湖北境內並無遲誤

又○ 林則徐等片

再前准部咨欽奉

諭旨兵部奏兩廣總督鄧廷楨由驛發遞

武科題本遲誤五日請旨飭查兩廣總

督並沿途經過各站接遞實在日期等

因欽此欽遵行司查詳去後茲據署

手克襄詳據署黃梅縣知縣賴樹恩申

稱兩廣總督於道光十八年八月十八日由

驛發遞本章一件於是年九月初十日

寅時末刻接准江西德化縣遞交湖北

孔壟驛於十一日子時末刻轉遞江南楓

香驛接遞出境等情臣等查湖北孔壟

湖廣總督林則徐等奏片　遵旨查明兩廣總督鄧廷楨驛遞本章湖北境內並無遲誤

道光十八年九月十二日

驛至江南楓香驛計程一百六十里前
項本章應行十時五刻查湖北境內僅
行十時並無遲誤除咨兵部暨兩廣督臣查
照外理合附片具奏
聞謹
奏

道光十八年九月十二日奉
硃批知道了欽此

湖廣總督林則徐奏摺

神佑江漢安瀾請頒賜御書匾額並將漢神廟列入楚省祀典

林則徐

請頒以漢神匾額由

奏

旨已發〇

九月二十九日

湖廣總督林則徐奏摺 神佑江漢安瀾請頒賜御書匾額並將漢神廟列入楚省祀典
道光十八年九月十五日

湖廣總督臣林則徐跪
奏為楚北江漢隄防安瀾
神佑恭懇
天恩頒給匾額並將
漢神廟列入楚省祀典以答
靈貺而迓庥祥恭摺奏祈
聖鑒事竊查
大清會典內載江瀆祭于四川以都江為漢神祭于
陝西漢中府自因以陝為江漢所發源是以禮經
大江第岷山所導祇起濫觴嶓冢初流方稱漾
水迨屢折而入楚境始見浩瀚奔騰禮稱三王祭
川或源或委似經流匯注之地皆為

神既必依也伏查湖北省城漢陽門外本有
江神專祠向來朔望行香春秋致祭係乾隆五十四年間
督臣畢沅復任
奏請于荊州萬城堤上專建一祠春秋官為祭祀
並載入荊州祀典欽奉
硃批是知道了欽此隨奉到
御賜恬流普衛四字匾額敬謹懸掛在案瞻仰炳若日星
是楚省
江神已有祀典而
漢神向未列祀亦無專祠惟安陸府志載明代漢瀆
祠在府城南石橋閘邊地尚存舊跡道光十六年前署
臣捐廉倡領飭令安陸府知府周鳴鑾尋出遺址

捐廉重建建于是該處城外沿有
漢神专祠本年夏汛江水盛漲之時省城一帶江岸極
形險要臣率同僚屬恭詣漢陽門外之
江神廟虔誠齋禱水即漸見落低迨七月間臣出赴
襄河查汛水漲玉京風激蕩隄內間有滲漏情形
臣於舟次焚香默籲
漢神護佑隨即風平浪息因而連夜趕築牢保無
虞行至安陸即恭詣
漢神廟叩謝及過荊州又詣
江神廟行香節次化險為平事屬顯應是皆仰賴
鑒
皇上識字上下

往徧臨東民蒸
神力之效靈實章
聖心之感格茲已安瀾普慶士民頌感同聲於應仰懇
天恩于
江神
漢神兩廟各
頒賜
御書匾額四字恭之及敬謹摹刻懸掛廟中並懇
恩旨准于楚省祀典內增入
漢神以便每歲春秋二季虔申祭祀從此瀾恬有紀之
聪盼鑾于
雲麻軌順東趨益致桐宗于

盛世崇報湖北藩司張岳崧署臬司鹽法武昌道于克襄
会詳前来臣謹会同撫臣伍长華恭摺具
奏伏乞
皇上聖鑒謹
奏
道光十八年九月廿九日奉
硃批　欽此
九月十五日

林則徐　請以孫淇漢補參將

奏

旨依議

九月二十九日

湖廣總督臣林則徐跪

奏為請補參將員缺以裨營伍恭摺奏祈

聖鑒事竊照湖北荊州城守營參將興安泰因年力漸衰

於所轄汛弁稽查督飭俱欠嚴明經臣

奏請甄別回籍欽奉

上諭著即來京交部帶領引見並因武隨飭令該員經

咨赴部外所遺荊州城守營參將本係推缺但

本省現有候補人員業經前奏內聲明另行請補

在案茲查有候補參將孫淇漢年四十三歲正白旗

漢軍人由武進士遴補湖北提標左營游擊道光

十二年軍政卓異十四年陞補湖北提標中軍參

將十六年七月緣降一級是年十月內經前督臣訥爾

湖廣總督林則徐奏摺　請以孫淇漢補授湖北荊州城守營參將
道光十八年九月十五日

經額以該員辦理營務多屬中肯奏奉
諭旨撤任留於該標遇有相當缺出由該督查看另行請
補等因欽此欽遵在案該員於十六年十二月內卸
鄖標印經調任經額委署荊州營遊擊復經以委署襄
陽城守營參將該員極知愧奮諸事認真且於所屬汛
地疊獲盜匪多名緝捕尤屬得力查該員年壯才
明標防熟悉現在並無親喪事故以之請補荊州
城守營參將洵堪勝任相應奏懇
聖恩俯准以候補參將孫淇漢補授荊州城守營參
將實于營伍地方均有裨益如蒙
俞允該員係候補參將請補參將衙缺和尚等毋庸
送部引

見惟該在湖北提標中軍參將任內拿獲鄰境斬
梟斬決逸犯四名共當三名准部調取引
見咨業以該員赴部今併聲明除備取履歷清冊咨
送外謹會同湖北提督臣羅思舉合詞恭摺具
奏伏乞
皇上聖鑒謹
奏
道光十八年九月廿六日奉
硃批[illegible]欽此
九月十五日

湖廣總督林則徐等奏摺

籌款辦理湖北省分造直隸剥船（尾缺）

林則徐等 分造直隸剥船由

奏

九月廿九日

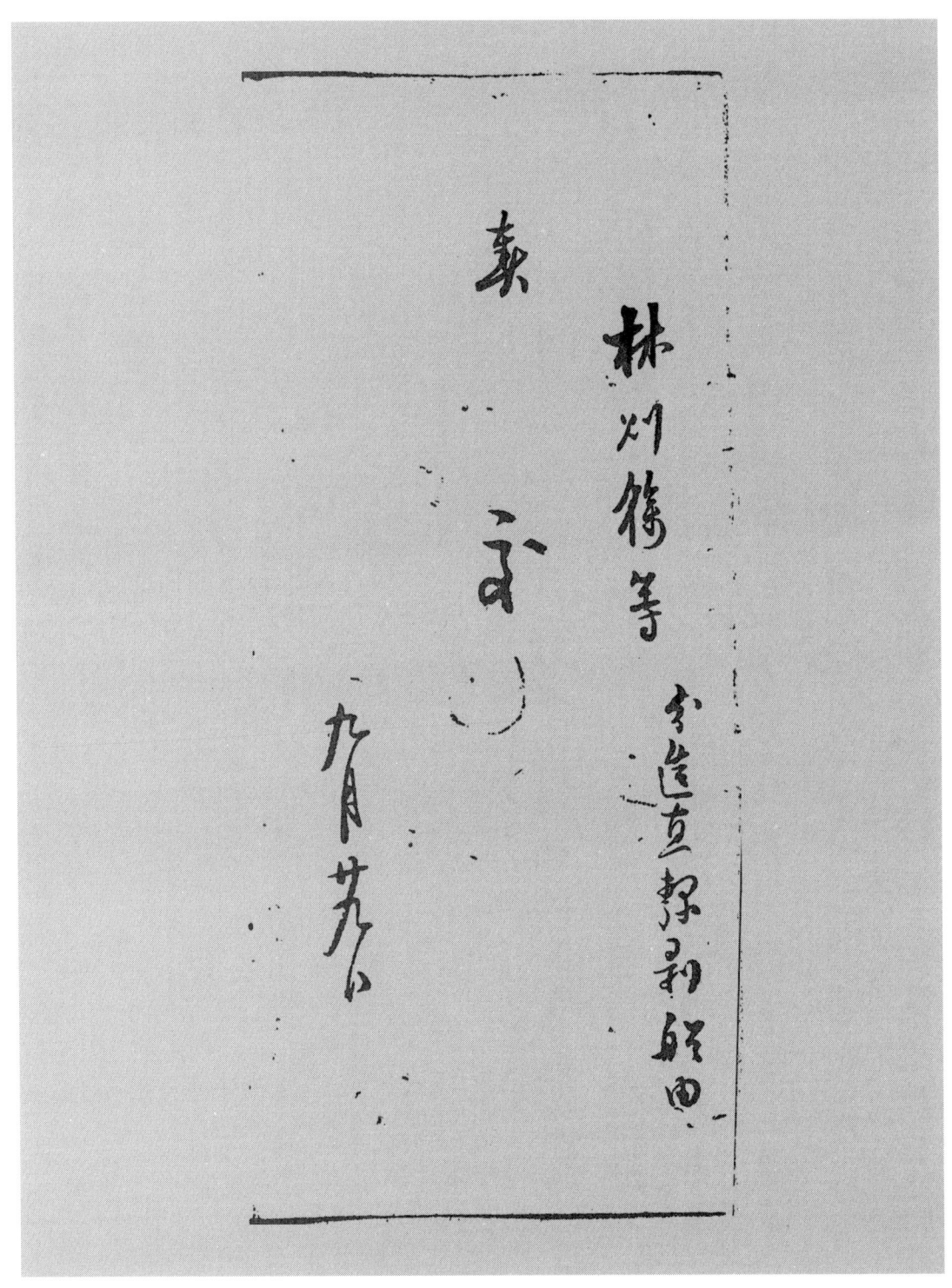

湖廣總督林則徐等奏摺　籌款辦理湖北省分造直隸剝船

道光十八年九月十五日

湖廣總督臣林則徐
湖北巡撫臣伍長華　跪

奏為遵

旨分造直隸剝船籌款辦理緣由恭摺奏祈

聖鑒事竊臣林則徐於本年四月內接准署直隸督臣

琦善咨會楊村續增剝船三百隻現在滿料應

行更造奏奉

上諭琦善奏剝船應行更造請飭催山東商人一撥

楊村續增剝船既據該署督飭道查明已屆滿料

之三百隻勢必過甚不堪修用迅應分飭江廣等

省趕緊辦造着該督撫即飭道司將商人息銀

先行籌撥十萬五千兩解交庫部以抵江廣等

省造船墊款俾得趕造新船解直剝運該部知道

欽此當經臣林則徐分飭湖北湖南兩省司道欽遵
詳辦去後隨據湖南省應造船一千隻由撫臣
錢寶琛
奏辦外所有湖北應造船一千隻維播署湖北藩司
程鍾會同糧道李源籌議動款造運詳請具
奏前來臣等伏查此次分造剥船一千隻其船式丈
尺及運用木植均應循照北省舊章理辦所有造船
價值每隻例價准銷工料銀二百三十四兩零共
需例給銀二萬三千四百餘兩應在藩庫徵
存地丁項下動支其例價不敷銀兩由外捐
貼又查歷屆造船均係派令武昌漢陽黃州
安陸荆州襄陽六府分造此次亦應照案仍

令該六府知府分頭承造其例價不敷津貼之
項亦由各該府公攤至造船處所向在武昌漢
陽二府江邊設廠興辦現已飭議俟水落即應
備料興工勒限年內完竣明春委員解直並
將各船編列號次船尾鐫刻承造官銜及
打造匠役姓名倘有偷減草率即責令賠
償嚴行覆驗總期工堅料實費不虛糜至
委員解赴直隸每隻例給運腳銀四十兩零共
需運費銀四千餘兩係准到直隸替下咨会
另行照例動支惟湖北解至直隸歷涉長江
運河風水凍阻等事在所恒有該船水手人
等沿途守候所需口食亦在嚴計程限運費

湖廣總督林則徐奏摺　**遵旨審明湖南新華縣民陳席聘京控案分別定擬**

奏

林則徐

審擬抱告陳滋聘京控案由

九月二十日

湖廣總督林則徐奏摺 遵旨審明湖南新華縣民陳席聘京控案分別定擬 道光十八年九月十五日

湖廣總督臣林則徐跪

奏為遵

旨嚴審定擬恭摺奏祈

聖鑒事竊照湖南新化縣民陳席聘以石道保懸賀等令張振喜誣伊挖毀張姓祖墳滅跡匿書張姓等株等搭弄翻案等情遣抱赴都察院具控奏奉

諭旨此案著交林則徐親提人證卷宗秉公嚴審按律定擬具奏抱告陳雅娃著該部照例解往備質欽此並准將該抱告連呈詞各件咨解來楚當查此案先據張振喜以伊堂弟張厚於道光十一年路過新化縣董溪地方被陳錫聘即陳席聘等捉去誣賴為賊捏謝若民等私刑勒據後捷至檢沖之

地方焚燬書契赴京畢說領御門具控咨交
湖南撫 臣 查審飭辦尚未審結旋奉前因即
經飭提人證卷宗解至湖北行司飭委武昌
府知府宗善漢陽府通判劉錫榮覈卷訊
供查因此案首先據焚燒燬一節爲此案關鍵
情根查本年有歷次呈控皆指爲內書吏燒案
屬實則必需同共敲詐經飭令湖南臬司先後
委員覆勘確查據委員邵陽知縣袁琨鳴會
同新化縣知縣王光達親詣董溪桂沖及甘要
確切察訪傳集該處居民陳丙相等多名隔別
查訊合供道光十一年並無姓族焚燒燬之
事取具各供等覆並據委員武昌府知府宗善

湖廣總督林則徐奏摺 遵旨審明湖南新華縣民陳席聘京控案分別定擬 道光十八年九月十五日

等究出前次陳根春京控發回湖南審辦有陳湖
桂等因畏罪捏造公同字跡以作燒屍滅跡
證據係陳席聘族姪陳立中代為謄寫復經
行提陳立中到案質訊又據湖南臬司申
察陳敘修並非臬署書吏陳敘琁即同書陳所
遠已於上年八月十七日在原籍新化縣病故取有
戶族保鄰供結甘陳旋據該委員等訊明議擬
由署湖北臬司墉會武昌道于克襄覆審詳
解前來臣即親提研鞫緣陳席聘陳樾懋貢陳
根春均籍隸湖南新化縣陳樾懋貢係縣學文生
陳席聘先於道光九年因與族人陳歸奠
家被竊追首毆老五物糧擋案發陳樾懋貢

之堂伯陳凌雲家內陳席聘即指稱陳凌
雲家賊犯藉被搶為由擄取財物當鈔因陳
帰魚等前往陳凌雲家沿房被搶無數順擄
牲牛衣物而回查物互相評控因人證不齊未
經審辦陳席聘遂與陳樊賢結有訟仇十一年
十月初一夜有匪與陳樊賢以前有嫌之謝佳
林家被竊當時捕獲不知姓名一賊並伊姪謝
倡滙等自往投保送縣次日行至保正陳能
善家適陳能庸外出謝倡林又振持尋玉甲
屯陳可玢即陳錫昌家將其幫同送縣時已天
晚陳可玢即留謝倡林住宿一夜謝倡滙在家
等候謝倡林至晚未回因倦犯睡隨用裝稻

木桶將賊罩住上壓樹株賊人乘其睡熟撬開
木桶脫逃詢據偽證程氏自述赴縣跟同三月詢供
林同陳可琦陳繼虞至家詢知賊已脫逃將詞
偽證捏怨而散陳懋賢因挾前嫌乘機圖陷
即唆使族人陳振素捏稱其弟陳振厚被詢佳
林誣控為賊私刑拷打陳席聘主使燒斃滅
跡並將其與不睦之二十餘人一併牽列在內誣稱
化物具控誣稱以燒屍之事必為眾所共知何
林慮無所聞兩次批駁不准迨控屢控批令交
出鄰證查訊以陳誣控正罪甚重兩造終了訴
辯未經勘訊定讞至十六年陳懋賢復懋賢續
唆使陳振素以前情赴京呈控經撫部院具摺

交湖南撫臣錢寶琛審辦提到該信林[illegible]
訪查訊據該犯藉之殘實被恨逼並無圖詐情
燒手指拷擊燒殿之事因原告陳振春控詞與內
係伊既究出仍係陳懋賢唆使商扣陳懋賢衣頂
釋華研訊據供認係陳振厚自仰隨母段梓表
姪已於八歲時分給伊母與該信林陳席聘等
素有嫌隙教唆妻告瀆恣逆經審訊該犯又
翻前供稱許陳氏係羅氏珍食用情其妻總與
姪振厚同移彩衫竊被該信林家提去又續陳
伯信錢一千文囑供目擊該家拷賊用綿浸油
裹燒手指係串出伊屋工陳洸南妾供親見燒
屍又提該信林等質於子母處有誤寫公湊錢

文以備費用立有合同為處憑該府因之告左
證即向該佳林陳席聘並保正陳能賡根究
合同令其呈繳該佳林茂因被燒燬茂證
質不能分辯畏受刑責亦即誣認因奉來
文令同年呈繳該府屢向催追維時有案
證據湖桂因被呈難堪即與該佳林茂相商
將所控造合同稱係已故之該佳軒為賊燬毀
同村民人照立該冊自立合同湊集錢文以作
費用茂情令陳席聘照此情節起就底稿請
湖桂代寫一紙適陳席聘之族姪陳立中前
來探望當令騰寫一紙又轉倩人代寫二紙俱
書[圖]合同內並無地保名陳席聘之名該府

何不札信促陳席聘之子陳作珪富往正
陳敏廣地鄰陳席聘字樣以冀及早完
案該府以原審供情未異當須覆究明確
致藉詞詰陳席聘心懷不甘起意赴京具控即
將前在本省歷控案情隨意增減舖叙因案延日
久料係書役串詐舞弊並聞有姓敖備姓敖洗查
湖南臬司衙門書吏與作懋賢同村同姓疑係作懋賢
一宗椒指為作懋賢挾嫌播弄翻案一併牽入詞內遞
子陳作珪赴都察院具呈控告本
諭旨交審當即行提人卷解至湖北委員究出前情稟
經臣親提研鞫據供各情不諱並令陳立中將合
同再寫一遍覈對筆跡相符再三嚴詰矢口不移

案無遁飾此案已革生員佟懋賢因與陳席聘
誣告林世揆有挾陳掀藉誣告林守義賊被脫
之手即唆使佟振秦以誣竊私拷燒斃滅跡重
情羅織多人疊次在本省誣告繼又赴京妄控
自應按例問擬佟懋賢一犯合依教唆誣告仍教
唆之人起意主令者以主唆之人為首驀越赴
京告重事不實並全誣十人以上者發邊遠充軍
例發邊遠充軍佟振秦聽從誣告應照為從
減一等律杖一百徒三年陳席聘遣子赴京呈
訴尚無不實惟前因族人陳偉漁被竊擲指
佟凌雲窩賊欲藉控賊為由攫取財物迨蒙
往控賊無獲即順擄豬牛等物來店照例問

湖廣總督林則徐奏摺 遵旨審明湖南新華縣民陳席聘京控案分別定擬 道光十八年九月十五日

擬陳席聘一犯應照刁民誣控為寫以起訟
為由滋弄扛幫擾害對物當邊遠充軍例當
邊遠充軍投解配折責安置仍將湖撲陳洪根
素在本案前列名呈告前有名同書遞控應
毋庸議陳仁信陳洸信羅必珍陳洸南受賄
証證為數甚微或僅係口許食用已於未經
家業以前按實供明與賬線扛幫林有問陳洸
洸南業已病故應將陳仁信陳洸信羅必珍
與南達會同並代寫一紙之張湖桂亦照不應
重律杖八十陳惟珪代父作稿尚無不合惟
於程達會同內添寫字樣應與代寫一紙之陳
主申均照不應輕律笞四十亦折責發落至

湖廣總督林則徐奏摺 遵旨審明湖南新華縣民陳席聘京控案分別定擬

道光十八年九月十五日

此案湖南新化知縣於道光十一年兩造訐控之初並不趕案勘訊以致案懸久延紛擾成兩次京控實屬延誤應查取職名咨部議處除全案供招咨部外所有審明定擬緣由理合恭摺具

奏伏乞

皇上聖鑒敕部覈覆施行謹

奏

道光十八年九月二十九日奉

硃批刑部議奏欽此

九月十五日

上諭 林則徐著即來京陛見湖廣總督著伍長華暫署

道光十八年九月二十三日内閣奉

上諭林則徐著即來京陛見湖廣總督著伍長華暫

行兼署欽此

湖北鄖陽鎮總兵滿德坤出缺委令胥棠暫行護理請旨簡放

林則徐

鄖陽鎮滿德坤出缺由

奏

旨隨交〇

十月初七日

湖廣總督臣林則徐跪
奏爲總兵出缺恭摺奏
聞請
旨簡放事竊照湖北鄖陽鎮中軍遊擊胥棠稟稱鄖陽
鎮總兵官滿德坤平日身體甚強亦因染患傷寒
病症醫治罔效于九月十四日在任出缺該遊擊已將
總兵
敕書關防
王命旗牌敬謹封貯等情臣查鄖陽一帶地處楚北邊
境界連川陝豫三省訓練操防均關緊要亟須大
員接署查有該鎮標中軍遊擊胥棠熟悉營
務明練安詳堪以委令就近暫行護理除檄飭遵

湖廣總督林則徐奏摺　湖北鄖陽鎮總兵滿德坤出缺委令胥棠暫行護理請旨簡放
道光十八年九月二十四日

湖廣總督林則徐奏摺 湖北鄖陽鎮總兵滿德坤出缺委令胥棠暫行護理請旨簡放

道光十八年九月二十四日

照外所遺鄖陽鎮總兵員缺相應請
旨簡放以重營伍臣謹會同湖北提督臣羅思舉恭摺具
奏伏乞
皇上聖鑒謹
奏
道光十八年十月初七日奉
硃批 欽此
九月二十四日

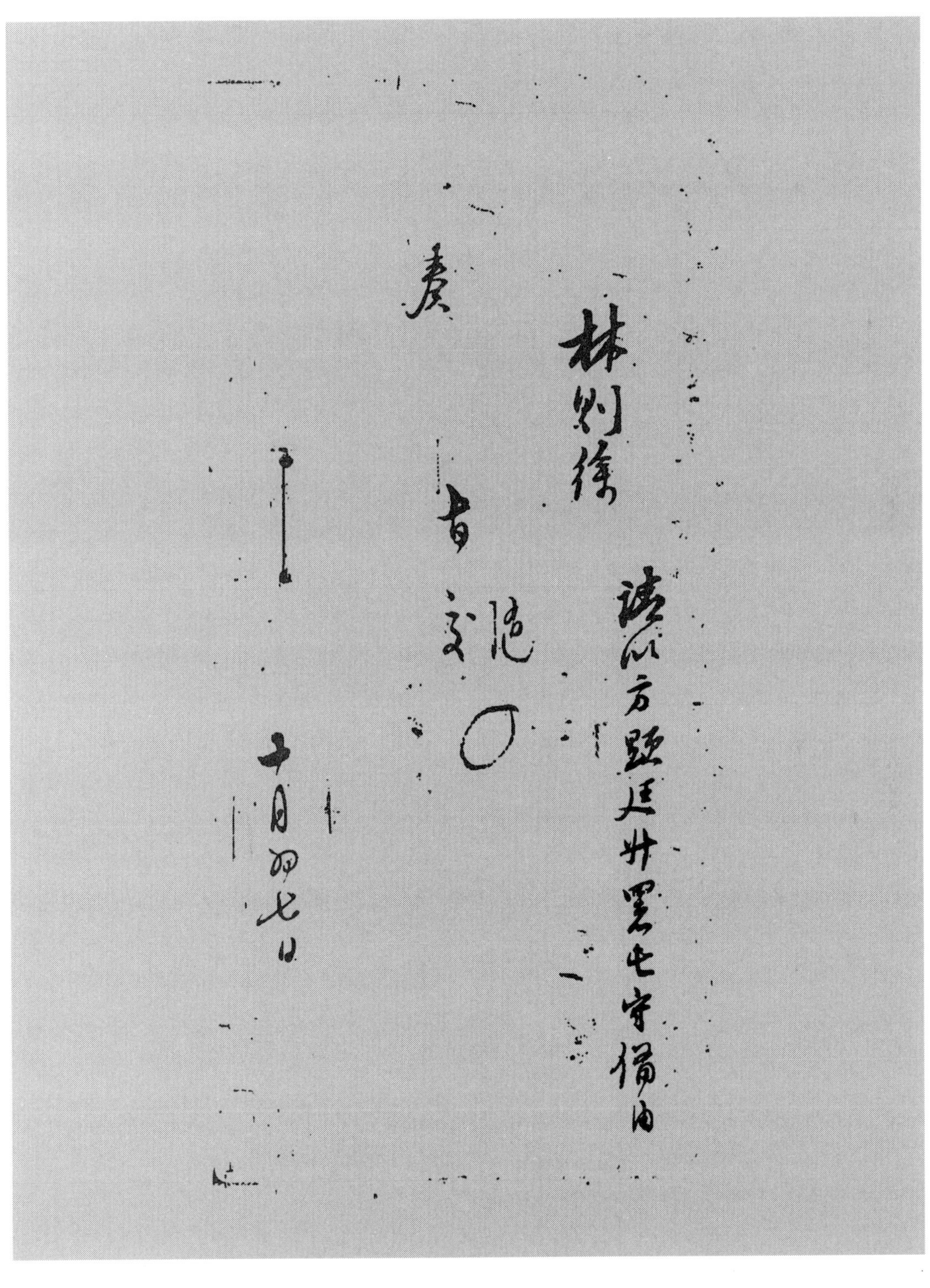
林則徐
請以方顯廷升署屯守備由
奏
十月初七日

湖廣總督林則徐奏摺　請以方顯廷陞署永綏廳螺螄墐屯守備
道光十八年九月二十四日

湖廣總督林則徐奏摺　請以方顯廷陞署永綏廳螺螄壋屯守備

道光十八年九月二十四日

湖廣總督臣林則徐跪

奏為苗疆屯守備員缺揀員升署以重邊防恭摺

奏祈

聖鑒事竊臣接准兵部咨陝西長武營都司員缺以

湖南永綏廳屯守備田宗雅推升所遺員缺係

奏升調之缺行令照例揀選升調等因到臣准此

臣查苗疆守備為現在經理屯務攸關調補之員

共苗疆額設屯千總六員又以附籍未久亦無

係循本例應行升補惟查道光十七年鳳凰

所屬勝營屯守備各及永綏所屬花園屯守備出

缺因無合例應升人員曾將歷俸未滿之屯千

總劉運博曜戩二員并

奏准以署左營弁後，行據署湖南辰永沅靖道王
簡詳稱：查永綏廳分駐螺螄墈屯守備一缺，界
連黔邊，逼近苗寨，防守碉卡，管理屯田倉廒，
最關緊要，必應揀屯務熟悉苗情之員，非資
力現在屯千總王定邦等五員，均非補未久，並年
合例。查此人員，惟查有鳳凰廳分帶新墻保練
勇屯千總方顯廷，年四十五歲，湖南鳳凰廳人，
由練勇歷拔今職，道光十七年十二月二十九
日委署任。該員年壯才明，辦事勤奮，熟悉
屯務苗情，堪以升署。等情，呈送前來。臣隨
考驗得該員方顯廷年力壯強，弓馬嫻熟，雖歷
俸未滿三年，而于屯務苗情久已諳習，分帶丁勇

該員有記錄八次並無處分相應聲敘與其以風所得
騰其屯守備其員缺因年分例應陞之員以應
俾東湘之屯弁得副邊陲其事署咸寧營千總合
奏仰懇
聖恩俯准以屯守備方顯廷升署永綏廳螺螄墐屯
守備揀同熟悉苗疆于屯務邊防均有裨
益如蒙
俞允俟部覆到日照例給咨送部引
見仍俟扣滿歷俸年限另請實授除飭取該員履
清冊咨部外謹會同護理湖北巡撫印務
布政使臣張岳崧恭摺具
奏伏乞

湖廣總督林則徐奏摺　請以方顯廷陞署永綏廳螺螄墵屯守備
道光十八年九月二十四日

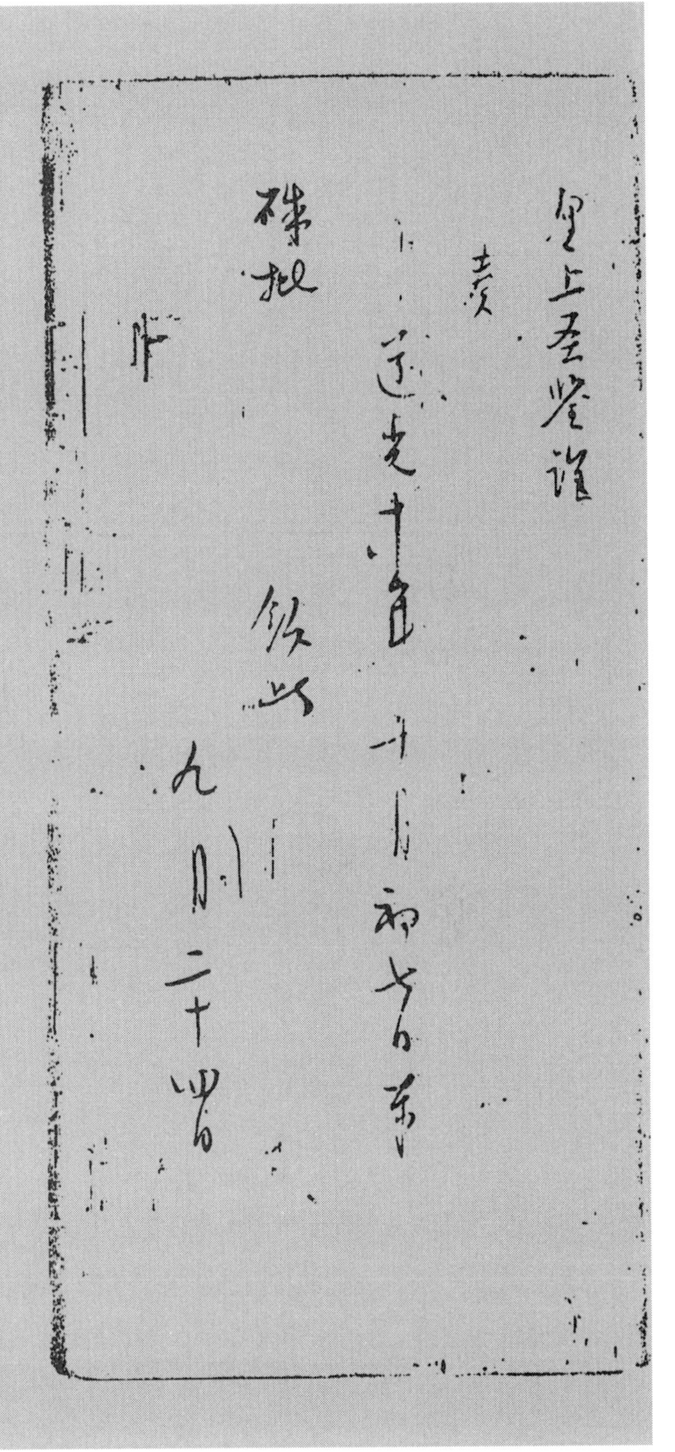
皇上聖鑒謹
奏
道光十八年十月初七日
硃批　欽此
九月二十四日

湖廣總督林則徐奏摺　**審明監利縣隄工首事舉人邵南等被控臨險規避案分別定擬**

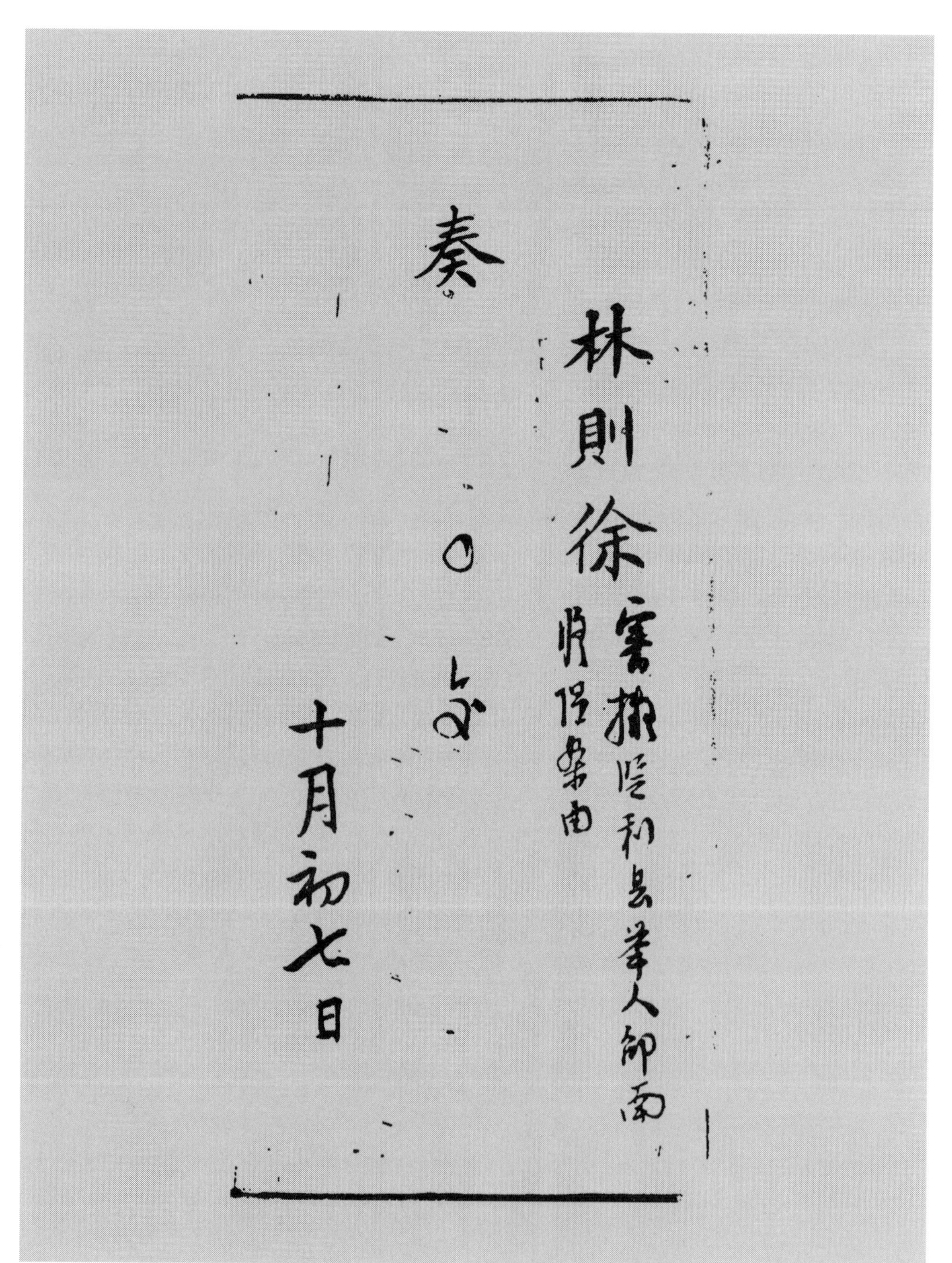

湖廣總督林則徐奏摺 審明監利縣隄工首事舉人邵南等被控臨險規避案分別定擬

道光十八年九月二十四日

湖廣總督臣林則徐跪

奏為遵

旨審明定擬恭摺奏祈

聖鑒事竊照監利縣知縣勞光泰以該縣隄工

總局首士舉人邵南等臨險規避並不赴隄防

護其領修工段亦多浮冒等情具稟詳經臣照例

題請革審接准部咨欽奉

諭旨這所參邵南革去舉人其玩誤隄工冒領侵蝕

各情由及案內有名人證著該督一併審擬具奏

該部知道欽此欽遵行司委提人卷來省飭委

漢陽府知府梅炳埜漢陽府同知陳階研審詳

據審明定擬由署藩司程銓署臬司于克襄覆

審將邵南前來臣隨親提研鞫緣朱光華與邵南游
李智均籍隸監利邵南由增生中式道光乙未科舉人
游李智係荊州府學生員該縣濱臨大江隄塍綿長
三百七十餘里每屆歲修歷係設局選派首事徵
收土費每由首士舉報近隄紳耆領修週年更換
道光十六年八月邵南游李智充當首事適該縣
朱河汛應修長慶月隄一道計長八百四十餘丈
分為五十五號舉報領修五十五人內第五十號領修
黃振泰因不諳隄工情願捐錢二百八十串以資幫
貼于十七年二月經該紳鄧蘭董一錢局收入捐
項留為公用一面飭令邵南游李智另舉妥人接辦
邵南等于近隄士民查無熟習隄務之人致未另舉

時該犯朱光芊硬當役夫頭雇募散夫頭洪滿人陳
開甲熊堅山龔映松三人集夫脩築邵南與學智
因時屆桃汛工程緊急乃令朱光芊赴縣具限狀
朱光芊起意偷減作弊商令散夫頭就近挑取
浮沙攙土修築赴局領取原估工價錢六百二十三千
七百文又領過加幫錢一百八千文除開支夫工錢七百八
十一千又百文計侵吞錢四十二串鄧蘭堇未經查出
旋因另案參革卸事後新任勞光泰到任察悉該
處工段多係浮沙調核卷內邵南等于此段隄工未
具紳耆領修其夫頭朱光芊修隄限狀亦未粘卷
認係邵南等攬修侵蝕十七年七月初一日江水陡
漲朱三工隄段險該局即派首事張先堤等隨同

勞光泰上隄搶護另派謝孚督赴岳州一帶採買
柴料並派邵南赴各鄉典商勸借經費以備搶護
之用邵南在途聞知其父邵本常病重趕回醫調
無效邵本常即于是月初五日病故邵南在家
縗衰未便克赴工該縣勞光泰于搶險時查出邵
南謝孚等並不在隄搶護輒借臨險規避又查光
去年該縣上下兩鄉共派土方九萬一千餘方邵南
謝孚于十七年四月收足十四十五兩年土錢六千四百餘串又
收足十六年土錢三萬七千八百五十餘串又收足捐項錢
錢一千九百八十餘串總共收足錢四萬六千二百五十餘串
計上下兩鄉修隄及並新添等項共用足錢五萬四千四百
九十餘串又代上屆透支領修錢二千七百五十餘串又透十

四十五兩年每石程錢二百六十餘串，又上鄉應修土方二千五百二十餘串，係下鄉隄工移用，應補還上鄉歸款，實共該欠錢一萬三千八百餘串。十七年八月，新僉趙廣勳並鄉士陳[illegible]接充首事，邵南將經管將十四五六等年民欠土券送交，催收趙廣勳並以本屆新土尚難收齊，不肯代催，陳費于九月內赴縣稟明，仍歸邵南等自行清理。維時該縣另有糧書[illegible]將墨券私收，業經臣與前撫臣周之琦提省審明，因案內十四十五兩年民欠土費多係被水之戶，奏准免追，勞光泰于十月內查明，飭知當將兩年民欠土券調銷，並調核邵南經管帳簿內，已收十四十五兩年土方八千四百餘串，並未註明收土年月，復

湖廣總督林則徐奏摺 審明監利縣隄工首事舉人邵南等被控臨險規避案分別定擬

道光十八年九月二十四日

以邵南游彥智均免追土費私收肥己詳經臣照例
題參在案
旨革審即經行提全卷宗帳簿來省委員核算即據
該縣將劉光泰呈稱詞名邵南等改收十四十五兩年土
費簿根核對年月均係十九年四月收獲並摘付上
下兩鄉紳士公同查算共收付及外欠錢散各數均相
符合邵南等于本年文免追但實未私收侵蝕等情臣
即親提再三究詰各供不移是邵南等並無侵蝕
土費尚屬可信應即按律查律載常人盜倉庫錢
糧等物杖一百徒三年等語此案朱光華充當夫頭
領修工段輒敢攙雜浮沙偷減作弊侵蝕土
錢四百二十串自應照律問擬朱光華一犯應照常人

盜倉庫錢糧四十兩杖一百徒三年律杖一百徒三年
孫供母老丁單是否屬實飭縣查明照例辦理已革
舉人邵南已革生員謝孝智充當首事借此僱收土
費並未據修隄工當朱三工隄搶險時謝孝智赴岳
州一帶採買柴料邵南赴鄉典賣田地借錢費旋
因父故返家不克赴工均非臨險規避共十六年分欠年
一萬三千八百餘串係以上下兩鄉修隄及薪水等項支
用調查帳據逐款勾稽數俱相符至既收十四十五兩年
土費六千四百餘串係是年四月內收獲當在未經
奏免以先委無私收情弊雖于夫頭修隄時偽減舞弊
失于查察殊屬疎忽邵南謝孝智均照不應重律杖
八十係公罪相應請

者將邵南舉人開復謝孝智亦開復衣頂均照律納贖其擡
河隄兩葉任該局首事翻修完固應毋庸議所有十
八年下鄉土方現經是年首事陸先培等收足年三
千零五十四串七百二文迄兒該局所欠各帳共餘土費所
雖收回清還陳欠朱光華侵蝕土方照數追繳入官除
全案供招咨部外所有審明定擬緣由理合恭摺具
奏伏乞
皇上聖鑒敕部議覆施行謹
奏
道光十八年十月初五日奉
硃批該部議奏欽此
九月二十四日

湖廣總督林則徐奏摺

遵旨審明湖北隨州民柯自得京控案分別定擬

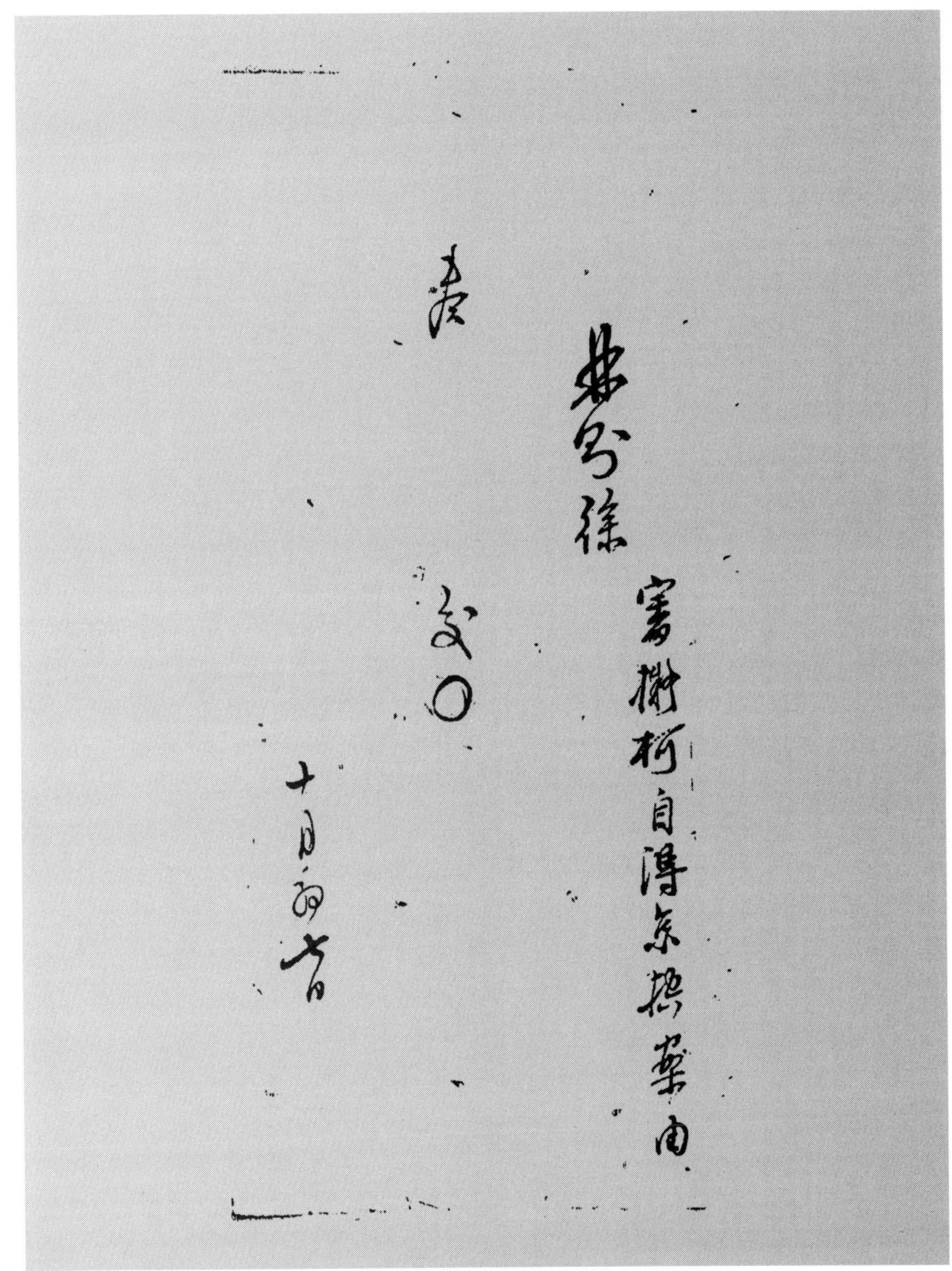
林則徐
審擬柯自得京控案由
奏
十月初四日

湖廣總督林則徐奏摺 遵旨審明湖北隨州民柯自得京控案分別定擬

道光十八年九月二十四日

湖廣總督臣林則徐跪

奏為遵

旨審明京控案件恭摺奏祈

聖鑒事竊照湖北隨州民柯自得以伊母黃氏赴縣控柯家

拉取穀麥生隙並被自縊身死仵作隱匿傷

痕不驗復將伊父柯以鎮押斃等情赴步軍統領衙

門具控奏奉

諭旨此案著交林則徐親提人證卷宗秉公審訊

按律定擬具奏原告柯自得該部照例解往備質欽

此並將該原告遞呈詞咨解前來當即行司飭提

人卷來省飭委漢陽府知府楊炳堃漢陽府同

赴隨提取要證並卷宗審明該州署刑書

湖廣總督林則徐奏摺 遵旨審明湖北隨州民柯自得京控案分別定擬 道光十八年九月二十四日

湖廣總督林則徐奏摺 遵旨審明湖北隨州民柯自得京控案分別定擬 道光十八年九月二十四日

令黄氏同往至郭彦嵩对質黄氏撒潑卧地喊
梅用手拖拉致傷黄氏左右肐肘又經王添一
劝解潑梅之妻胡氏因時已天晚留黄氏在其房
住宿詎黄氏氣忿莫釋輒萌短見即於是夜
在房内横枋上用布帶自縊殞命次早潑梅
瞥見解救無及將帶丟棄時黄氏長子柯自
成之家未備工首往郭彦嵩適至其次子柯自得
屍喝黄氏屍屍是黄氏中有傷痕柯自得根
係劉經雄搜經誤為柯徐虐飭縱凶逼詳
潑梅畏罪逃匿差拘未獲書將屍根交保看守
柯自得因黄氏屍身耳鼻腋肋等處係有青紫色
誤為傷痕因作誑控移發變將傷處隨還描

經前任以移委司批行德安府飭委應山縣令
同該州審訊柯自成所佃田其戚人郭楚以同
家梅族人家主喪場以黃氏係自縊身死勸令
家梅向柯自得弟兄服禮結案柯自得等不允係
正刻時雄因家梅自久年獲黃氏棺木日臨雨
淋恐致朽壞邀同其妹到場將棺抬放七案
內求向柯自得告知柯自得將破棺棄又因以差
章家梅未至明陳庭北不將家梅出獲將係
已死棄足恕痛情切想意藉案指訴即以仵作
隱匿屍傷保正移棄屍根無傷如以美交賄
將伊父柯財領押後因郭幗富之兄郭幗安
先於道光十四年六月二十日邀同閻連喜由其逃補節

賤王王本致同夥將王正本致斃以證該結一
案柯自得未出原告將節幗當之作案內之
人即指為命案逃犯作就多詞進京赴步軍統
領衙門具控奉
諭旨交審[illegible]督飭[illegible]楚[illegible]親提研鞫據供各情
不諱查三元語各供念因案無逃飾此案劉柯與
柯材既係牛隻因柯材將牛抵賬經只未向其索
黃氏告知後趕往柯家牽牛將牛並不念係
揮出並向理論乃輒向詈罵並拉扭傷以致
黃氏氣忿自縊實與因本用強致打成逼人致
死無異查原驗黃氏左右腕付俱有擦傷究
並無致命之處係重傷自應援例向柯材名下

事用強毆打威逼人致死如非致命又非重傷者
杖六十徒一年例杖六十徒一年到配折責安置
仍追埋葬銀一十兩給付屍親具領柯自得京
控各情雖係有因究屬失實應照申訴不實
律杖一百加差役彭喜朱玉明陳庭兆訊無賄
縱情事惟延不將柯獲案究屬玩誤應
照不應重律杖八十鄧楚川縱容主唆先向柯自
得等爭先動秋手雖未成究屬非是應照不
應輕律笞四十柯自得等分別於其案內底
惟錄屬領埋銀兩于省釋未到免提以省拖累
除供招咨部外所有審明定擬緣由理合恭
摺具

湖廣總督林則徐奏摺 遵旨審明湖北隨州民柯自得京控案分別定擬

道光十八年九月二十四日

奏伏乞

皇上聖鑒勅部核覆施行謹

奏

道光十八年十月初七日奉

硃批刑部議奏欽此

九月廿四日

請以曠成春陞補武昌府同知

林則徐等　請以曠成春陞補武昌府同知由

奏

旨○隨奏

十月廿五日

湖廣總督林則徐等奏摺　請以曠成春陞補武昌府同知
道光十八年九月二十六日

湖廣總督臣林則徐
湖北巡撫臣伍長華跪
奏為揀員陞補要缺同知恭摺奏祈
聖鑒事。竊照武昌府同知陳天澤業經
奏准升補鄖陽府知府，所遺武昌府同知係新設
衝繁難要缺，聲明另行揀調在案。查該同知駐
劄省城，職任清軍，兼理江堤大案，經管事多要
害，委查案件非明幹熟悉之員難期勝任。臣林
則徐與藩臬兩司在于通省應調應補人員內逐
加遴選，非現居要缺即人地不甚相宜。惟查有武
昌府屬之江夏縣知縣曠成春，現年五十三歲，
江西永新縣舉人，充補
實錄館謄錄，議敘知縣，道光七年簽掣漢川縣知縣，八年

二月到任調補蘄水縣知縣因保舉于十四年
七月赴部引
見奉
旨著回任欽此十五年
大計卓異奉部覆准推調江夏縣知縣因有經辦
未完事件一時未能赴部引
見奏明展限在案該員廉明練達辦事樸實且在楚
年久歷任各缺均能辦理裕如以之升補武昌
府同知于地方實有裨益合無仰懇
天恩俯准以江夏縣知縣曠成春升補武昌府要缺
同知仍請
勅部查核施行

俞允照例併案給咨送部引
見該員任內並無虧缺遲誤之案其失防犯婦吳鄭
氏越獄脫逃旋即拏獲部議降一級留任一案
業已扣滿年限咨部開復此外因公處分遵例
飭繳罰俸已完咨部銷案所遺江夏縣缺係
衝繁難要缺容另揀員請補理合恭摺具
奏伏乞
皇上聖鑒訓示再此案先經臣林則徐與前護撫臣
張岳崧函商意見相同因臣伍長華甫經到任例
不加考合併陳明謹
奏
道光十八年十月十五日奉

湖廣總督林則徐等奏摺　請以曠成春陞補武昌府同知
道光十八年九月二十六日

硃批

欽此

九月二十六日

湖廣總督林則徐等奏摺　**遵旨審明棗陽縣疎防監犯越獄逃脫案分別定擬**

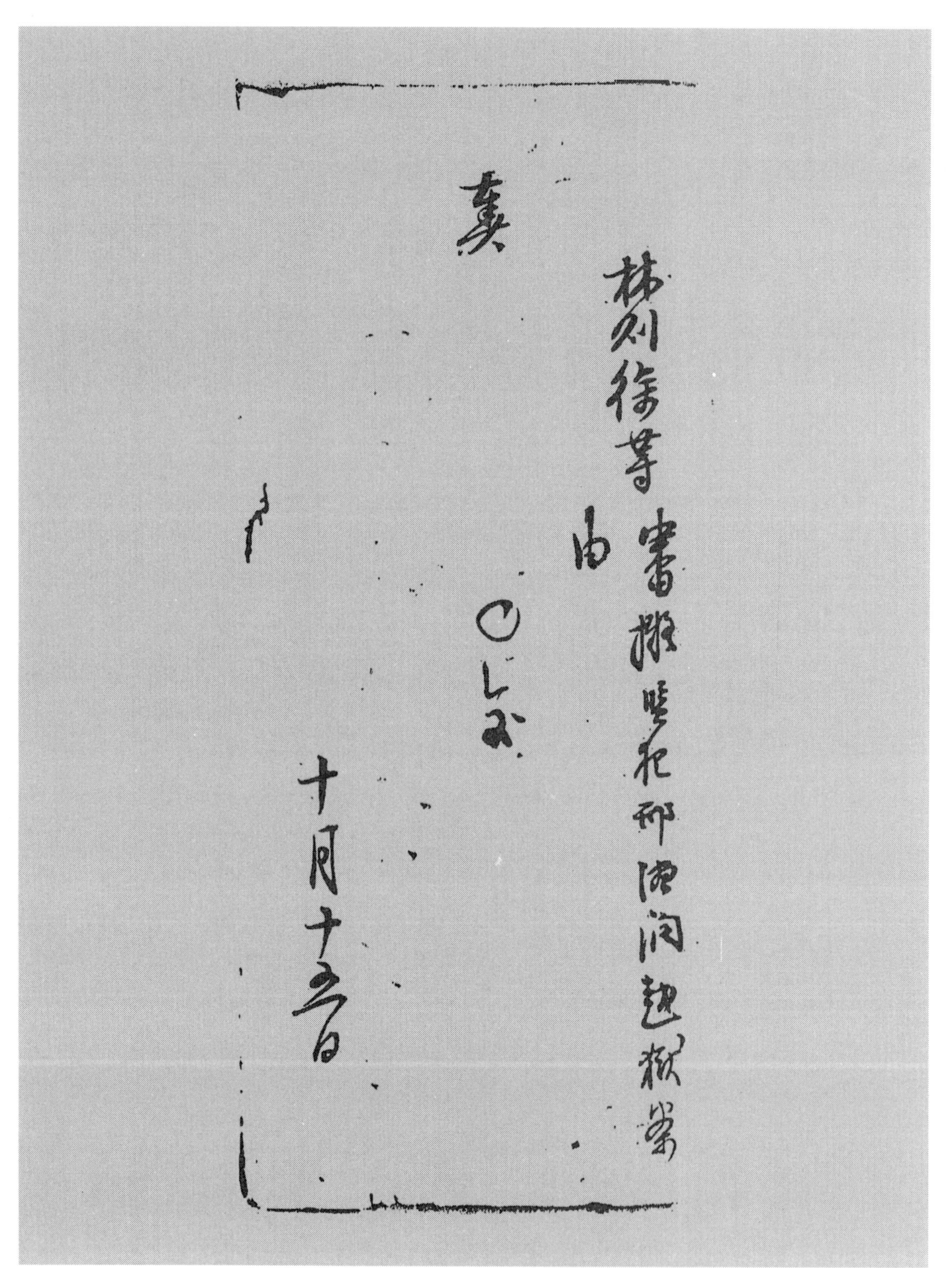
奏
林則徐等審擬監犯越獄案
十月十六日

湖廣總督林則徐等奏摺　遵旨審明棗陽縣疎防監犯越獄逃脫案分別定擬

道光十八年九月二十六日

湖廣總督臣林則徐
湖北巡撫臣伍長華跪
奏為遵
旨審明具奏仰祈
聖鑒事。竊照湖北棗陽縣監犯聊德潤越獄脫逃一
案，經臣林則徐會同前署撫臣張岳崧審實具
奏。欽奉
諭旨：這所奏疎防監犯越獄脫逃之湖北棗陽
一事，試用知縣鹿啟烈、棗陽縣典史劉世儀於罪應
斬決重犯並不小心防範，致被越獄脫逃，實屬
疎玩。鹿啟烈著即革職留任，劉世儀著革
職，著同緝。令上緊嚴緝，俟限滿無獲，再
行分別辦理。該督等即將疎防各員一體嚴參部議

閏務前即行摘去革典史訓世儼並刑禁人等
及全案證犯嚴審有無受賄故縱情弊按律
定擬具奏毋稍寬縱欽此當即行司通飭欽遵
並委襄陽府同知朱淳壽年諭勒拿另行提
該典史及刑禁人等並同案證犯來省飭委
漢陽府知府楊炳堃等審擬由司詳解前來
臣等親提研訊緣邢德潤係籍隸棗陽縣人
民家衣物贓時起意行強並糾劫河南相柏
縣刑莊新家錢物後監犯先據棗陽縣陳帥
魯拿獲發審證丁大漳等審擬解司訊供翻
異委員審毋續據該縣拿獲邢德潤並從
懇子等審供不諱詳經提省保訊當未起解

將該犯那佳潤收禁在監住宿左首廒房道
光十八年三月初二日晚該典史劉世儀進監
收封將那佳潤依法鎖鐐派禁卒韓潮高岸
更夫陳大有在廒外防範是夜三更時風雨甚
大韓潮等均因困倦睡熟該那佳潤起意
乘間越獄隨扭斷鐐鏈用斷鏈撬開地板空
洞鑽出取廁所木棍攀附越牆逃逸當禁
卒人等驚覺拿獲典史詳報該署知縣馳
勘會營追拏無獲詳參
奏革審辦提集研鞫堅供實係一時疏忽致
被脫逃並無賄縱情弊嚴詰不移業
無遁飾查例載監犯越獄獄卒果係依法看

守一時疏忽以致脫逃並無賄縱情弊者依律
減囚罪二等治罪等語此案邢德潤孫豐劫
監犯雖未成招業據供認確鑿罪應斬決
禁卒韓潮等疏於防守致被脫逃自應照
例問擬韓潮高岸均合依監犯越獄之
禁卒係依法看守一時疏脫並無賄縱情弊
依律減囚罪二等治罪例於邢德潤斬罪上減
二等杖一百徒三年各到配折責安置更夫
陳大有失於防範應照不應重律杖八十加枷
號兩個月滿日折責三十板餘盜丁大隆等現
俟續獲之鄒老三解到質明另辦逃犯邢德
潤飭令各屬一體嚴緝務獲棗陽縣典史劉

湖廣總督林則徐等奏摺　遵旨審明棗陽縣疎防監犯越獄逃脫案分別定擬
道光十八年九月二十六日

世儀罪棗陽縣知縣王誠用云前應議處已列參革
職管獄官崔佩俟限滿無獲應俟審竣再行
分別辦理除全案供招送部外所有審明緣
由理合恭摺具
奏伏乞
皇上聖鑒飭部核覆施行謹
奏
道光十八年十月十四日奉
硃批刑部議奏欽此
九月二十六日

上諭　御書匾額著交林則徐等詣廟懸掛並著楚省增入漢神歲祀

道光十八年九月二十九日内閣奉

上諭林則徐奏江漢隄防默邀

神佑一摺湖北省本年夏秋間江水節次盛漲隄岸

堪虞經該督虔禱

江神

漢神旋即化險為平安瀾普慶仰邀

神庥顯應聿昭覽奏實深欣感兹特親書扁額二方

發交該督等祗領即虔詣各處

廟中敬謹懸掛並著於楚省祀典内增入

漢神每歲春秋虔申祭祀用酧

靈貺而肅觀瞻欽此

湖廣總督林則徐奏摺　江漢普慶安瀾隄防鞏固
道光十八年九月二十九日

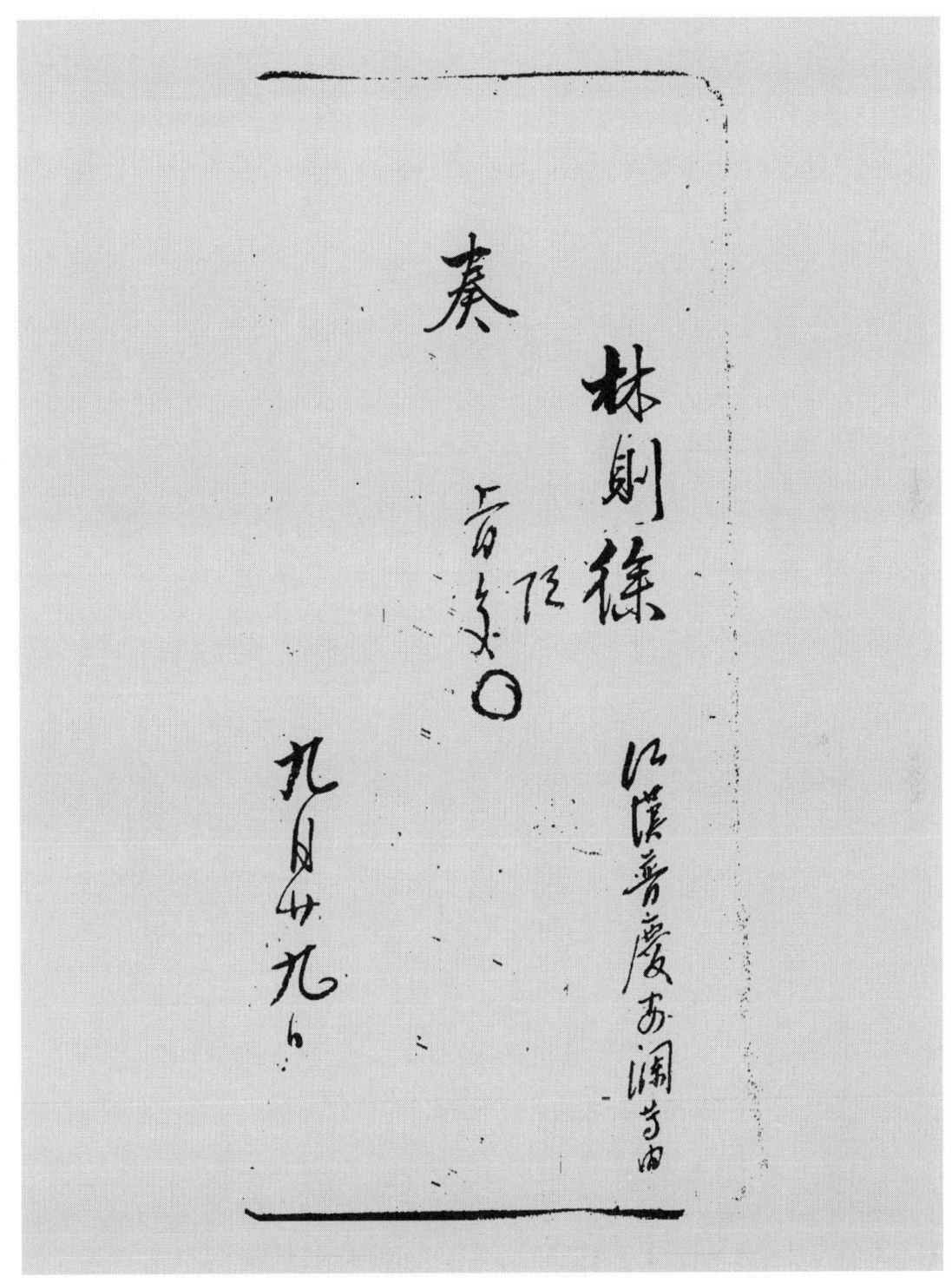

奏

林則徐

江漢普慶安瀾等由

旨知道了

九月廿九日

湖廣總督林則徐奏摺　江漢普慶安瀾隄防鞏固
道光十八年九月二十九日

湖廣總督臣林則徐跪

奏為江漢並漲安瀾隄埝鞏固恭摺

奏報仰祈

聖鑒事竊照江水自川入楚由巴東至黃梅計長千八百餘里始出江西之九江漢水自陝入楚由鄖陽至漢陽計歷十二州縣始出漢口而與江匯隄工除倚山高岸不必隄防外江自荊州而下兩岸設隄幾及三十萬丈不獨以蓄四川之水並所以容黔楚諸水凡注於洞庭湖者涓滴無不入江即無不歸隄為障漢自襄陽而下兩岸設隄幾及十七萬丈亦不獨以蓄陝西之水且豫省西南一帶匯入唐河白河諸水無不奔赴

襄陽與漢合流故統謂之襄河且其水性
善曲屈湧旋多灘嘴以至河形屢變考之
志乘自前代以來屢被淹溢無虛歲我
朝以來遠年案卷雖難盡稽而第舉前任督臣
汪志伊於嘉慶十三年
奏明隄工摺內有敘乾隆五十三年以來襄陽決口
以後連年漫潰無一年能保其數十年之歲
者是否自嘉慶十二年至今又三十載襄郡
城大隄歷年
奏報安瀾即如此漫潰之處稽查諸案卷則亦
無歲無之總由來源多而收勢太驟泥沙
積而河底日高隄外田廬有較水面低至數

丈若是江蟻穴之漏即勢若建瓴而汛度之區
皆所謂仰釜一處潰則害之橫流四邑一年潰
則年年之潰水長淹
國賦之所關民命所繫均非淺鮮此臣所以素念其
虞懍思修防不敢稍有鬆動而伏秋大汛
之際先期親赴荊江等處何其周歷稽查
相形勢以飭加材聚料[illegible]以濟人搶辦其岸有
險歸岸相幫上段有險下段同護其風
水之來總以人計勿以天計然後金有把握
此事既如是有[illegible]可挽回者[illegible]言亦須[illegible]體朕心決意勉為
不人事之未盡者均不敢不竭其力在臣一
人[illegible]有幾何而惟以身先之即人之心
加悉詳慎不[illegible]用心伏查今年水勢盛

硃
之

隄之省城皇華館誌樁長水至三丈四尺
一寸上游萬城隄楊林磯誌樁亦長至二丈
八寸是以江流已極浩瀚而襄河於七月
初九日一晝夜陡長一丈有餘幾於措手
不及幸本屆安修之段尺寸俱係修理之磯
工處處套打而臣節次所奏改築新隄
退挽月隄之處或籌動息款或鳩集捐
資以及設法籌備仍隨經費接濟仰奉
恩諭訓誨周詳俾得悉心料理今歲
聖慈福庇處處修防穩固化險為平秋汛已節
逾霜降水落歸槽江漢數千里隄長安
瀾普慶並無河裡隄亦無一處漫口實為

數十年來未有之幸臣欽感之餘懍彌深
仍當乘此水落之後飭令該管道廳
並諭查照盛漲水痕將各處應修之處及早估
辦務令工料各加堅實丈尺愈見高寬俾來
年汛漲捍衛有資庶幾歲歲安瀾以仰副
聖主保乂民生至意再查理隄之員僅以道職
分轄文不敢請獎外其餘防汛各員
自估修以至防險固皆分內之事但工長日
久亦多著有微勞而貲結事繁亦係出於
捐辦且屢遇漫溢之虞仍照例予動奏今
於數十年中幸使全境隄防無虞俾閭閻
民慶抃舞不億感

皇仁，合詞仰懇
天恩酌加獎勵，俾修防各員益知奮勉，出自
聖主鴻慈。如蒙
俞允，容臣會同撫臣擇其尤為出力者酌保數員，
恭候
恩施。所有前赴楚省沿江各隄普慶安瀾緣由，
謹會同湖北撫臣伍長華恭摺具
奏，伏乞
皇上聖鑒。謹
奏。
道光十八年九月廿九日
硃批：欣慰。

上諭 江漢普慶安瀾著林則徐等擇优酌保

道光十八年九月二十九日内閣奉

上諭林則徐奏江漢普慶安瀾一摺本年湖廣地方江漢盛漲幸歲修工段處處穩固得以化險為平現已節過霜降水落歸槽數千里長隄安瀾普慶所有在事府縣暨汛委各員自估修以致防險工長日久著有微勞著該督等擇其尤為出力者酌保三四員奏請恩施毋許冒濫欽此

上諭 著照林則徐所請以孫淇漢補授湖北荆州城守營參將送部引見

道光十八年九月二十九日内閣奉

上諭林則徐奏請補參將一摺著照所請湖北荆州城守營參將員缺准其以孫淇漢補授該員前在湖北提標中軍參將任内拏獲鄰境盜犯仍著送部引見該部知道欽此

湖廣總督林則徐等奏摺 **遠安縣知縣袁燁業遲延經年未到任請開缺另補**

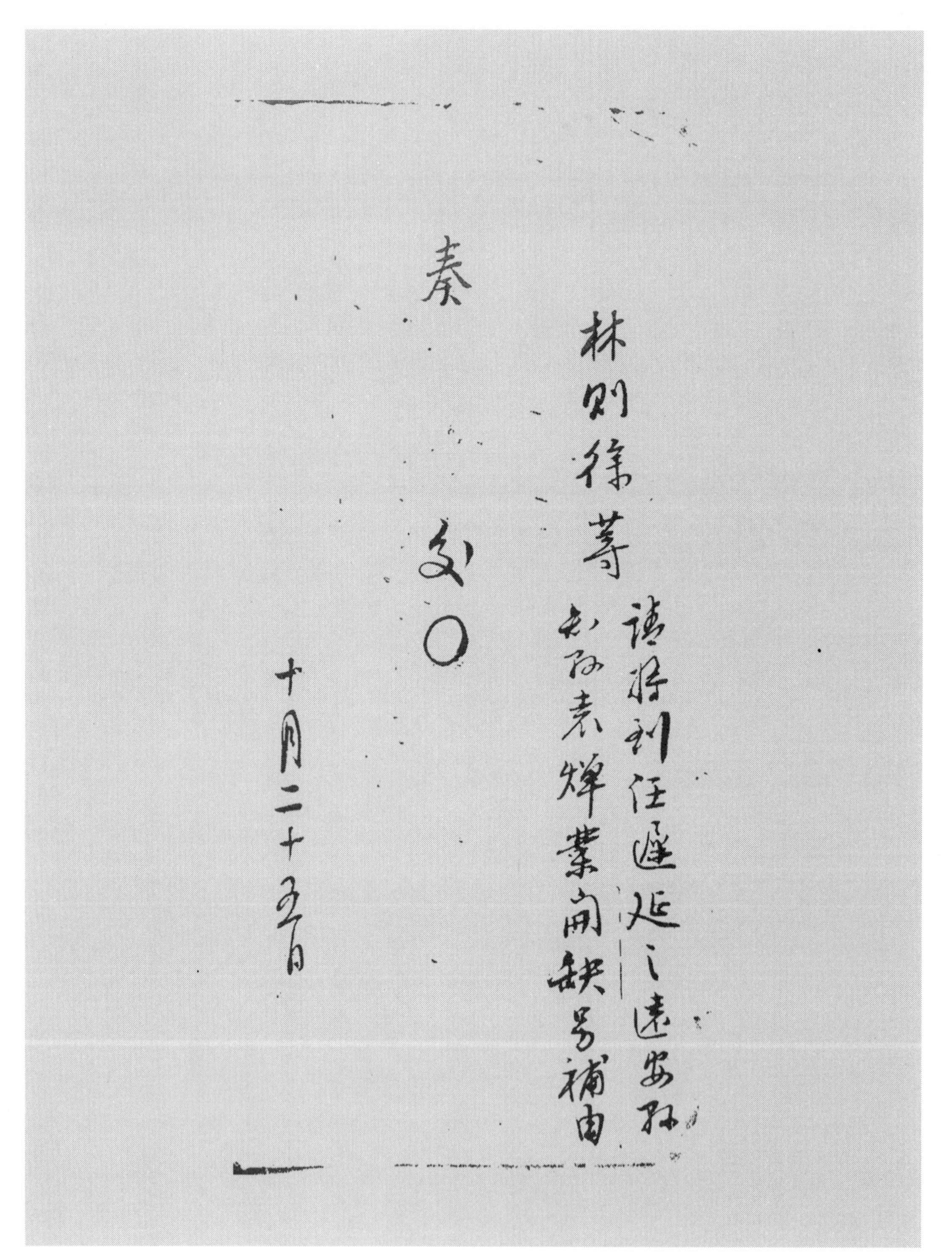

請將到任遲延之遠安縣
知縣袁燁業開缺另補由
林則徐等
奏
發〇
十月二十五日

湖廣總督林則徐等奏摺 遠安縣知縣袁燀業遲延經年未到任請開缺另補

道光十八年十月初六日

湖廣總督臣林則徐
湖北巡撫臣伍長華跪

奏為部選知縣經年未到請
旨開缺另補以重職守仰祈
聖鑒事竊據湖北布政使時岳兼署按察使于克襄會詳
稱道光十七年十月分部選遠安縣知縣袁耀業
係山東長山縣人前准直隸督臣咨會該員袁耀
業在部具呈回籍修墓旋因感冒告假于十七年
十二月二十四日領憑十八年正月初四日起程回籍順道
赴直隸天津省親正月初十日行抵天津患病病
痊于三月初九日起程回籍等因今已數月該員猶
未到楚亦未准山東原籍來咨究竟逗遛何處
未據稟報所有遠安縣知縣一缺

湖廣總督林則徐等奏摺　**勘明各屬被淹受旱田地酌量輕重情形請分別展緩新舊銀米**

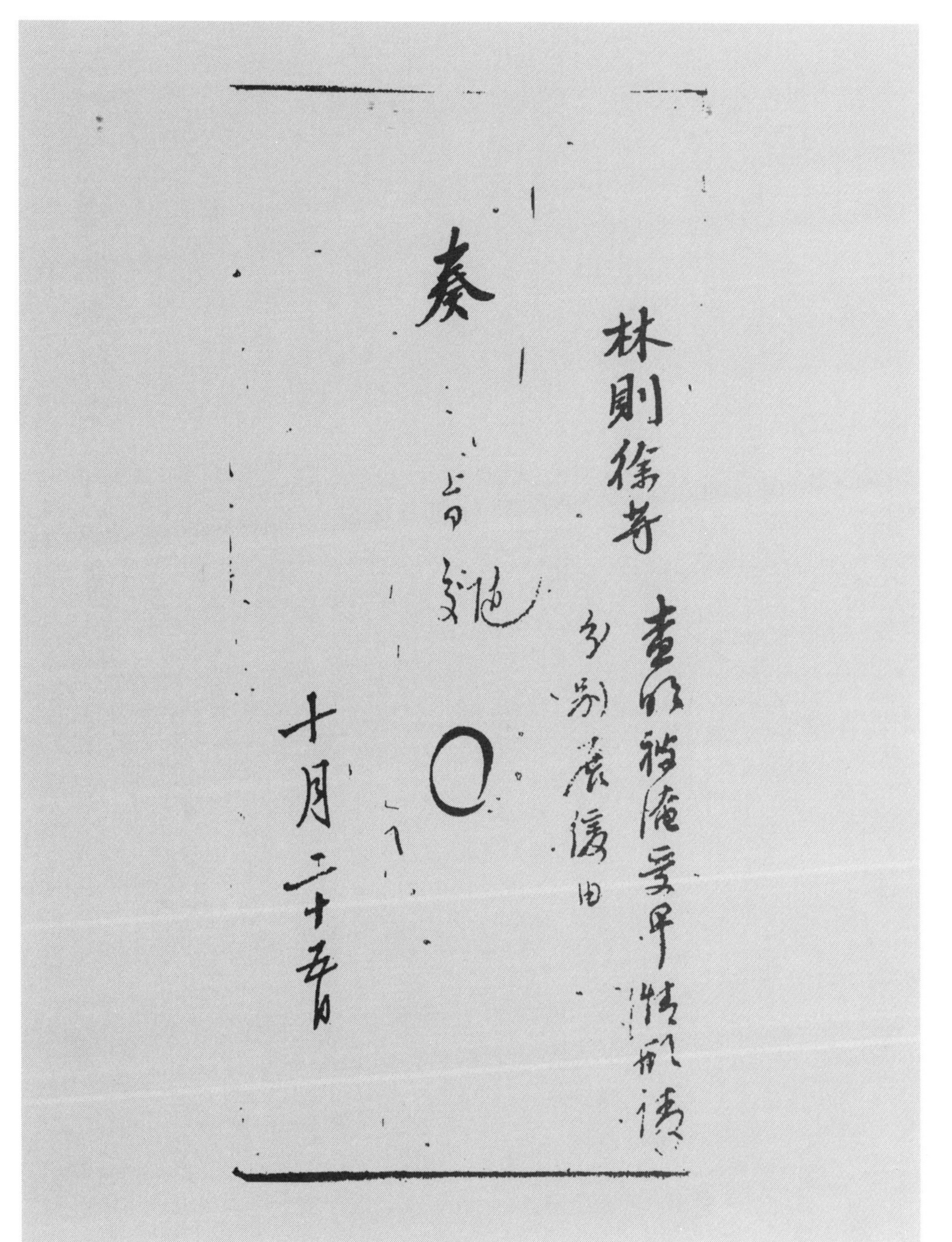

林則徐等　查明被淹受旱情形請
分別展緩由
奏
旨　知道了
十月二十五日

湖廣總督林則徐等奏摺 勘明各屬被淹受旱田地酌量輕重情形請分別展緩新舊銀米

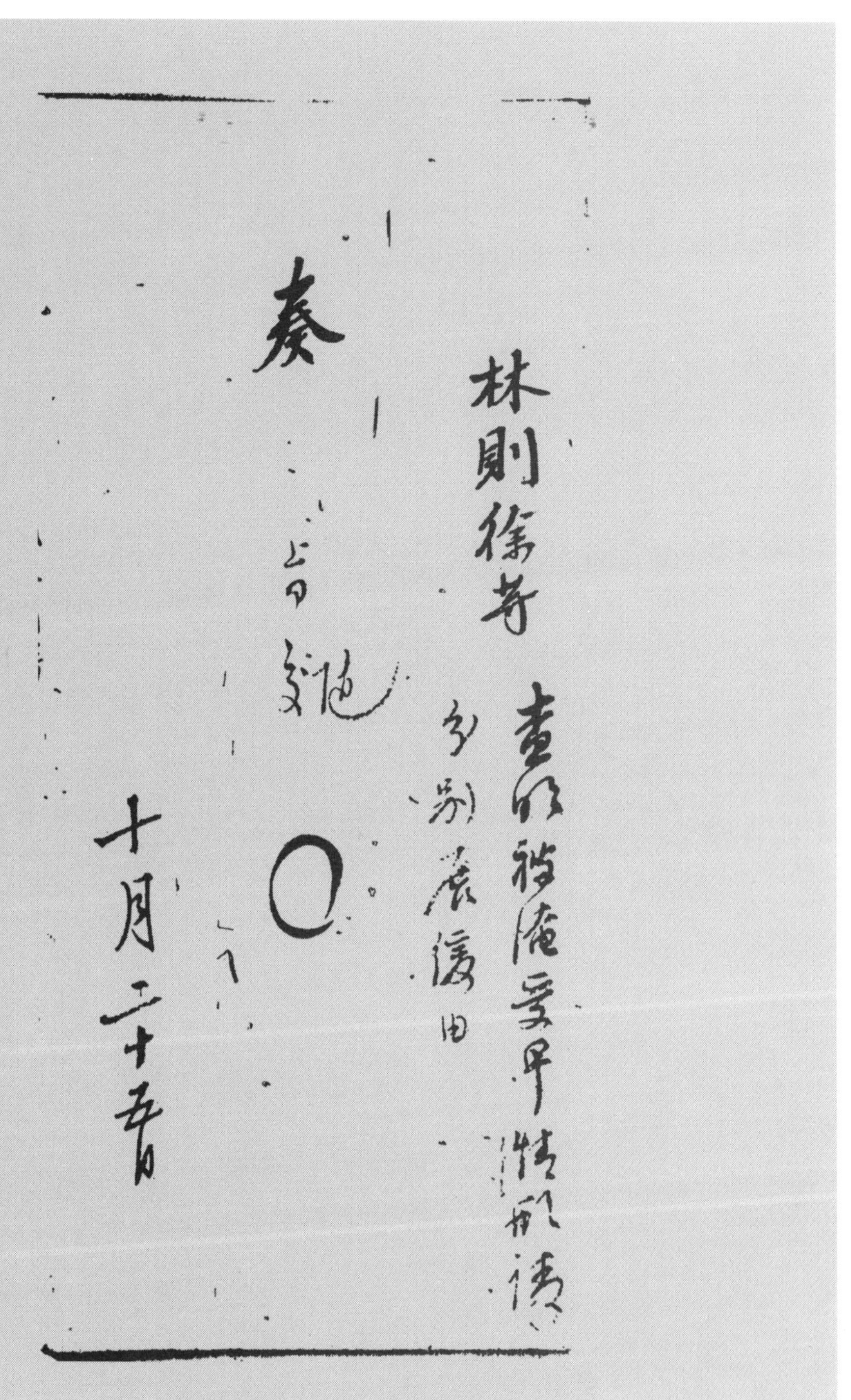

林則徐等 奏報被淹受旱情形請
分別展緩由
奏
旨該〇
十月二十五日

湖廣總督臣林則徐
湖北巡撫臣伍長華跪

奏為勘明各屬被淹受旱田地均不成災酌量輕重
情形懇
恩分別展緩新舊銀米以紓民力事竊照湖北
省本年五月以來江漢隄岸雖皆保護無虞惟
上游之黃州湖南下游之江西安徽水勢盛漲來源
既旺去路頗形阻滯以致公安石首黃梅廣濟
等縣低窪田畝間有被淹又江夏武昌咸寧
嘉魚漢陽漢川沔陽潛江天門江陵監利荊
門等州縣沿江傍湖田地各因夏秋汛漲間被
淹漬並有地居高阜之處復又缺雨受旱趣
各該州縣陸續稟報均經臣前護撫張岳崧先後

湖廣總督林則徐等奏摺　勘明各屬被淹受旱田地酌量輕重情形請分別展緩新舊銀米

道光十八年十月初六日

奏明並分別委員暨飭該管道府確勘稟覆茲據
大冶黄陂孝感黄岡蘄水鍾祥京山雲夢應城
枝江等縣稟報被淹受旱情形又經批令迅速
勘辦各在案茲據該道府督同印委各員勘明
漢陽大冶黄岡蘄水廣濟雲夢等縣水退迅速
毋庸查辦外其餘江夏武昌咸寧嘉魚漢陽漢
川黄陂孝感沔陽黄梅鍾祥京山潛江天門應
城江陵公安石首監利松滋枝江荊門等州縣
並武昌武左沔陽黄州蘄州德安荊州荊左荊
右等衛民屯田地被淹受旱或輕或重雖俱不
致成災体察民情已形拮据請將新舊銀米分
別展緩遞帶等情由藩司張岳崧糧道李源展

據詳請具
奏前來臣等伏查楚北各屬頻年災歉民力未舒
所有積欠各年緩征民米節經
奏奉
命允按年帶征一年在案茲本年各該州縣低窪田
地既被漬淹高阜之區又經受旱若將新舊民
欠同時催輸民力實有未逮合無仰懇
皇上天恩俯准將被淹較重之漢川縣南河渡等二
十二處暨民垸沔陽州六合等八十五垸鍾祥
縣孫家口等六十八村莊漬淹沙壓軍民田地
京山縣永田湖等二十四圍潛江縣叢林等十
八垸並荊北等九垸內未涸田地天門縣青灘

等四十九垸應城縣葉嘴等三圍江陵縣楊家
等二百三十五垸公安縣毛一等十四里石首
縣黄陵等十一坊垸監利縣禾豐等七十二垸
及頻年積淹之洪沐等十九垸松滋縣下五巷
五都枝江縣青夷等八洲垸荊門州馬上三處
上四兩圍並青一等十五圍內土名彭塚湖等
四十六區積淹田地應徵本年民屯米糧漕
南二米隄河閘費等項一併緩至十九年秋收
限一年帶徵又漢陽縣湘三等七里屯並徵生
地亦監利縣南當洲等五十三垸松滋縣下二
等三都除本年漕南二米照常徵收外請將本
年新賦民屯米糧緩至十九年秋收限一年帶

化所有以上州縣被淹各屆未完十七年以前
各年緩帶民米均請遞展至本年秋後接最
先年分每年帶征一年又被淹受旱較輕之江
夏縣河街等一百三十五里屯武昌縣永三等
三十七里咸寧縣一都等七都嘉魚縣廣安等
五里上屯等九屯漢陽縣鳳棲等六里漢川縣
長安等十七貧民垸廠販黃陂縣瓜園灣等二
十八會孝感縣尚文等三十八會沔陽州崇墉
等三百一十八垸黃梅縣白湖等三十七鎮京
山縣高集等八團潛江縣義豐等十九垸同芦
北等九垸內已涸田地及荷湖等一百八垸應
城縣赤岸等三閘江陵縣麻家等一百二十八

撫石首縣李平等四坊垸監利縣新興等二百一十八垸松滋縣上平等四都荊門州者一等十五團內高阜已涸未淹田地及山鄉坊廂等四十二團除本年新賦銀米隨費等項同江夏縣河街等里屯內保安等十五里屯應帶十五年銀米武昌縣應帶十五年米糧沔陽州李埠等垸內歷隆等二百八十五垸應帶十六年米糧黃梅縣應帶十三年漕米潛江縣義豐等十九垸應帶十七年米糧監利縣新興等垸內華家等三十二垸應帶十七年銀米均各照常征收外請將以上各州縣被淹受旱各區未完十七年以前各年緩帶銀米隨費並借給籽種款

石等項一併緩至十九年秋成後按數先年分每
年帶徵一年其武昌等九衛被淹受旱屯田應
徵新舊銀米漕糧均請查照屯坐州縣一律辦理至各
州縣未淹軍民田地應徵新舊銀米仍飭照一
常徵解以示區別所有勘明江夏等州縣衛被
淹受旱田地均不成災請分別展緩新舊銀米
緣由理合恭摺具
奏伏乞
皇上聖鑒訓示再各州縣衛應行展緩米漕等項已
飭照例停徵合併陳明謹
奏
道光十八年十月二十五日奉

湖廣總督林則徐等奏摺　勘明各屬被淹受旱田地酌量輕重情形請分別展緩新舊銀米

道光十八年十月初六日

硃批：

欽此

十月初六日

上諭 著照林則徐所請以方顯廷陞署湖南永綏廳螺蛳墐屯守備

道光十八年十月初七日内閣奉

上諭林則徐奏揀員升署苗疆守備一摺著照所請湖南永綏廳螺螄墐屯守備員缺准其以方顯廷升署照例送部引見仍俟扣滿年限再請實授該部知道欽此

湖廣總督林則徐奏摺　交卸總督篆務起程赴京日期

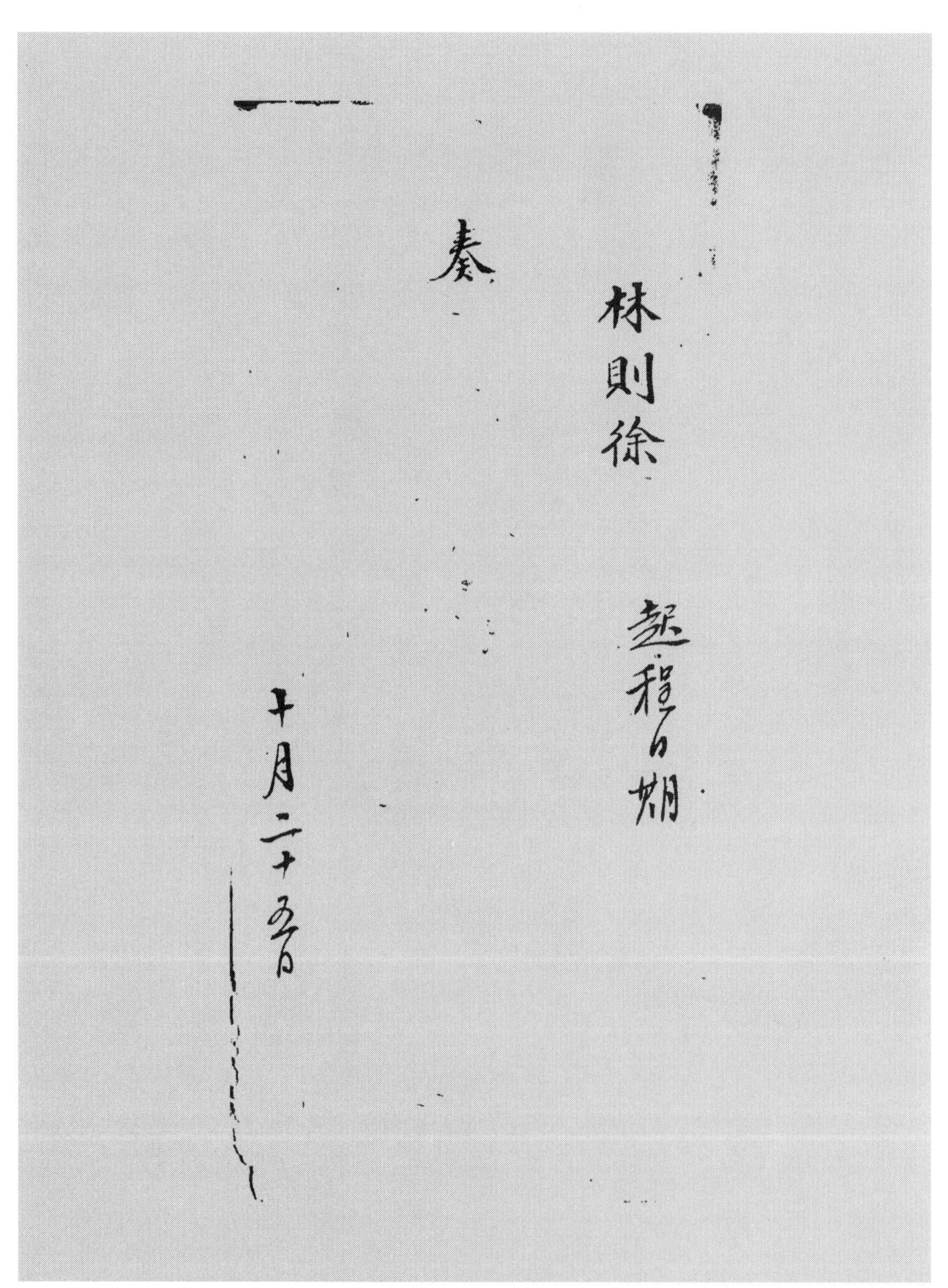
林則徐

奏

起程日期

十月二十五日

湖廣總督林則徐奏摺　交卸總督篆務起程赴京日期
道光十八年十月初八日

湖廣總督臣林則徐跪
奏為恭報交卸督篆起程日期仰祈
聖鑒事竊臣于本年十月初七日准吏部咨欽奉
上諭林則徐著即來京陛見湖廣總督著伍長華暫
行兼署欽此伏念臣自上年春間在京跪聆
恩訓
陛辭來楚將及兩年雖時時殫竭愚誠不敢稍存怠忽
而邊防武備鹺務隄工事体尤為繁要惟恐措施
失當惴懼彌深冀得面聆
訏謨庶足以資遵守兩年例未屆不敢遽請入
覲正極瞻云之忱茲蒙
聖主鴻慈令臣進京

湖廣總督林則徐奏摺 交卸總督篆務起程赴京日期
道光十八年十月初八日

陛見聞
命之下欣感難名現在湖廣北南兩省收成豐稔民氣安
恬隄塍酌估加倍鹺務日見起色目前尚無緊要
事件臣遵于十月初八日將湖廣總督篆務交湖北撫
臣伍長華署臣定于十一日起程北上叩覲
天顏藉申戀悃除恭疏
題報外所有微臣交卸督篆及起程日期謹繕摺具
奏伏乞
皇上聖鑒謹
奏
道光十八年十月二十五日奉
硃批知道了欽此

湖廣總督林則徐奏摺　交卸總督篆務起程赴京日期
道光十八年十月初八日

十月初八日

湖廣總督林則徐題本　交印起程赴京日期

知道了

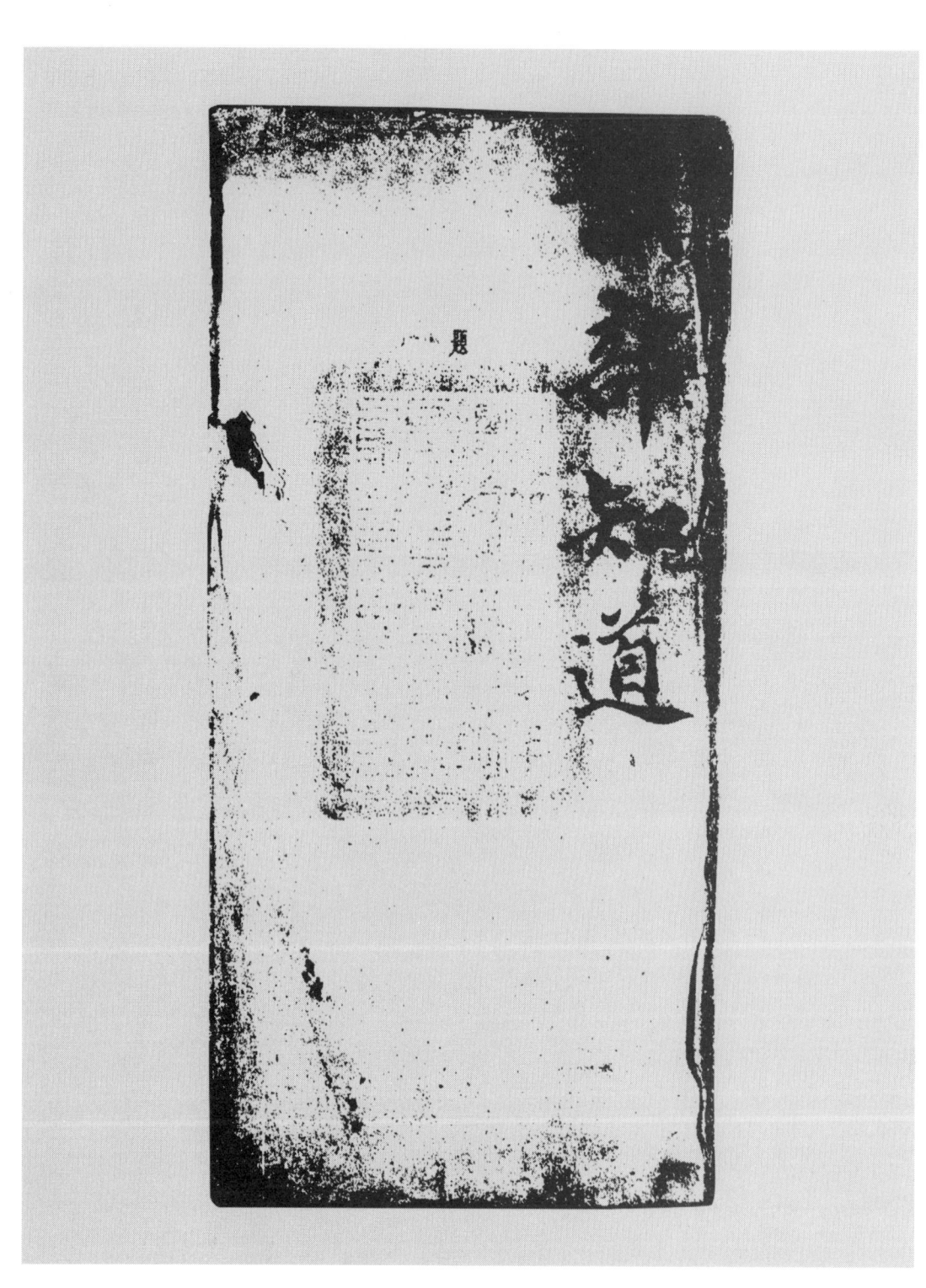

湖廣總督林則徐題本　交印起程赴京日期
道光十八年十月初八日

湖廣總督林則徐題本　交印起程赴京日期
道光十八年十月初八日

兵部尚書兼都察院右都御史總督湖廣等處地方軍務兼理糧餉臣林則徐謹
題為恭報微臣交印起程日期仰祈
聖鑒事竊臣於道光拾捌年拾月初柒日接准吏部
咨欽奉
上諭林則徐著即來京陛見湖廣總督著伍長華暫
行兼署欽此臣謹即欽遵
諭旨將
欽頒乾字伍百陸拾捌號湖北湖南總督銀關防壹顆
王命旗牌十面桿副
聖訓
上諭及部頒各書并火牌書吏文卷等項於道光拾捌
年拾月初捌日差委武昌府知府恭善臣標中

軍副將英俊齎交湖北巡撫臣伍長華接收署
事臣隨即束裝起程進京所有微臣交印起程
日期理合恭疏
題報伏乞
皇上聖鑒謹具
題
聞

湖廣總督林則徐題本 交印起程赴京日期
道光十八年十月初八日

道光拾捌年拾月 日 兵部尚書兼都察院右都御史總督湖廣等處地方軍務兼理糧餉臣林則徐

兵部尚書兼都察院右都御史總督湖廣等處地方軍務兼理糧餉臣林則徐謹
題為恭報微臣交印起程日期仰祈
聖鑒事竊臣於道光拾捌年拾月初柒日接准吏部
咨欽奉
上諭林則徐著即來京陛見湖廣總督著伍長華暫
行兼署欽此臣謹即欽遵
諭旨將
欽頒乾字伍百陸拾捌號湖北湖南總督銀關防壹顆
王命旂牌十面桿副
聖訓
上諭各書等項於道光拾捌年拾月初捌日差委武昌
府知府粢善臣標中軍副將英俊齎交湖北巡
撫臣伍長華接收署事臣隨即束裝起程進京
所有微臣交印起程日期謹具
題
聞

上諭 著照林則徐所請以曠成春陞補湖北武昌府同知送部引見

道光十八年十月十五日内閣奉

上諭林則徐等奏揀員升補要缺同知一摺著照所請湖北武昌府同知員缺准其以曠成春升補照例送部引見該部知道欽此

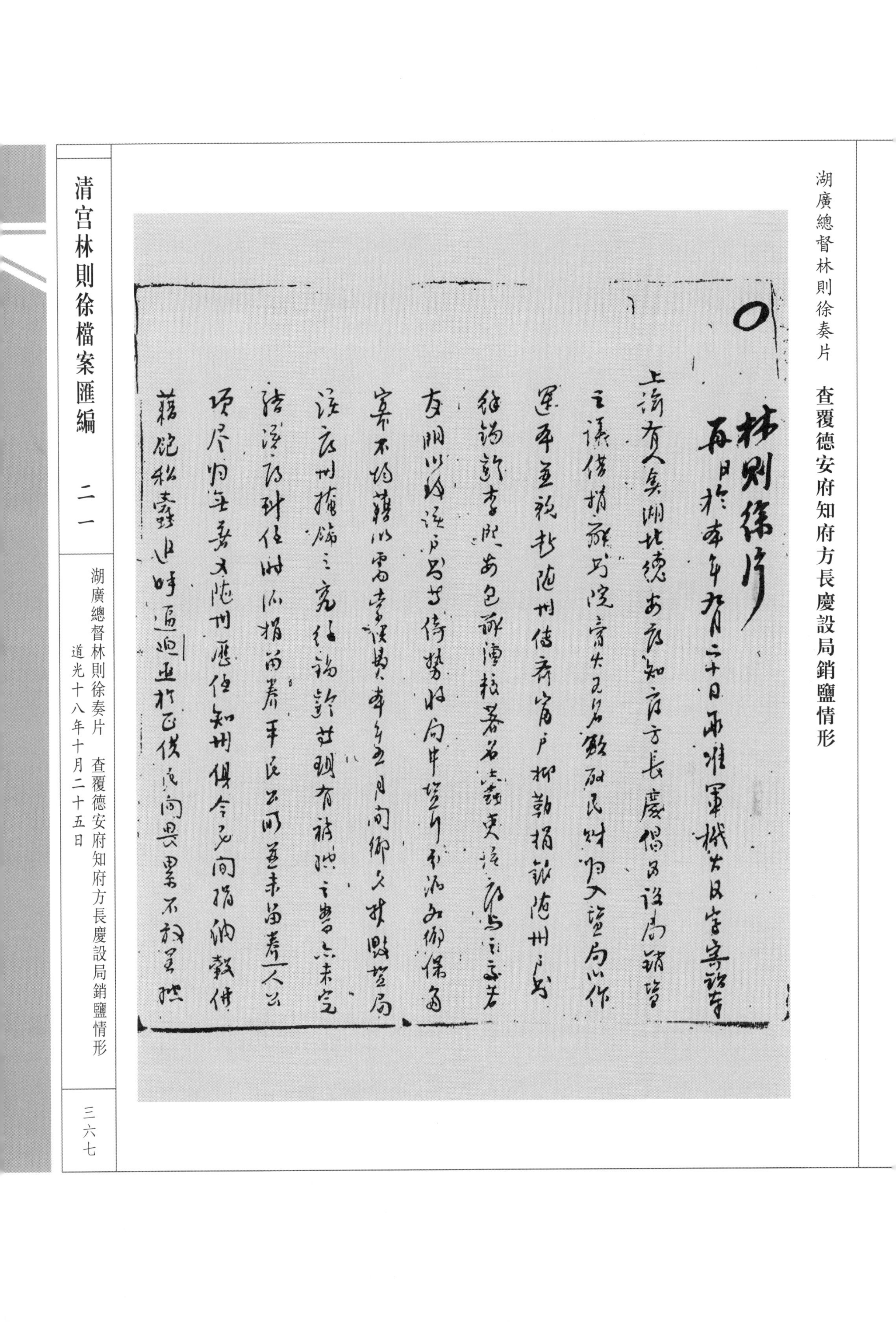

湖廣總督林則徐奏片　查覆德安府知府方長慶設局銷鹽情形

湖廣總督林則徐奏片　查覆德安府知府方長慶設局銷鹽情形

道光十八年十月二十五日

湖廣總督林則徐奏片　查覆德安府知府方長慶設局銷鹽情形
道光十八年十月二十五日

該管地方官藉端科派并干例禁若如所奏實屬擾累
閭閻其明保無偏奏已經不可不嚴行懲辦著林則
徐即將原摺所指各款明查訪務得確實如有前
項情弊即據實嚴參毋稍瞻徇原摺著鈔給閱看將
此諭令知之欽此臣跪誦之下仰見
聖主肅清吏治軫卹民生之至意曷勝欽服伏查湖北
德安府屬之隨州為淮鹽引地歲額應請鹽四千六
百〇六引因界連豫省多被潞私粵私侵灌每至
額引不請道光十六年經前督臣訥爾經額由省派撥
弁兵前往堵緝未能得力臣到任後即飭該地方官
認真整頓上年十一月據該府方長慶以省委弁兵
路徑生疏巡防難周察本年春汛弁兵以責有專

湖廣總督林則徐奏片　查覆德安府知府方長慶設局銷鹽情形

道光十八年十月二十五日

貸不能雖坐以捕拘逃逸無其責本當訊無逃得

無委員來省買鹽一萬包赴隨州一帶試銷等

語借撥銀二千八百兩以作鹽本物又據該府與隨

州知州鍾模稟稱勸諭鄉商公舉倉紳承認發店

並公捐出院育嬰發交官局生息以為運鹽內耗其

息銀即作為育嬰之資又將每年餘出挑出二名責成蕎[?]

鹽以課為急務者經日以設局銷鹽捐資生息必

須經理得人庶不至有抑勒攤派諸弊至所餘總

若尤須嚴加查察倘所派非人則指係病民或竟

藉以行私興實叢生[?]批飭慎之又慎務復飭據

署臬司于克襄鹽道查炳華會詳隨州官運

之鹽銷仍未暢該府員前往會督即訊員無大[?]

湖廣總督林則徐奏片 查覆德安府知府方長慶設局銷鹽情形

道光十八年十月二十五日

加整頓，以杜鄰私，亦經具 批示准行在案。查核該

官局之設，原因鄰省私鹽既已越界侵灌，若任與

官鹽賣時，然殊凡買食鹽之人無不背官向私，

勢不能如原奏所云自有商販領運，概不須官

為借導，由漢岸買鹽運往，發局分售，並官為有

擾，則良商不能藉口於該令，而得責於買私者

而舉其官局之設，實屬不得已，然若辦理不善，即恐

別有流弊，是以於該府方長慶守郡之時，復經諄

切批諭，並又飭道委查，原因事屬試行，不敢遽

信為無弊，已非輕率

諭旨飭查，臣即訪查，暗訪得悉安城向有漢來民

一處多年，傾比每年經費無多，不能敷用，係屬有

湖廣總督林則徐奏片 查覆德安府知府方長慶設局銷鹽情形
道光十八年十月二十五日

名無實迹年來因無穩地方頗形充裕方長慶於
上年赴隨州查辦漕務時勸諭各紳量力捐輸者有
黎義治李樹人汪因梓劉向甲吳英捐錢二千數
尹禧請汪因梓承認分兩年捐繳人承認五百兩劉向
甲承認五千兩黎義治於本年捐銀不足之論則並未呈繳
又隨州庫節據通詳二處所封黎義治贓銀九百二十
兩該府主因係未為辦犯追贓將贓銀作為捐
項收未具領方長慶適因空遂成事不敷所用就
近募局挪借漕鎮鹽店以銀存令其生息以為向無
醃鹽該府附郭之安陸縣亦有李姓義若捐輸銀
一千兩訂四百七十五串修理書院二程正則完竣又道
光十一年江漢該洪被水災黎緣辦四出方長慶

勸捐設局留養貧民於該府大門外建造留養
局一所分男女兩處約計四五十間共用去三千八百七十
餘串收過捐項三千三百六十餘串不敷之項由府
墊捐捐自十二年冬間開局留養人口以後局中所用
柴米銀數均有帳據房屋迄今修理並未倒塌
十三年三月隨州解繳捐輸銀一千二百三十餘兩
除開銷外尚存銀四百數十兩歷作稍本收贖之資
銷數查照無二名從隨州戶書現被州民任正興控
告革經該衙門具控浮收勒折等事
諭旨以審辦現在提省覆鞫其該府實在有無包
攬漕糧方長慶果否與之交好以致該書倚勢
勒索使費致被鄉民拆毀鹽局及隨州歷任知

州如何令民向捐納若何假藉銷私弊尚未得有切
實憑據並臣所訪各情有無未確正又飭湖
北藩臬兩司道並漢黃德道逐細明白補查據
實會詳向僅以奏
旨進京
陛見尚未回任應查明將移交委署以任長慶查辦
所有今附片陳明伏乞
聖鑒謹
奏
道光十八年十月二十五日奉
硃批　欽此

湖廣總督林則徐奏片　查覆德安府知府方長慶設局銷鹽情形
道光十八年十月二十五日

上諭 著伍長華清查林則徐移交之方長慶藉端科派案

軍機大臣 字寄

湖北巡撫兼署湖廣總督伍 道光十八年十

月二十五日奉

上諭前因有人奏湖北德安府知府方長慶倡為設局銷鹽之議借捐辦書院膏火為名斂取民財歸入鹽局一案當降旨交林則徐查辦茲據該督奏稱正在確查適奉旨進京陛見業經移交伍長華查辦等語此案關繫地方官藉端科派擾累閭閻不可不嚴行懲辦現在隨州户書徐錫齡等被州民任正興京控之案已提省嚴鞫其該書等如何包辦漕糧方長慶果否與之交好以致該書等倚勢勒索使費被鄉民拆毀鹽局及隨州歷任知州

如何令民間捐納穀價藉飽私槖等情尚未得有切實證據著該署督澈底查明如果實有前項情弊即據實嚴參辦理毋許稍有瞻徇將此諭令知之欽此遵

旨寄信前來

上諭　著照林則徐所請湖北被淹受旱州縣銀米准分別緩徵

道光十八年十月二十五日内閣奉

上諭林則徐等奏查明各屬被淹受旱情形懇請分別展緩一摺湖北省本年水漲低窪田畝間有被淹高阜之區缺雨受旱據該督等查明雖勘不成災情形已屬拮据若將新舊銀米同時催輸民力實有未逮加恩著照所請所有漢川縣南河渡等二十二廒畈民垸沔陽州六合等八十五垸鍾祥縣操家口等六十六村莊漬淹沙壓軍民田地京山縣水田湖等二十四團潛江縣棠梨等十七垸並蘆北等九垸内未涸田地天門縣青泛等四十九垸應城縣葉嘴等三團江陵縣楊家等二百三十五垸公安縣毛一等十四里石首縣黃陵等十

一坊垸監利縣禾豐等七十二垸及崇林等十九垸松滋縣下五等五都枝江縣青夾等八洲垸荆門州馬上三馬上四兩圖並青一等十五圖内土名彭塚湖等四十六區各應徵本年民屯錢糧漕南二米隄河閘費等項著緩至十九年秋後限一年帶徵又漢陽縣湘三等七里屯並淤生地畝監利縣南雷洲等五十三垸松滋縣下二等三都除本年漕南二米照常徵收外其本年新賦民屯錢糧著緩至十九年秋後限一年帶徵以上州縣未完十七年以前各年緩帶銀米著遞展至二十年秋後按最先年分每年帶徵一年又江夏縣河街等一百三十五里屯武昌縣永三等三十七里咸

寧縣一都等七都嘉魚縣廣賢等五里上屯等九屯漢陽縣鳳棲等六里漢川縣長興等十七官民垸廠畈黄陂縣瓜園嘴等二十八會孝感縣尚文等三十一會沔陽州崇墉等三百十六垸黄梅縣白湖等三十六鎮京山縣高集等八團潛江縣義豐等十九垸同蘆北等九垸内已涸田地及荷湖等一百八垸應城縣赤岸等三團江陵縣麻家等一百三十六垸石首縣李平等四坊垸監利縣新興等二百十八垸松滋縣上五等四都荆門州青一等十五團内高阜已涸未淹田地及山鄉坊廂等四十二圖除本年新賦銀米隄費等項同江夏縣河街等里屯内保安等十五里屯應帶十五年

銀米武昌縣應帶十五年錢糧沔陽州崇壖等垸內恩隆等二百八十五垸應帶十六年錢糧黃梅縣應帶十三年漕米潛江縣義豐等十九垸應帶十七年錢糧監利縣新興等垸內華家等三十二垸應帶十七年銀米均各照常徵收外以上各州縣未完十七年以前各年緩帶銀米隄費並借給籽種穀石等項著緩至十九年秋後按最先年分每年帶徵一年其武昌等九衛均著查照屯坐州縣一律辦理以紓民力該督等即刊刻謄黃徧行曉諭務期實惠及民毋任吏胥舞弊以副朕軫念民依至意該部知道欽此

湖廣總督林則徐奏片

湖南常寧縣知縣邵棻失察巨梟過境請先行摘去頂戴

旨

交

臣○林則徐片

再楚岸行銷淮鹽最重全賴兩湖以民
間屆冬度歲需鹽孔多恒視他月加增數倍
查本年鹺務情形先因雨水連綿銷鹽
較滯節經臣分委妥員一面嚴緝走私
一面招徠水販以暢補滯茲有轉機本
十月上旬據岸員陳繼亨稟已銷過鹽
五十二萬三千九百八十引有奇較之前年此
時多銷七萬二千餘引即比去年此時亦多
銷五萬餘引自此以至年底若能暢益加暢
可冀大有起色惟鄰境私鹽處處可通而
販私之人多方窺伺倘地方文武推諉稽
查則軍前之銷恐不敷一朝之踈縱即與

湖廣總督林則徐奏片 湖南常寧縣知縣邵棻失察巨梟過境請先行摘去頂戴 道光十八年十月二十五日

湖南衡州一府為粵私入楚門戶久被梟販佔
礙官引不行上年經臣訪到其地立定疏銷章程
責委衡永道陸費瑔總司其事並調通判賈亨
晉協同經理今歲復委湖北候補同知錢
昇帶兵前往同催稽查該道等均能加意認
真辦理成效雖未大著而協力搜緝梟
販乘隙而來呼應不靈即動多掣肘現
據署衡陽縣知縣楊曾昇稟本年九月十二
日據該縣轄窮山地方有大夥巨梟過境當
經會同衡州府通判賈亨晉衡州協副將麻
國慶派委弁兵丁役協拏該梟匪膽敢迎
官拒捕格斃巡役一名受傷兵役五名該梟

湖廣總督林則徐奏片 湖南常寧縣知縣邵棻失察巨梟過境請先行摘去頂戴

道光十八年十月二十五日

犯亦被拒殺二名當獲人犯十一名私鹽一萬一百八十九斤即經臣批飭嚴審究辦查此次私鹽由粵入楚俱從常寧縣經過該縣邵棻亦辦理鹽務而不得力巨梟如此兇橫經由所境該縣未能覺察實難辭咎可否將湖南常寧縣知縣邵棻先行摘去頂戴以示

懲儆仍責令認真堵緝並飭該管之衡永道桂晉熙隨時察看如果以後能知悔奮力辦堵截不致粵私下灌再行奏請

恩施倘敢始終玩弛即行從嚴參辦不許稍事姑容理合附片陳明伏乞

聖鑒訓示謹

湖廣總督林則徐奏片　湖南常寧縣知縣邵棻失察巨梟過境請先行摘去頂戴

道光十八年十月二十五日

奏

道光十八年十月二十五日奉

硃批　欽此

上諭 著照林則徐所請湖南常寧縣知縣邵棻先行摘去頂戴

道光十八年十月二十五日内閣奉

上諭林則徐奏請將鹽梟過境不能堵緝之知縣摘去頂帶等語此案大夥私梟由粤入楚係從湖南常寧縣經過該縣知縣邵棻未能覺察咎實難辭著先行摘去頂帶以示懲儆仍責令認真堵緝儻始終玩弛即著從嚴条辦欽此

上諭　林則徐著加恩在紫禁城内騎馬

道光十八年十一月十三日内閣奉
上諭湖廣總督林則徐著加恩在紫禁城内騎馬欽
此

上諭　林則徐著頒給欽差大臣關防馳往廣東查辦海口事件

道光十八年十一月十五日奉

旨湖廣總督兼兵部尚書銜林則徐著頒給欽差大臣關防馳驛前往廣東查辦海口事件所有該省水師兼歸節制欽此

上諭　著鄧廷楨等會同林則徐協力禁絶鴉片及紋銀出洋

軍機大臣　字寄

兩廣總督鄧　廣東巡撫怡　道光十八年十一月十八日奉

上諭朕因近年來鴉片烟傳染日深紋銀出洋銷耗彌甚屢經降旨飭令該督等認真查辦但錮蔽日久恐一時未能盡行破除若不清查來源則此患伊於胡底昨經降旨特派湖廣總督林則徐馳赴粵省查辦海口事件並頒給欽差大臣關防令該省水師兼歸節制林則徐到粵後自必遵旨竭力查辦以清弊源惟該省窯口快蟹以及開設烟館販賣吸食種種弊竇必應隨地隨時淨絶根株著鄧廷楨怡良振刷精神仍照舊分别查拏毋稍鬆

懈斷不可存觀望之見尤不可有推諉之心再鄧
廷楨統轄兩省地方事務殷繁若專責以查辦鴉
片以及紋銀出洋恐顧此失彼轉不能專一心力
盡絕弊端現派林則徐前往專辦此事該督自當
益矢勤奮盡泯畛域應分辦者各盡已責應商辦
者會同奏聞趁此可乘之機力救前此之失總期
積習永除根株斷絕想卿等必能體朕之心為中
國袪此一大患也將此諭令知之欽此遵
旨寄信前來

大學士管理户部事務潘世恩等題本　湖北布政使張岳崧任内經管雜款銀兩核查相符

依議

題

大學士管理户部事務潘世恩等題本 湖北布政使張岳崧任內經管雜款銀兩核查相符

道光十八年十二月初一日

太子太保大學士管理户部事務臣潘世恩等謹
題爲詳請等事户科抄出湖廣總督林則徐題湖
北布政使張岳崧任內經管雜款銀兩交盤清
楚一案道光拾捌年伍月貳拾肆日題柒月拾
肆日奉
旨該部察核具奏欽此欽遵於本日抄出到部
該臣等查得湖廣總督林則徐疏稱湖北布政
使張岳崧自道光拾柒年肆月初捌日回任起
至道光拾捌年肆月拾肆日護理湖北巡撫印
務卸事前一日止任內經管各項雜款銀兩據
署布政使事按察使程銓接收清楚造冊結報

親往盤查並無虧欠加結具題前來　查疏
冊内開蕭姓入官田房變價生息項下舊管銀
柒百柒拾玖兩肆錢貳釐新收銀壹萬肆千玖
百玖拾捌兩叁錢貳分柒釐開除銀貳千貳百
兩柒錢陸分貳釐實存銀壹萬叁千伍百柒拾
陸兩玖錢陸分柒釐節省民莊修械項下舊管
銀捌百捌拾貳兩肆錢陸分新收銀叁拾貳兩
貳錢陸分叁釐開除銀捌百肆拾陸兩捌錢壹
分叁釐實存銀陸拾柒兩玖錢壹分王恩攜壽
備生息項下舊管銀陸百玖拾兩壹錢壹分捌
釐新收銀壹百捌拾兩開除銀陸拾陸兩肆錢
玖分貳釐實存銀柒百陸拾叁兩陸錢貳分陸

釐得勝攤籌備生息項下舊管銀捌拾柒兩貳
錢玖分肆釐新收無項開除無項實存銀捌拾
柒兩貳錢玖分肆釐等語查前項舊管銀兩臣
部核與上屆交盤冊報實存數目相符應將前
次登記註銷新收開除銀兩按冊核算數目亦
屬符合應毋庸議實存銀兩應照數登記仍令
該督轉飭造入下屆交盤冊內舊管項下題報
查核此案於道光拾捌年柒月拾肆日科抄到
部茲於拾貳月初壹日辦理具
題合併聲明臣等未敢擅便謹
題請
旨

大學士管理户部事務潘世恩等題本　湖北布政使張岳崧任内經管雜款銀兩核查相符

道光十八年十二月初一日

[illegible]户部事務臣潘世恩

[illegible]行事[illegible]臣宗室奕紀

[illegible]臣吳椿

[illegible]臣文慶

左侍郎臣祁寯藻　差

刑部左侍郎署左侍郎臣吳文鎔　差

[illegible]臣聯順

右侍郎兼管錢法堂事務臣吳其濬　未到任

[illegible]臣陳官俊

湖廣清吏司郎中臣盛瑞
郎中臣福盛
郎中臣李世亨
員外郎臣福昌阿
員外郎臣阿南保
員外郎臣汪喜孫
主事臣全順
主事臣徐有壬
額外主事臣善琦
額外主事臣江春祺
額外主事臣劉遵和
額外主事臣李湘棻

大學士管理户部事務潘世恩等題本　湖北布政使張岳崧任內經管耗羨等項錢糧核查相符

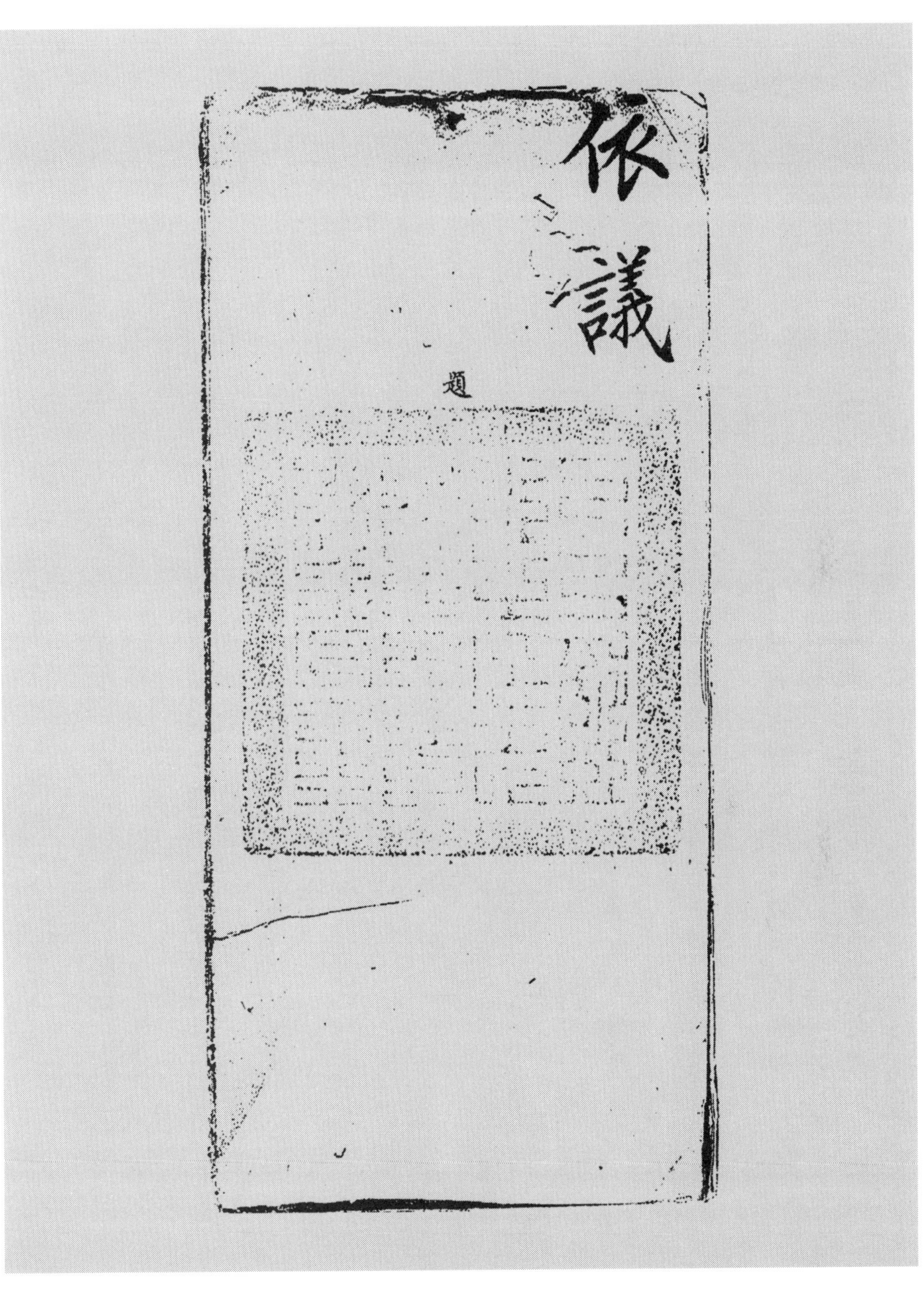

二一

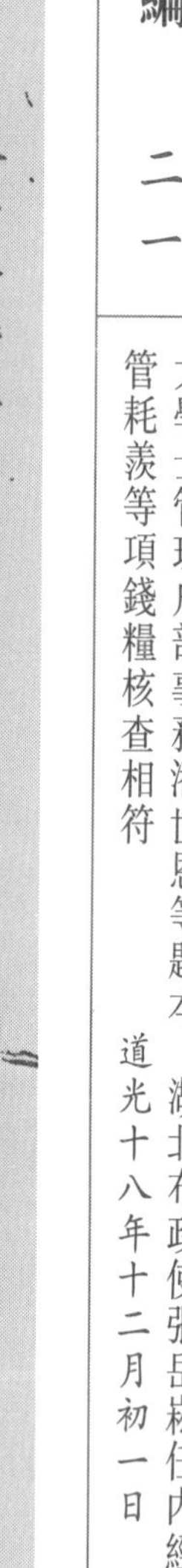

大學士管理户部事務潘世恩等題本　湖北布政使張岳崧任内經管耗羨等項錢糧核查相符

道光十八年十二月初一日

太子太保大學士管理户部事務臣潘世恩等謹
題爲詳送等事户科抄出湖廣總督林則徐題湖
北布政使張岳崧任内經管耗羨等項錢糧交
盤清楚一案道光拾捌年伍月貳拾肆日題柒
月拾肆日奉
旨該部察核具奏欽此欽遵於本日抄出到部
該臣等查得湖廣總督林則徐疏稱湖北布政
使張岳崧自道光拾柒年肆月初捌日回任起
至道光拾捌年肆月拾肆日護理湖北巡撫印
務卸事前一日止任内經管耗羨等項錢糧據
署布政使事按察使程發接收清楚造冊結報

親往盤查並無虧欠加結具題前來　查疏
冊內開耗羨項下舊管銀壹萬玖千陸百貳拾
柒兩伍錢玖分貳釐新收銀貳拾貳萬玖千伍
百叁拾捌兩肆錢捌分貳釐開除銀壹拾捌萬
柒千伍百壹拾伍兩捌錢捌分柒釐實存銀陸
萬壹千陸百伍拾兩壹錢捌分柒釐文職養廉
空曠項下舊管銀肆萬柒千捌百貳拾壹兩陸
錢柒分新收銀壹萬伍千叁百壹拾壹兩肆錢
貳分柒釐開除銀貳萬柒千陸百捌拾肆兩柒
錢玖分叁釐實存銀叁萬伍千肆百肆拾捌兩
叁錢肆釐公費項下舊管銀肆千壹百貳拾叁
兩貳錢伍分陸釐新收銀柒千貳百柒拾陸兩

柒錢伍分開除銀陸千捌百玖兩肆錢壹分柒
釐實存銀肆千伍百玖拾兩伍錢捌分玖釐貳
毫留半空曠養廉項下舊管銀玖千肆百柒兩
玖錢伍分陸釐新收銀玖百叁拾兩肆錢陸分
貳釐開除銀叁百壹兩貳錢玖分伍釐實存銀
壹萬叁拾柒兩壹錢貳分叁釐等語查前項舊
管銀兩臣部核與上屆交盤冊報實存數目相
符應將前次登記註銷新收開除銀兩按冊核
算數目亦屬符合應毋庸議實存銀兩應照數
登記仍令該督轉飭造入下屆交盤冊內舊管
項下題報查核此案於道光拾捌年柒月拾肆
日科抄到部兹於拾貳月初壹日辦理具

題合併聲明臣等未敢擅便謹

題請

旨

道光[illegible]

[illegible]臣潘世恩

[illegible]臣宗室奕紀

[illegible]臣吳椿

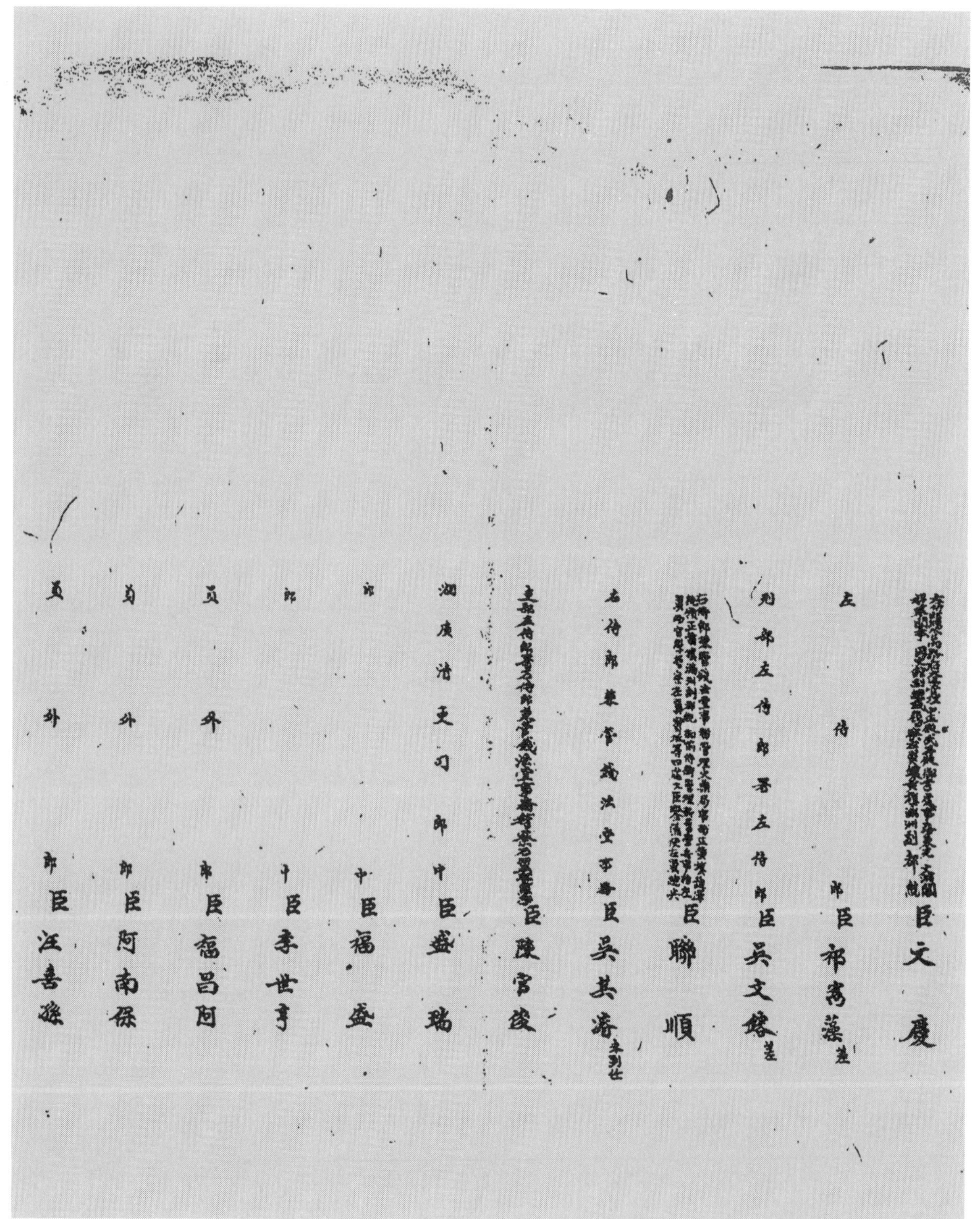

[illegible]臣文慶
左侍郎臣祁寯藻差
刑部左侍郎署左侍郎臣吳文鎔差
[illegible]臣聯順
右侍郎兼管錢法堂事務臣吳其濬未到任
[illegible]臣陳官俊
湖廣清吏司郎中臣盛瑞
郎中臣福盛
郎中臣李世亨
員外郎臣福昌阿
員外郎臣阿南保
員外郎臣汪喜孫

主事臣全順

主事臣徐有壬

額外主事臣善奇

額外主事臣江春祺

額外主事臣劉進和

額外主事臣李湘棻

額外主事臣張鵬翼

額外主事臣李莊

大學士管理户部事務潘世恩等題本　湖北武昌廠並游湖關一年期滿徵收船料税銀查核相符

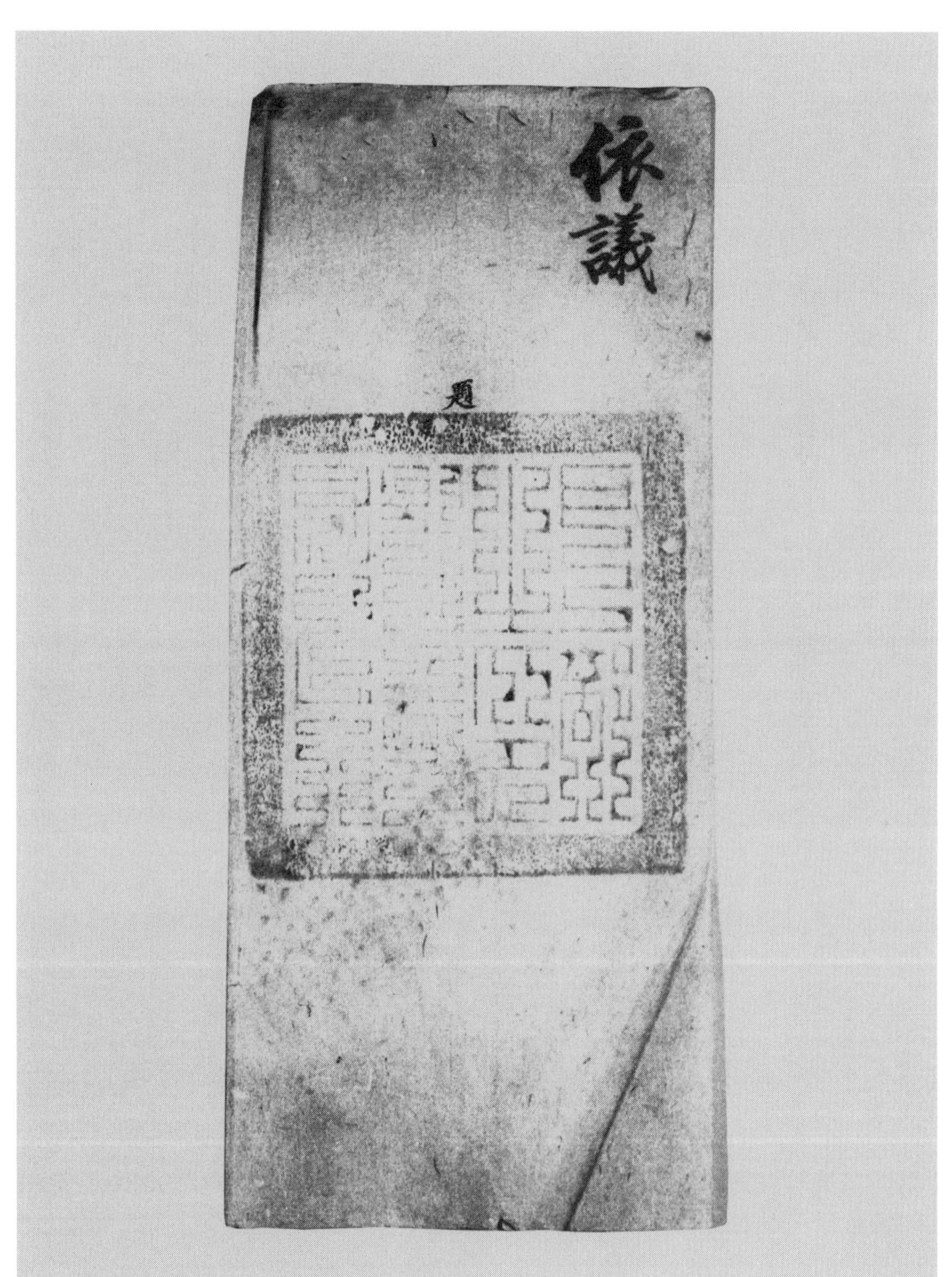

大學士管理户部事務潘世恩等題本　湖北武昌廠並游湖關一年期滿徵收船料稅銀查核相符

道光十八年十二月十五日

太子太保大學士管理戶部事務臣潘世恩等謹

題爲循例等事戶科抄出湖廣總督林則徐題湖

北武昌廠並游湖關一年期滿徵收船料稅銀

考核一案道光拾捌年閏肆月貳拾柒日題陸

月貳拾壹日奉

旨該部察核具奏欽此欽遵於本日抄出到部

該臣等查得湖廣總督林則徐疏稱據署湖北

布政使事按察使程銓詳稱武昌廠關稅務原

准部咨令將一年期滿徵收正額盈餘數目具

題考核查接管關務武昌府知府宗善暨前署

知府成善自道光拾陸年伍月貳拾壹日接管

大學士管理户部事務潘世恩等題本　湖北武昌廠並游湖關一年期滿徵收船料税銀查核相符　道光十八年十二月十五日

起至道光拾柒年伍月貳拾壹日一年期内徵
過武昌廠關船料銀叁萬叁千兩又盈餘銀貳
萬貳千陸百貳拾陸兩柒錢貳分游湖關船料
銀叁千壹百兩貳錢捌分業經解司分別充餉
其盈餘銀兩係屬儘收儘解較
欽定銀數有盈無絀理合造冊同結詳請核題等情臣
核覆無異除冊結送部外謹會同護理湖北巡撫
印務布政使臣張岳崧合詞恭疏具題等因前
來
查湖北武昌廠並游湖關額徵船料銀
兩係儘徵儘解統俟一年期滿將徵收正額並
盈餘數目造冊具題等因在案今據湖廣總督
林則徐題報接管關務武昌府知府崇善暨前

大學士管理户部事務潘世恩等題本 湖北武昌廠並游湖關一年期滿徵收船料稅銀查核相符

道光十八年十二月十五日

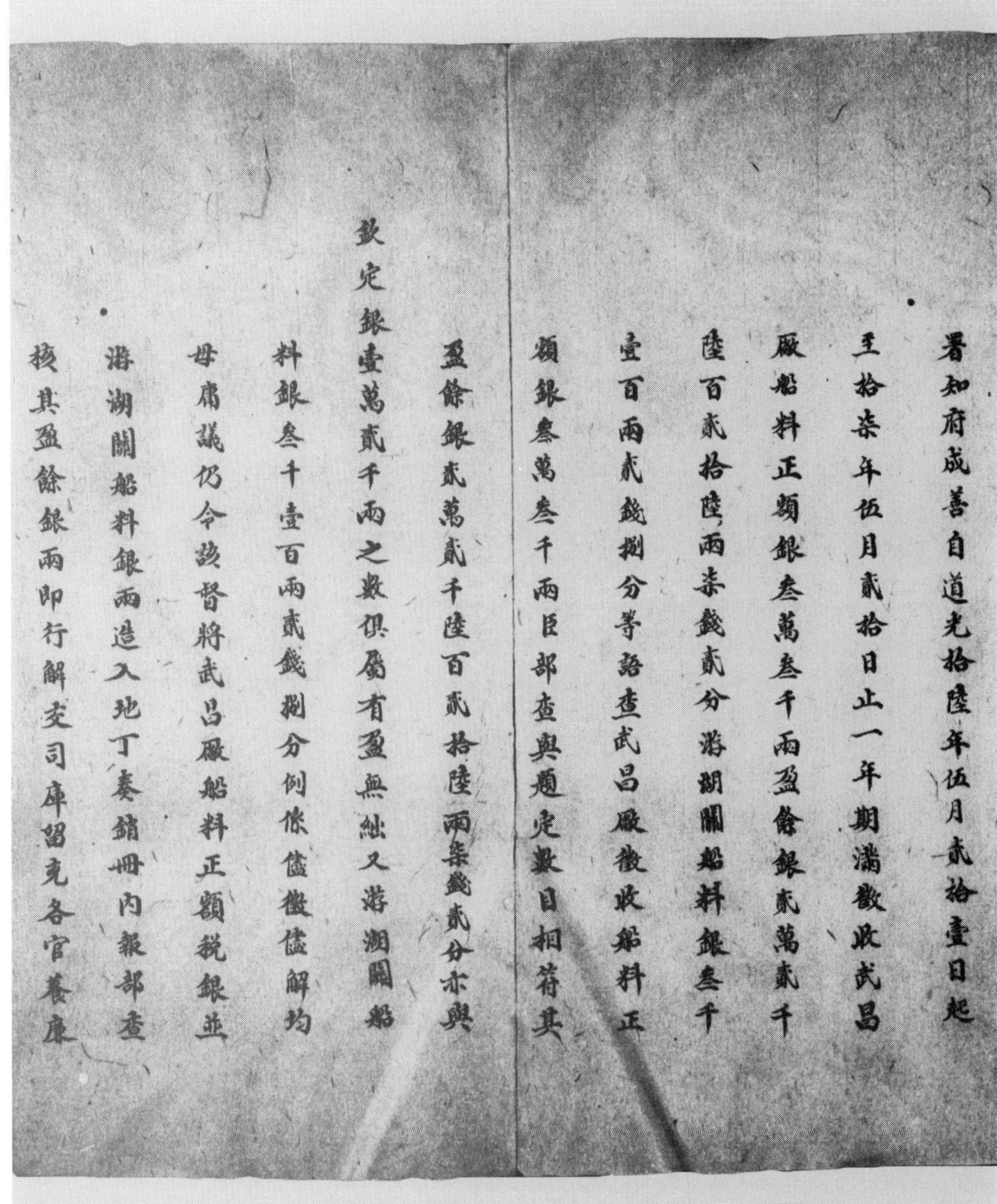
署知府成善自道光拾陸年伍月貳拾壹日起
至拾柒年伍月貳拾日止一年期滿徵收武昌
廠船料正額銀叁萬叁千兩盈餘銀貳萬貳千
陸百貳拾陸兩柒錢貳分游湖關船料銀叁千
壹百兩貳錢捌分等語查武昌廠徵收船料正
額銀叁萬叁千兩臣部查與題定數目相符其
盈餘銀貳萬貳千陸百貳拾陸兩柒錢貳分亦與
欽定銀壹萬貳千兩之數俱屬有盈無絀又游湖關船
料銀叁千壹百兩貳錢捌分例係儘徵儘解均
毋庸議仍令該督將武昌廠船料正額稅銀並
游湖關船料銀兩造入地丁奏銷冊内報部查
核其盈餘銀兩即行解交司庫留充各官養廉

大學士管理户部事務潘世恩等題本 湖北武昌廠並游湖關一年期滿徵收船料税銀查核相符
道光十八年十二月十五日

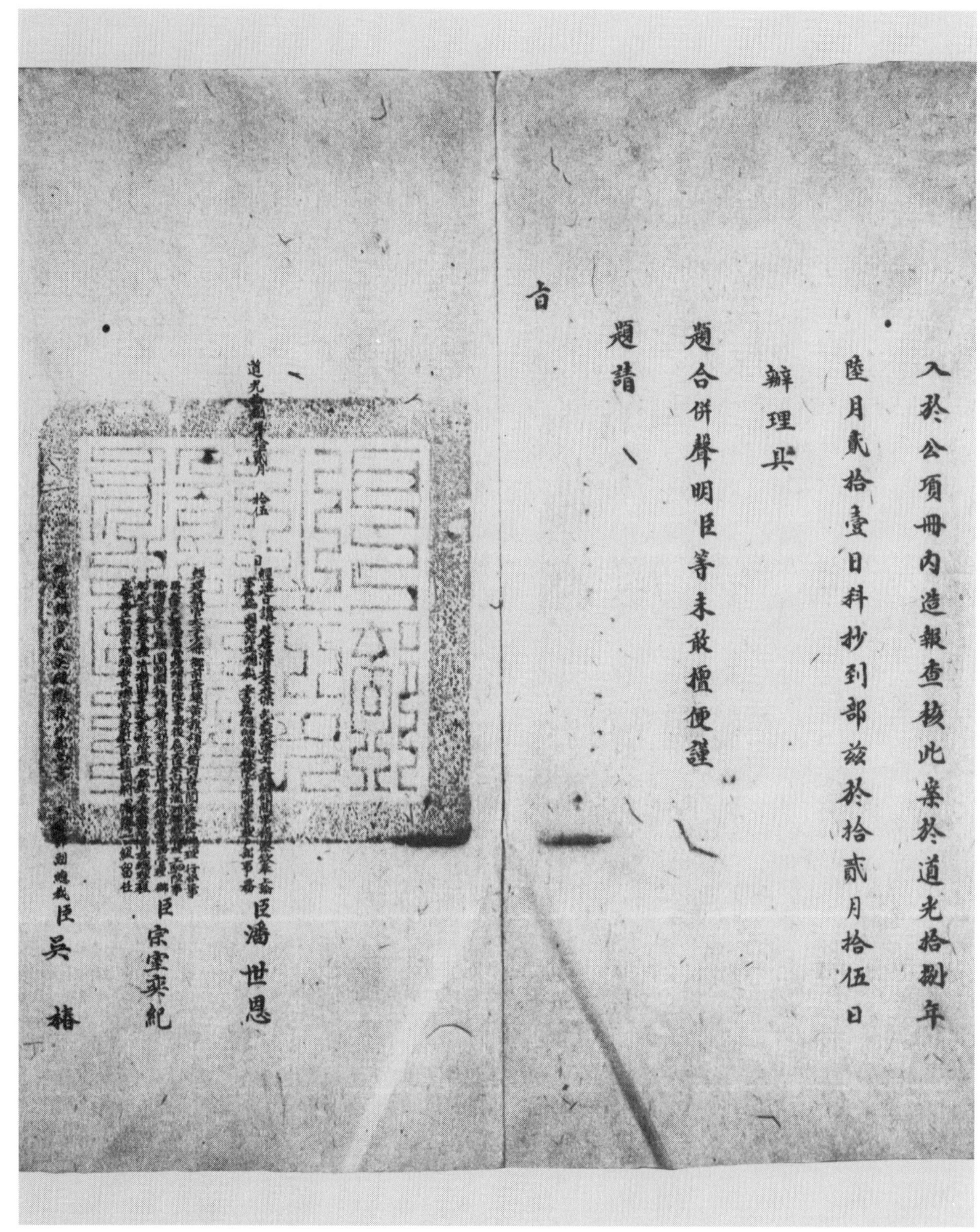
入於公項冊內造報查核此案於道光拾捌年
陸月貳拾壹日科抄到部兹於拾貳月拾伍日
辦理具
題合併聲明臣等未敢擅便謹
題請
旨

道光拾捌年拾貳月拾伍日

[illegible]臣潘世恩
[illegible]臣宗室奕紀
[illegible]臣吳椿

大學士管理户部事務潘世恩等題本　湖北武昌廠並游湖關一年期滿徵收船料稅銀查核相符
道光十八年十二月十五日

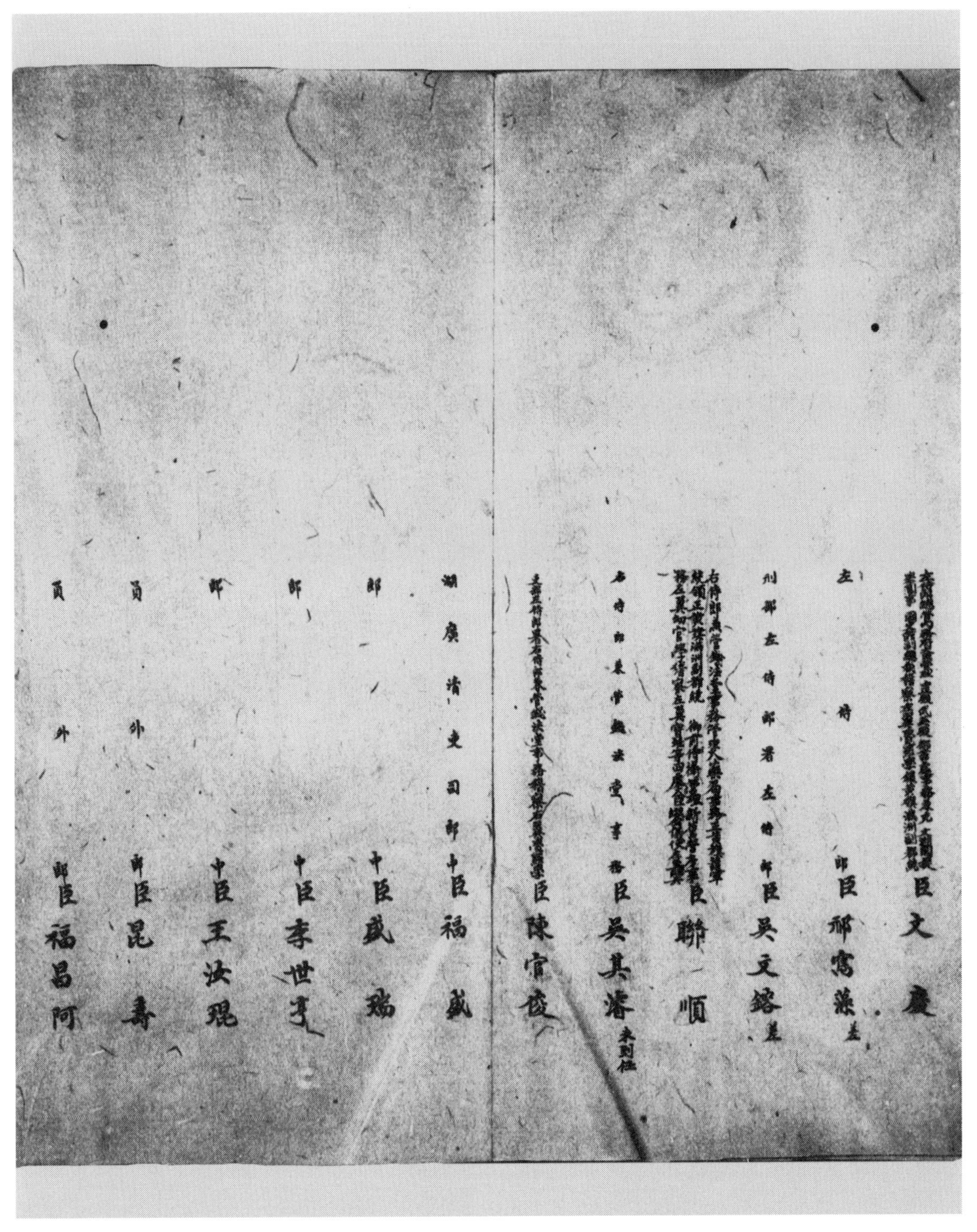
臣文慶
左侍郎臣祁寯藻 差
刑部左侍郎署左侍郎臣吳文鎔 差
臣聯順
右侍郎兼管錢法堂事務臣吳其濬 未到任
臣陳官俊
湖廣清吏司郎中臣福盛
郎中臣盛瑞
郎中臣李世彥
郎中臣王汝琨
員外郎臣昆壽
員外郎臣福昌阿

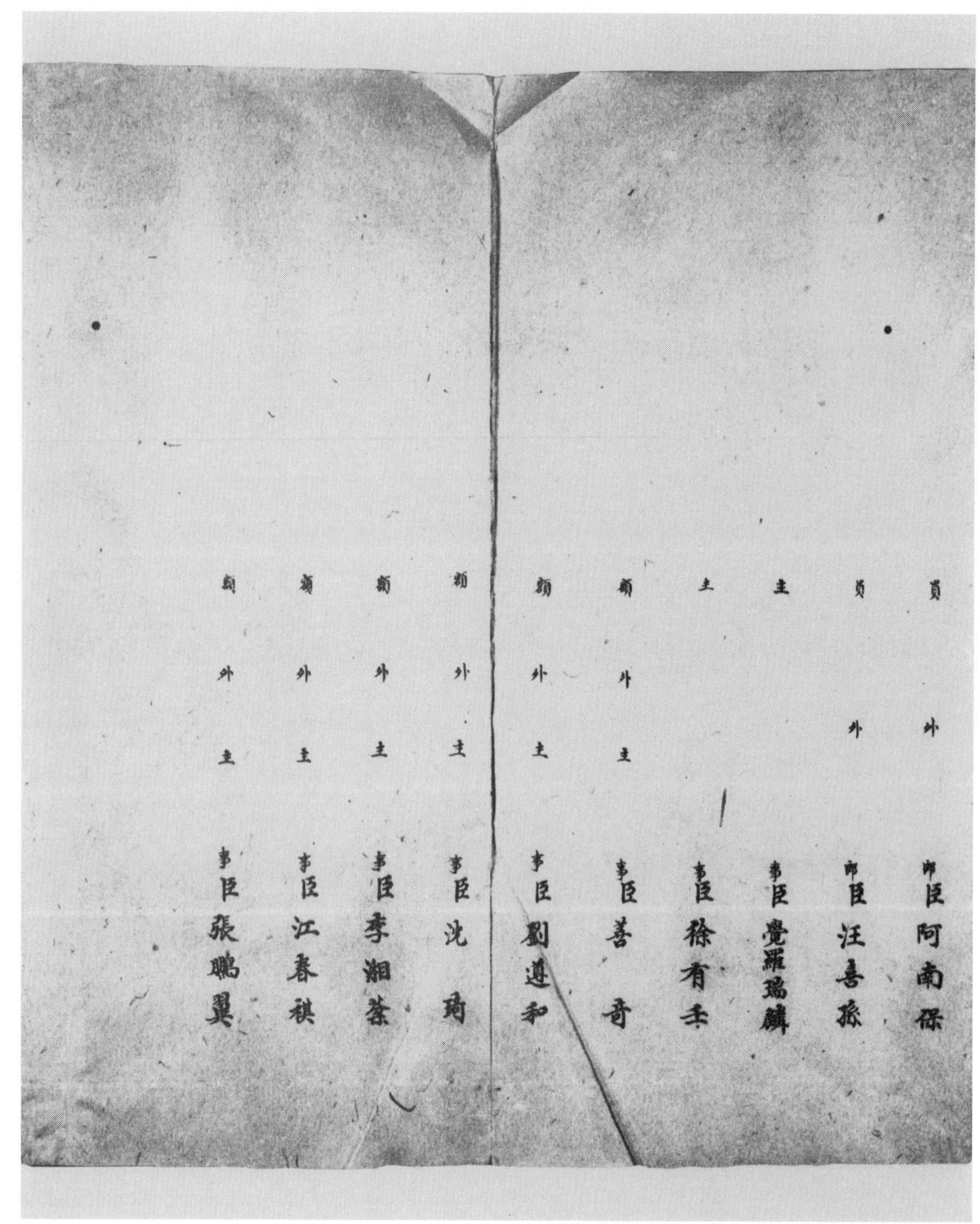

員外郎臣阿南保
員外郎臣汪喜孫
主事臣覺羅瑞麟
主事臣徐有壬
額外主事臣善奇
額外主事臣劉遵和
額外主事臣沈琦
額外主事臣李湘棻
額外主事臣江春祺
額外主事臣張鵬翼

上諭　著林則徐體察民夷售私情形會同鄧廷楨核實辦理

軍機大臣　字寄

欽差大臣湖廣總督林　道光十八年十二月十六

日奉

上諭本日據鄧廷楨奏籌調師船將備聯幫駐泊洋

面堵截民夷售私並水陸交嚴以除錮弊一摺著

林則徐馳抵廣東後即將各該處情形悉心體察

所有摺内所議駐洋守堵各事宜會同鄧廷楨通

計熟籌務臻妥善覈實辦理原摺著鈔給閲看將

此諭令知之欽此遵

旨寄信前來

清單 林則徐等王大臣年歲生日單

遵
旨查開王大臣年歲生日單
惠親王綿愉 年二十六歲二月二十七日生日
禮親王全齡 年二十三歲十一月初八日生日
睿親王仁壽 年三十歲三月初六日生日
鄭親王烏爾恭阿 年六十二歲六月十七日生日
豫親王裕全 年六十三歲五月二十九日生日
肅親王敬敏 年六十七歲十二月二十三日生日
莊親王綿護 年五十七歲五月二十九日生日
怡親王載垣 年二十四歲八月二十六日生日
克勤郡王承碩 年三十八歲三月二十三日生日
順承郡王春山 年四十歲四月初十日生日

慶郡王奕綵年二十歲三月初八日生日
定郡王載銓年四十六歲八月二十二日生日
成郡王載鋭年三十五歲正月二十一日生日
大學士穆彰阿年五十八歲十二月二十九日生日
大學士潘世恩年七十一歲十二月二十一日生日
大學士總督琦善年五十三歲十二月十九日生日
大學士王鼎年七十二歲二月初三日生日
協辦大學士總督伊里布年六十八歲正月二十四日生日
協辦大學士尚書湯金釗年六十九歲十一月二十三日生日
尚書奕經年四十九歲十月初二日生日
尚書奕紀年四十三歲四月二十八日生日
尚書吴椿年七十歲三月十六日生日

尚書奎照 年五十歲三月初四日生日

尚書裕誠 年五十歲六月二十六日生日

尚書卓秉恬 年五十七歲四月二十四日生日

尚書恩銘 年五十四歲九月二十三日生日

尚書祁塤 年六十三歲二月十四日生日

尚書敬徵 年五十五歲十月初八日生日

尚書何淩漢 年六十八歲八月二十五日生日

尚書賽尚阿 年四十二歲五月二十日生日

左都御史隆文 年五十七歲九月十八日生日

左都御史龔守正 年六十四歲十一月初八日生日

都統恩特亨額 年六十歲二月十九日生日

都統色克精額 年七十六歲正月初三日生日

清單　林則徐等王大臣年歲生日單　道光十九年正月初二日

都統僧格林沁　年二十九歲六月初五日生日

都統綿岫　年五十九歲十二月初三日生日

都統桂輪　年五十二歲正月初六日生日

都統哈哴阿　年五十三歲十月十一日生日

都統綿偲　年六十四歲二月二十九日生日

都統特依順保　年七十三歲六月初五日生日

總督陶澍　年六十二歲十一月三十日生日

總督瑚松額　年六十八歲十二月初一日生日

總督寶興　年六十三歲十一月二十一日生日

總督鍾祥　年五十八歲三月十四日生日

總督林則徐　年五十五歲七月二十六日生日

總督鄧廷楨　年六十五歲十二月初五日生日

將軍耆英 年五十三歲二月初二日生日

將軍祥康 年六十歲十一月十二日生日

將軍哈豐阿 年六十八歲四月二十一日生日

將軍富僧德 年七十三歲十月二十四日生日

將軍特依順 年五十五歲 道光十九年六月二十九日據正藍旗滿洲來文查係六月初六日生日

將軍佈勒亨 年七十一歲三月初三日生日

將軍和世泰 年五十九歲五月初五日生日

將軍德楞額 年六十八歲正月二十日生日

將軍德克金布 年六十八歲十月十三日生日

將軍嵩溥 年六十六歲三月初三日生日

將軍凱音布 年六十五歲八月二十五日生日

將軍棍楚克策楞 年六十二歲十二月十四日生日

將軍奕山　年五十歲五月初一日生日

將軍保昌　年六十六歲八月十七日生日

察哈爾都統布彥泰　年四十九歲正月二十八日生日

熱河都統惠吉　年五十三歲九月初六日生日

烏魯木齊都統廉敬　年六十三歲四月初五日生日

致仕大學士文孚　年七十五歲正月二十八日生日

致仕大學士盧蔭溥　年八十歲九月三十日生日

致仕大學士阮元　年七十六歲正月二十日生日

致仕尚書黄鉞　年九十歲八月初五日生日

上諭　著林則徐等協力禁絶鴉片酌商檄諭外夷是否可行

軍機大臣　字寄

欽差大臣湖廣總督林　兩廣總督鄧　廣東巡撫

怡　道光十九年正月初九日奉

上諭本日據鄧廷楨怡良片奏查辦粤省鴉片烟情形朕詳加披閲具見肫誠為國之心惟當此可乘之機仍應督飭文武員弁趁勢嚴拏毋稍鬆懈務使根株淨盡錮蔽全除烟販浸灌各省海口雖到處可通而該省為出入門户如果認真堵截則浸灌漸少吸食者無從購買日就肅清林則徐計早晚到粤該督等仍遵前旨協力同心盡泯畛域勉之又勉以副委任至林則徐前此面奏請須發檄諭曉示外夷著與鄧廷楨酌商是否可行儻必須頒

發著即妥擬底稿具奏經朕披覽再行檄發將此
各諭令知之欽此遵
旨寄信前來

上諭　林則徐添造湖廣督標擡槍外用捐款著免其造册報銷

道光十九年正月十一日内閣奉

上諭伍長華奏添造擡槍發營演習等語湖廣督標中軍衙門原存擡槍五十桿不敷撥用經該督林則徐飭令添造一百五十桿現據該署督查明製造齊全施放有準即經補發各營飭令認真演習所有此項價值係由外籌捐著免其造册報銷該部知道欽此

著林則徐等嚴飭水師追捕偷漏飭屬搜拏烟犯

軍機大臣 字寄

欽差大臣湖廣總督林 兩廣總督鄧 廣東巡撫

怡 道光十九年正月二十七日奉

上諭據鄧廷楨等奏通諭各國夷商湔除舊汙並繕錄諭稿進呈朕詳加披閱措詞正大所見亦屬周到現在外洋拋泊各躉船是否盡數回國其並非躉船又非進口貨船往來各洋寄椗者能否絕迹著林則徐會同該督等嚴飭水師各鎮協營調集師船在各洋面聯幫追捕毋任再有偷漏其窯口烟館各犯並著通飭各屬搜拏淨盡以絕根株其茶葉大黃果否為該夷所必需儻欲斷絕是否堪以禁止不至偷越之處並著悉心訪察據實具奏

上諭　著林則徐等嚴飭水師追捕偷漏飭屬搜拏烟犯
道光十九年正月二十七日

至林則徐面奏請頒發各國檄諭著仍遵前旨與
鄧廷楨商酌妥擬底稿具奏經朕披覽再行頒發
將此諭令知之欽此遵
旨寄信前來

上諭 著林則徐訪查英商喳噸是否逗留應嚴行驅逐覆奏

道光十九年正月二十七日

軍機大臣 字寄

欽差大臣湖廣總督林 道光十九年正月二十七

日奉

上諭本日據鄧廷楨怡良奏稱諭逐港腳夷商喳噸現在下澳附船回國等語該夷喳噸來粤貿易多年所有躉船鴉片多半係其經營實為奸夷渠魁現因稽查嚴密恐懼圖歸雖據該督等奏稱該夷請牌下澳於臘月底定可開行但該夷盤踞既久黨羽必多現在各躉船尚未回帆其所存烟泥豈肯即行拋棄難保不別肆詭謀著林則徐嚴密訪查該夷喳噸是否實已下澳開行確於何日起椗如尚在逗留即逐嚴行驅逐據實覆奏務使奸夷

盡去痼弊悉除方為不負委任將此諭令知之欽

此遵

旨寄信前來

欽差大臣林則徐奏摺

抵粵日期並體察洋面堵截躉船情形

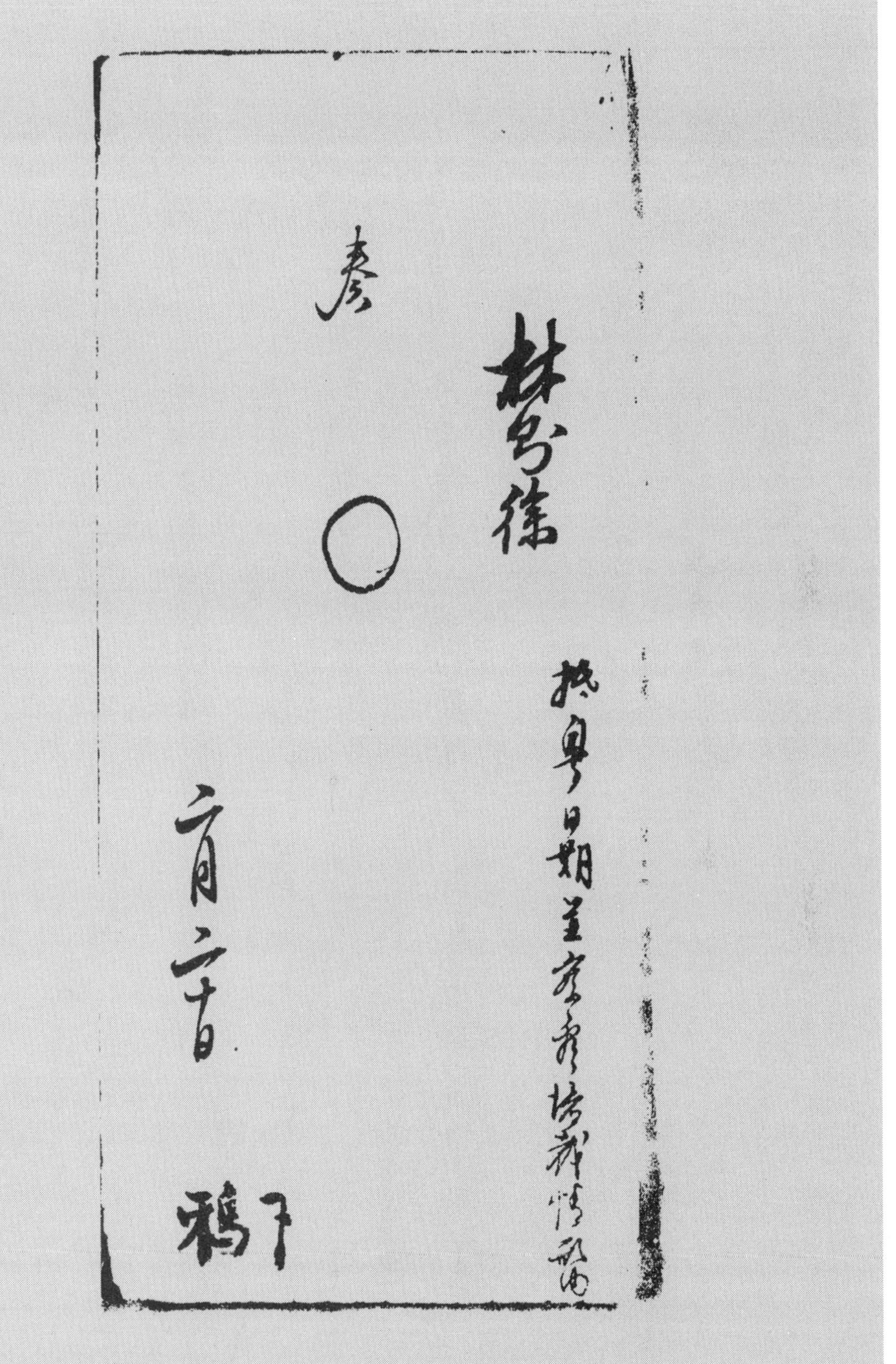

奏

林則徐

抵粵日期並察看堵截情形

湖廣總督臣林則徐跪

奏為恭報微臣行抵廣東日期並遵

旨體察洋面堵截情形恭摺奏祈

聖鑒事竊臣上年冬間進京

陛見於十一月十五日欽奉

諭旨頒給欽差大臣關防馳驛前往廣東查辦海口

事件該省水師兼歸節制等因欽此臣當即

恭請

訓疊聆

恩諭備極周詳

委任之專遇恒殊深感奮責成之重大倍切悚惶

陛辭後於十一月二十三日出京經由直隸山東安徽皆兼程

欽差大臣林則徐奏摺　抵粵日期並體察洋面堵截躉船情形

道光十九年正月二十七日

欽差大臣林則徐奏摺 抵粵日期並體察洋面堵截躉船情形
道光十九年正月二十七日

沛惟江西途次迭遇大雪間有未能僱行之處旋即
加緊前進以速補遲茲於正月二十五日行抵廣東省
城與督臣鄧廷楨撫臣怡良等會晤體察探訪知節
次嚴督獲鴉片煙販收陸續查拏情形頗為聳動迨聞
特派查辦之
旨各處咸知震懾民夷之以販者自知之裹有畏懼於
十二月十六日請將下澳附搭港腳咪船回國共作行
洋躉船內有港腳嗟船及吐士船二隻亦於十二
月二十八日回國去今年正月二十日又有港腳喊哩及
吔頓等船咪唎堅國噪厘嘻及吐喊等船嗹國唧
吐船小呂宋船共十四隻起椗向行二十一日又有港
腳嘪咟等船咪唎堅國嘛叻等船共四隻與前

船一同駛赴旋據探報拋泊丫洲洋面該處為
夷船回國必經之路現仍飭令探逐業經先後具
奏等語臣復細加查訪均屬相符惟思夷情詭譎
臣等現有躉船未必遽甘回國果否計
窮思遁抑係徘徊觀望均未可定第現經
聞動共為畏懼不也亟應宣示
天威乘勢奮力驅逐以為清源之計除飭外海水師
確查妥籌相機會辦外並已先於途次函准軍
機大臣字寄上年十二月十六日奉
上諭本日據鄧廷楨奏籌調師船將備撥帶
駐泊洋面堵截民夷走私並水陸交界以防偷漏
一摺著林則徐馳抵廣東後即將各該處情形悉心

欽差大臣林則徐奏摺　抵粵日期並體察洋面堵截躉船情形
道光十九年正月二十七日

伏查臣等摺內所議駐洋守堵各事宜會同鄧廷楨
通計熟籌務臻妥善敬實力辦理原摺著鈔給閱
看將此諭令知之欽此臣查閱摺內所議分派兵哨各
船在外洋一帶按月輪流堵截無論內地何
項船隻映近夷船攏泊近擊倘敢違抗拒捕格
殺勿論其東路之惠潮等處洋面口岸一律巡
防似此籌布置嚴已足以昭嚴密惟現在夷躉
既經移動自須訪察跟蹤即使該躉船駛出
老萬山猶恐內海匪船潛赴外洋勾結是杜絕
售私之勤實屬刻不容緩且前經訪有指名奏
島澳口門尚未親歷現在檢閱圖志先與督撫
臣
等互相籌議擬於旬日之內出赴中路之虎

門澳門等處會同水師提臣關天培乘船周覽以
便相機度勢通計熟籌俟躉船驅除淨盡
之後再往東路查察機宜隨時會同鄧廷楨等
覈實辦理總期拔本塞源力迴錮習以仰副
聖主澄清海隅綏戢民生之至意所有臣抵粵日
期並體察大概情形謹先繕摺具
奏伏乞
皇上聖鑒再廣東晴雨應時米糧平減民情均極
安貼並以上慰
聖懷合併陳明謹
奏
道光十九年正月廿七日

硃批　欽此
正月廿七日

察看英國烟販喳噸情形請早頒嚴例

林則徐

再查奸夷喳頓係唤咭唎國所屬之港脚人盤
踞粤省夷館歷二十年之久混號鐵頭老鼠與
漢奸積慣串通鴉片之到處流行實以該夷人
為禍首伊僅係夷中之一奸販並非該國有職
之人祇以狡黠性成轉恃
天朝柔遠之經為伊護符之計其因售私以致巨富
人所共知道光十六年冬間即經督臣鄧廷楨
等遵奉
諭旨查明驅逐而該夷藉稱清理帳目又作兩載逗
遛去冬臣蒙
皇上發交太僕寺少卿楊殿邦等條奏各摺帶來廣
東查辦其摺内所指亦以該夷人為奸猾之尤

欽差大臣林則徐奏片 察看英國烟販喳噸情形請早頒嚴例

道光十九年正月二十七日

臣於未出京時即先密遣捷足飛信赴粵查訪其人以覘動靜聞十二月間廣東省城互相傳播以為

欽差大臣一到首拏喳噸究辦該夷人遂即請牌下澳搭船回國是其飽則颺去固為鬼蜮常情要在使之不敢再來乃為善策又伶仃洋面躉船亦於臣將到之時先後開動二十隻雖夷情叵測難保不游奕往來而其聞知

諭旨森嚴心懷畏懼亦已明甚矣此時查辦機宜惟有外樹聲威內加慎重陽示鎮靜陰肅防維使之生嚴憚之心而發悔懼之念然後曉諭禁止皆非空言至廣東興販吸食之人固倍蓰於他

省然闻
皇上特遣大臣查辦皆有懼心屢經嚴拏之餘與販者不能不斂戢吸食者亦不能不戒斷惟民情因見從前旋查旋止以為官禁未必久長不免有觀望希冀之想臣入境後聞民間無不私探罪名輕重與新例之曾否頒行大抵惟生死關頭足以生其震恐如果定論死之例而寬一年之期即吸食莫多於廣東而以臣察看情形亦可保限外無人罹法若寬而生玩則不惟未戒者不戒即已戒者亦必復食稍縱即逝恐不可挽伏乞
聖明乾斷嚴例早頒庶辦理得有把握臣愚昧之見

二一

欽差大臣林則徐奏片　察看英國烟販喳嚹情形請早頒嚴例

道光十九年正月二十七日

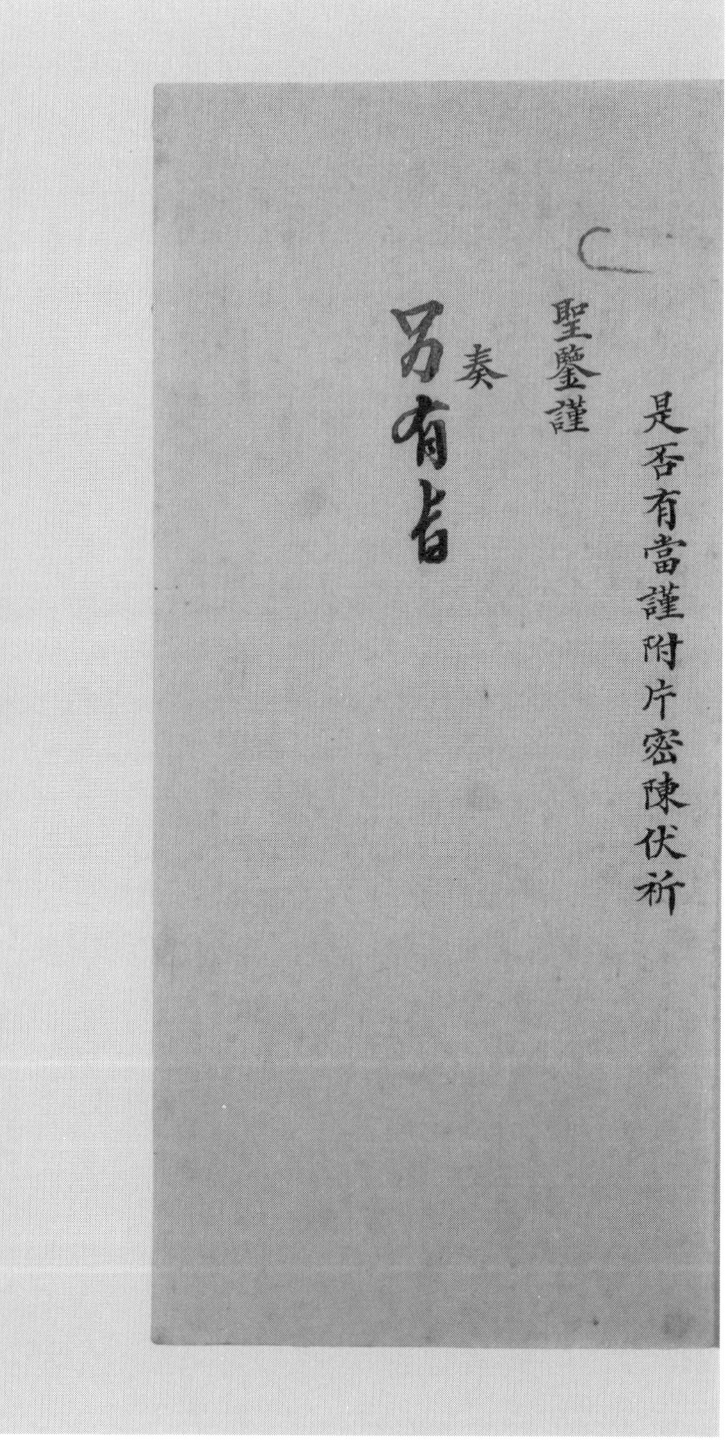

是否有當謹附片密陳伏祈

聖鑒謹

奏

另有旨

上諭 著林則徐查察虎門海口添設木排鐵鏈礮臺情形據實具奏

軍機大臣 字寄

欽差大臣湖廣總督林 道光十九年二月十六日

奉

上諭據鄧廷楨等奏籌議虎門海口創造木排鐵鍊添置礮臺礮位一摺已降旨允准虎門海口為粵海中路咽喉現當籌議海口章程自宜妥為布置以密巡防該督等所請於海面安設木排鐵鍊以羈絆夷船並添設礮臺添製礮位之處是否有益著林則徐詳細查察情形據實具奏原摺著鈔給閱看將此諭令知之欽此遵

旨寄信前來

上諭　著林則徐親赴虎門澳門斷絶夷躉駛進口門匪船出洋

軍機大臣　字寄

欽差大臣湖廣總督林　道光十九年二月二十日

奉

上諭林則徐奏體察洋面堵截情形一摺廣東海口為各夷船出入經由要道自應水陸交嚴以除錮弊茲據奏稱現在夷躉既經移動自須到處跟踪即使該躉船駛出老萬山猶恐内海匪船前赴外洋勾結等語著林則徐即親赴虎門澳門等處相機度勢通計熟籌務使外海夷船不得駛進口門奸生覬覦内地匪船不敢潛赴外洋私行勾結嚴密巡防盡除錮弊方為妥善俟中路辦竣再往東路察看機宜覈實辦理該大臣係特簡前往查辦

大員務須悉心籌議從容辦理不必急於蕆事要
期除惡淨盡方為不負委任將此諭令知之欽此
遵
旨寄信前來

欽差大臣林則徐等奏摺　英吉利等國躉船盡數呈繳鴉片情形

道光十九年二月二十九日

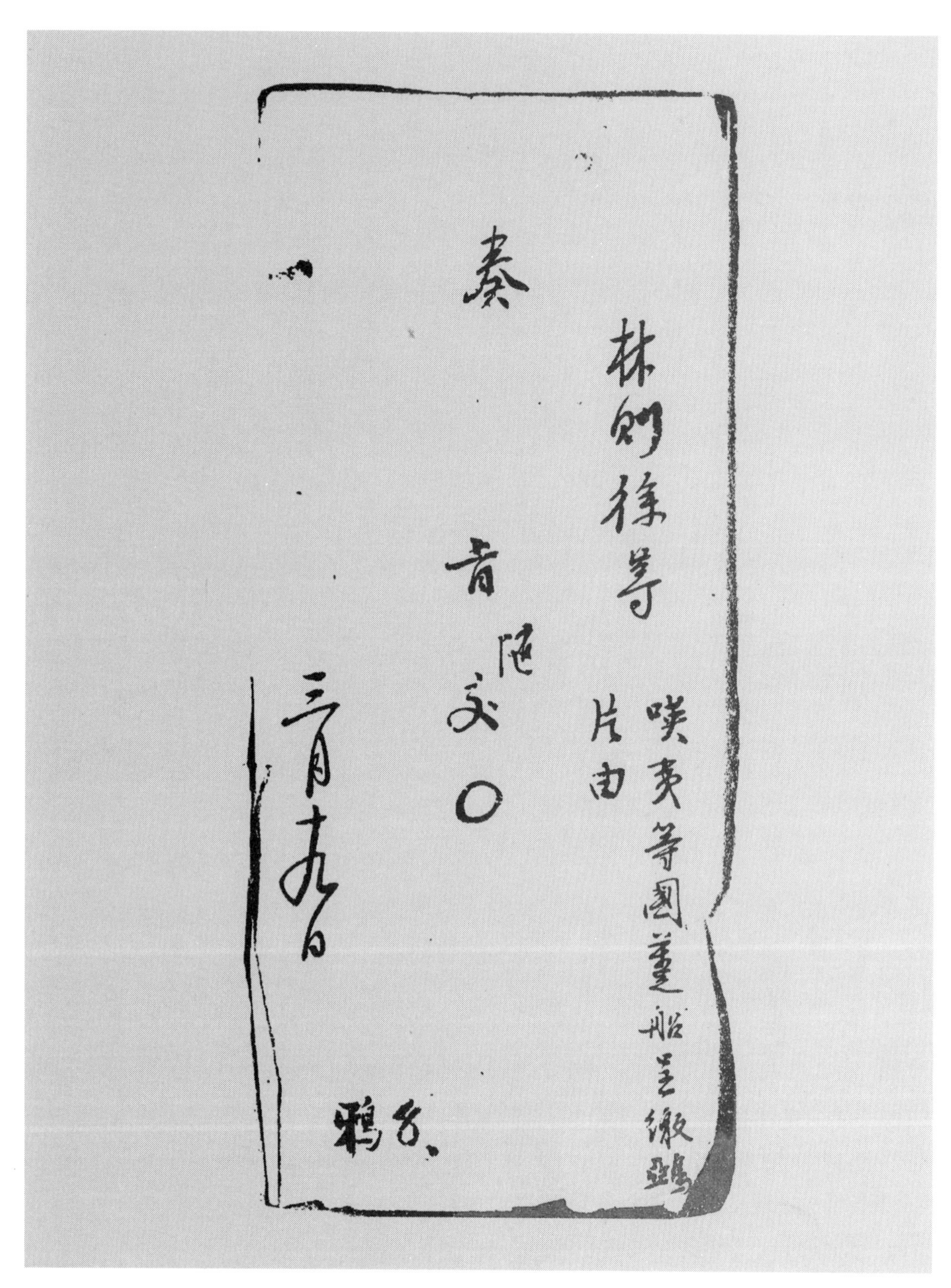
咪夷等國躉船呈繳鴉
林則徐等　片由
隨文○
奏　旨
三月十九日
鴉片

欽差大臣林則徐等奏摺　英吉利等國躉船盡數呈繳鴉片情形

臣林則徐、臣鄧廷楨、臣怡良跪

奏為嘆咭唎等國夷人震懾

天威，將躉船鴉片盡數呈繳，現於虎門海口會同驗

收，恭摺奏

聞，仰祈

聖鑒事。竊照鴉片來自外洋，毒流中國，蔓延既久，幾

於莫可挽回。幸蒙

皇上渙號大宣

乾綱獨斷，力除錮弊，諄至再三，且荷

特頒欽差大臣關防，派臣林則徐來粵查辦，所有堂

大之作處收闈隨所議仰賴

諭旨嚴明

德威震疊不獨禁令行於內地且使風聲播及
重洋復蒙
諭令臣
鄧廷楨等益矢奮勤求泯畛域下懷欽感
倍思併力驅除在臣林則徐未到之先已將窰口烟
館興販吸食各犯拏獲數百起分別懲辦又派令
各師船輪流守堵水陸交嚴並將東路夷船及住
省奸夷先後驅逐節經奏蒙
聖鑒臣林則徐于正月二十五日到省亦將會商籌辦大概情
形先行具
奏在案維時在洋躉船二十二隻已陸續起椗開行
作為欲歸之勢若但以逐回夷界即為了事原屬不
难惟臣等密計熟商竊以此次

特遣查辦務在永杜來源不敢僅顧目前因循塞責

查夷情本皆詭譎而販賣鴉片者更為奸猾之尤

此次聞有

欽差到省料知必將該夷躉船發令驅逐故特先行

開動離却向來所泊之伶仃等洋以明其不敢

違抗其實每船內貯存鴉片聞俱不下千箱因上

年以來各海口處處嚴防難于發賣而其奸譎詭

計仍思乘間覓售非特不肯拋棄大洋亦必不

肯帶回本國即使驅出老萬山以外不過暫避一

時而不久復來終非了局且內海匪船亦難保

不潛赴外洋勾結售買必須將其躉船鴉片銷

除盡淨乃為杜絕病源但洪濤巨浪之中

未能確有把握因思躉船之存貯雖在大洋而
販賣之奸夷多在省館雖不必遽繩以法要不
可不諭以理而怵以威臣林則徐當撰諭帖責令
衆夷人將躉船所有烟土盡行繳官許以奏懇
大皇帝天恩免治既往之罪並酌請
賞犒以獎其悔懼之心嗣後不許再將鴉片帶來內地
犯者照
天朝新例治罪貨物沒官等語與臣鄧廷楨怡良酌
商定稿即于二月初四日公同坐堂傳訊洋商
將諭帖發給令其齎赴夷館帶同通事以夷
語解譯曉諭並限稟覆一面密派兵役暗設防
維查外國買賣以嘆咭唎為較大該國自公司散

局以後于道光十六年派有四等職夷人
義律到澳門經管商梢謂之領事臣等發
諭之後各國則皆觀望于嘆咭唎而嘆夷又
皆推諉于義律其中有通曉漢語之夷人噡
等之名經司道暨廣州府等傳至公所面加曉
諭因該夷噡等回字之言尚為恭順當即賞
給紅綢二疋黄酒二罈著令開導衆夷速繳鴉
片未據即行字稟至二月初十日義律由澳
門內門進省其時奸夷顛地等希圖乘夜脫逃
經臣等查知截回諭責義律以不能約束之
非並照歷屆夷人違抗即行封艙之案移
咨粵海關監督臣豫堃將各夷住館

黃埔之貨船暫行封艙停其買賣又夷館之買辦
工人恐與夷人潛通信息亦令暫行撤退並將前
派暗防之兵役移近加添凡遠近要隘之處俱令明
白防守不許夷人出入往來仍密諭弁兵不得輕
舉肇釁並臣等以靜制動意在不惡而嚴而諸
夷懷
德畏
威均已不言而慄自眾密防守之後有夷館與黃埔
澳門及洋面躉船信息絕不相通該夷等疑慮
驚惶自言悔悟以林則徐又復疊加示諭勸戒兼施
即於二月十三日據該領事義律等稟情願呈
繳鴉片維時雖撤退買辦之期業已五日夷館食物

嘶啉喀呢臣等查即素好推言等物之百數十件從
向查取鴉片確數經義律向各夷人名下及分進
完稟據呈明共有二萬二百八十三箱查向來嘗獲
鴉片均係外夷原來之箱每一箱計裝圓土四十個
每個約重三斤每箱應重一百二十斤即因日久
收乾每箱亦約在百斤以外以現在收繳箱數覈之
總不下二百數十萬斤長此奸夷轉售則流毒何所
不至今設法令其全繳不動兵刑無非仰仗
天威自然畏服臣等欽感之餘何當倍加慎重滅燬所
收者有不容不參詳之在洋水師及商賈人等僉
稱外夷商大躉船每隻所帶亦不過千箱之數是
躉船二十二隻覈與所收箱數不甚相懸臣即諭

奏。臣即赴虎門以便收繳，隨商明留臣怡良在省
壓防範。臣林則徐、臣鄧廷楨協於二月二十七日自
省乘舟，二十八日同抵虎門。水師提督臣關天培本
在虎門駐劄，凡防範夷船、查拏售私之事，皆
先與臣等隨時商搉，務合機宜。自收繳之諭，現經
尤資彈壓防堵。茲躉船二十二隻陸續駛至虎門
口外，關天培坐守，督率將弁分帶提標各營兵船排
列彈壓，並先期調到碣石鎮總兵黃貴、署陽江鎮
總兵楊登俊各帶該標兵船分排口門內外，聲威
極壯。粵海關監督臣豫堃亦駐虎門，就近照料
稽查。臣等飭委候補知府、南雄直隸州知州余保純，
署廣州府同知、佛岡同知劉開域，候補通判李敦

欽差大臣林則徐等奏摺 英吉利等國躉船盡數呈繳鴉片情形
道光十九年二月二十九日

業將各船出新吳巴樹聲副將李賢守備王大鉞分
派文武大小委員隨收隨驗隨運隨貯惟箱數在
每一躉船所載之箱即須數十隻剝船始敷盤運
而自口外運至口內堆貯之處又隔數十里是以日期
已從華夷收繳既又別派員請臣鄧廷楨督收至
兩三日收訖回省者署加少臣林則徐自當常駐海口
會同提臣關天培詳細驗收經理一切俟收繳完
竣查明實在箱數與該夷所稟之數有無參差再
行奏報
奏擬並取具各夷人永不夾帶切結存案以斷根株
伏思夷人販賣鴉片多年本干
天朝法紀若照名例所載化外有犯並依律科斷之

諭印亭以臣等亦為罪所應得惟恐臣等據實奏遠

隔重洋未及遠出並禁今既遵諭令繳躉如稍

所呈與自首無異合無仰懇

皇上柔載寬宥

恩施法外免追既往嚴儆將來並求

俯念各夷人躉船現只無從買貨歸國

加恩賞給茶葉凡夷人名下繳出鴉片一箱者酌賞茶葉

五斤以獎其恭順畏法之心而堅其改悔自新之念

如蒙

恩准所需茶葉十餘萬斤應由臣等措辦不敢開銷

至夷人呈繳躉船如此之多事屬創見自應

集文武大員將原箱解京驗明再行燒燬以徵

欽差大臣總督臣等謹會同水師提督臣關天培
粵海關監督臣豫堃合詞恭摺具
奏，並錄諭夷原稿並夷字二件恭呈
御覽。伏乞
皇上聖鑒。再，此次距臣林則徐到省拜摺之後已閱一月，
先因籌辦未即就緒，不敢遽行奏
聞。惟事經多日，恐廑
聖懷，兹謹由四百里馳奏，合併聲明。謹
奏。
道光十九年二月十九日奉
硃批：此亦可嘉之至，另有旨。
二月二十九日

欽差大臣林則徐等奏摺　英吉利等國躉船盡數呈繳鴉片情形
道光十九年二月二十九日

上諭　林則徐著調補兩江總督

道光十九年三月初九日内閣奉
上諭林則徐著調補兩江總督其未到任以前著陳
鑾署理牛鑑著署理江蘇巡撫裕謙著署理江蘇
布政使江蘇按察使著朱襄署理欽此

上諭　著林則徐等嚴審知府劉錫方家丁張鎬賄放烟土案

軍機大臣　字寄

欽差大臣兩江總督林　兩廣總督鄧　道光十九

年三月十八日奉

上諭本日據鄧廷楨覆奏查辦撤任知府劉錫方家丁得賄私放煙土一摺據稱張鎬即張漢三跟隨劉錫方服役派在稅廠查驗過關貨船曾於船内搜出煙土六次得贓放行本官在署辦公委無知情故縱等語現當查辦鴉片嚴緊之時該犯膽敢得賄私放實屬藐法若不從嚴從實大加懲辦何以儆示將來雖據該督查明業經供認賄放六次難保非情無質證任情狡展著林則徐鄧廷楨親提嚴鞫務使悉數破案不准稍有不實不盡至劉

錫方是否知情故縱亦應確切訊究不得以該員
業經撤任遂化大為小遷就了事所有案内訊出
人犯要證即著該督等分別傳提緝拏毋任漏網
以昭覈實將此諭令知之欽此遵
旨寄信前來

欽差大臣林則徐等奏片　遵旨驅逐夷船躉船烟土盡數繳官請仍准互市暫緩頒行檄諭

林則徐等片

再臣等先後承准軍機大臣字寄道光十九年正
月初九日奉
上諭本日據鄧廷楨怡良片奏查辦粵省鴉片烟情
形朕詳加披閱具見肫誠為國之心惟當此可乘
之机仍應嚴飭文武員弁趁勢嚴拏毋稍鬆懈務
使根株淨盡錮蔽全除林則徐計應早晚到粵該
督等仍遵前旨協力同心盡泯畛域勉之又勉以
副委任至林則徐前此面奏請頒發檄諭曉示外
夷著與鄧廷楨酌商是否可行倘必須頒發著即
妥擬底稿具奏候朕披覽再行檄發等因欽此又
正月二十七日奉
上諭據鄧廷楨等奏通諭各國夷商滌除舊汙並請

欽差大臣林則徐等奏片　遵旨驅逐夷船躉船烟土盡數繳官請仍准互市暫緩頒行檄諭
道光十九年三月十九日

錄諭稿進呈朕詳加披閱措詞正大所見亦屬周
到現在外洋拋泊各躉船是否盡數回國其並非
躉船又非進口貨船往來各洋寄椗者能否絕迹
著林則徐會同該督等嚴飭水師各鎮協營調集
師船在各洋面聯幫追捕毋任再有偷漏其窯口
烟館各犯並著通飭各屬搜拏淨盡以絕根株其
茶葉大黃果否為該夷所必需儻欲斷絕是否堪
以禁止不至偷越之處並著悉心訪察據實具奏林
則徐面奏請頒發各國檄諭著仍遵前旨與鄧
廷楨商酌妥擬底稿具奏候朕披覽再行頒發將
此諭令知之欽此查外洋拋泊各躉船已據遵諭
呈繳烟土現經臣等恭摺具

欽差大臣林則徐等奏片　遵旨驅逐夷船躉船烟土盡數繳官請仍准互市暫緩頒行檄諭

道光十九年三月十九日

奏其並非躉船又非進口貨船往來各洋寄碇者以東路南澳鎮屬洋面為較多先經臣鄧廷楨檄飭該鎮會同潮州道府設法防堵業將停泊舢板夷船八隻驅逐開行於上年十二月二十七日

奏明在案今春以來復據該鎮先後稟報偶有夷船駛至長山尾大金門等洋游奕亦經舟師實力驅逐全數駛出夷洋此等夷船聞知烟土盡數繳官無所希冀似可不致再來臣等仍檄飭該鎮聯幫堵截以絕覬覦並飭潮州道府嚴查海口以杜偷漏期於粵洋一律肅清其內地窯口烟館各犯除照舊嚴密查拏外現在民間畏

慎改悔者有願將舊存烟土烟槍等物赴官呈
繳者當于省城分設官局派員驗收並任本省
紳士隨處設局分投勸諭旬餘以來陸續呈繳
甚為踴躍容俟收有成數另行
奏報至茶葉大黃兩項臣等悉心訪察實為外夷
所必需且夷商購買出洋分售各路島夷獲利
尤厚果能悉行斷絕固可制死命而收利權惟現
在各國夷商業經遵諭呈繳烟土自應仰乞
天恩准其照常互市以示懷柔所有斷絕茶葉大黃
似可暫緩置議如果該夷經此次查辦之後仍
敢故智復萌希圖夾帶鴉片入口彼時自當嚴行
禁斷並設法嚴查偷越弊端應請于善後章

欽差大臣林則徐等奏片 遵旨驅逐夷船躉船烟土盡數繳官請仍准互市暫緩頒行檄諭

道光十九年三月十九日

程內另行[illegible]議具奏至臣林則徐面奏請頒外
夷檄諭一節原擬抵粵後與臣鄧廷楨悉心商
酌妥頒發自應先擬底稿進呈恭候
訓示嗣思英咭唎國既有在粵之領事義律及住省
夷人不少就近諭知飭將鴉片盡數繳官躉船
迅速回國現已辦理應手則檄諭該國之處似
可暫緩頒行俟將來奉到部頒罪名新例暨議
定善後章程一併彙同備文照會仍遵前次
諭旨妥擬底稿恭呈
御覽再行頒發所有臣等欽奉
上諭核實覆陳緣由謹附片奏祈
聖鑒謹

欽差大臣林則徐等奏片　遵旨驅逐夷船躉船烟土盡數繳官請仍准互市暫緩頒行檄諭

道光十九年三月十九日

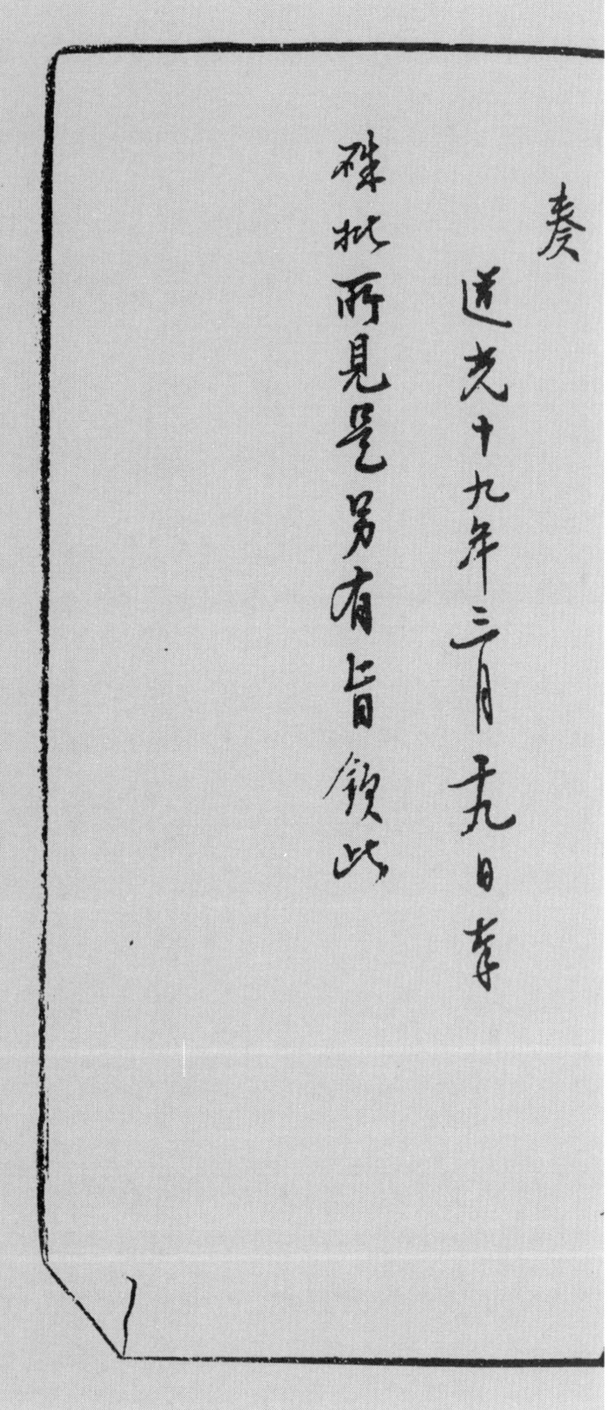

奏

道光十九年三月廿九日奉

硃批所見是另有旨欽此

録呈示諭夷商呈繳鴉片具結稿（尾缺）

○二

諭稿稟稿

謹將臣林則徐示諭各國夷商呈繳鴉片取具永不販賣甘結諭稿並英咭唎國領事義律兩次稟覆稿謹繕録恭呈

御覽

諭各國夷人知悉照得夷船到廣通商獲利甚厚不論所帶何貨無不全銷欲置何貨無不立辦是以從前來船每歲不過數十隻近年來至一百數十隻之多我

大皇帝一視同仁准爾貿易爾纔沾得此利倘一封港各國何利可圖況茶葉大黃外夷若不得此即無以為命乃聽爾年年販運出洋絕不靳

惜

恩莫大焉爾等感

恩即須畏法利己不可害人何得將爾國不食之鴉

片烟帶來內地騙人財而害人命乎查爾等

以此物蠱惑華民已歷數十年所得不義之財不可

勝計此人心所共憤亦天理所難容從前

天朝例禁尚寬各口猶可偷漏今

大皇帝聞而震怒必令除之而後已所有內地民人販

鴉片開烟館者立即正法吸食者亦議死罪爾

等來至

天朝地方即應與內地民人同遵法度本大臣家居閩

海於外夷一切伎倆早皆深悉其詳是以特蒙

大皇帝頒給平定外域屢次之功之
欽差大臣關防前來查辦嗣後完該夷人積年販賣
之罪即已不可皆容惟念完係遠人從前尚未
知有如嚴禁今與以中國法不忍不教而誅查爾
等現泊伶仃等洋之躉船存貯鴉片甚多之數
私行售賣稍子思海口如是嚴禁豈復有人
敢為護送呢是有嚴禁之文有何爭敢與銷
售此時鴉片禁止不行人人知為犧毒何苦貯在
夷躉久積大洋不獨徒費工資恐風火之不可
測也今行諭飭諭到該夷商等速即遵照將
躉船鴉片盡數繳官由洋商查明共繳若干
箱造具清冊呈官點驗收明繳以絕禍害不

淨盡毫無藏匿一面出具夷字漢字合同甘結聲
明嗣後來船永遠不敢夾帶鴉片如有帶來
一經查出貨盡沒官人即正法字樣聞該夷等
日前一信字果如本大臣所諭已來者盡數呈繳
未來者斷絕不來是能悔罪畏刑尚可不追既往
本大臣即當會同督撫兩院奏懇
大皇帝格外施恩不特寬免前愆並請酌予
賞犒以獎其悔懼之心此後照常貿易既不失為良夷
止正經買賣儘可獲利致富豈不體面倘執
迷不悟猶思捏稟售私或託為水手帶來與
在洋或詭稱帶回該國投入海中或乘間而赴
他省兌售或搪塞而繳十之一二是皆有心違抗

怙惡不悛雖以
天朝柔遠綏懷亦不能任其藐玩應飛遵照新例一
體從重懲創此次本大臣自京面承
聖諭法在必行且既帶此關防得以便宜行事非尋
常查辦他務可比若鴉片一日未絕本大臣一日不回

硃：覽及此朕心深為感動卿之忠
君愛國皎然于域中化外矣

誓與此事相始終斷無中止之理況察看內地
民情皆動公憤倘該夷不知改悔惟利是圖非但
水陸官兵軍威壯盛即號召民間丁壯已足制
其命而有餘而且暫則封艙久則封港更何難
絕其交通我中原數萬里版輿百產豐盈並
不藉資夷貨恐爾各國生計從此休矣爾等
遠出經商豈尚不知勞逸之殊形與衆寡之

畏勢哉至夷館中慣販鴉片之奸夷本大臣早
已備記其名而不賣鴉片之良夷亦不可不為剖
白有能指出奸夷責令呈繳鴉片并首先具結者
即是良夷本大臣必先優加獎賞禍福榮辱
惟其自取今令洋商伍紹榮等到館開導限
三日內回稟一面取具切實甘結聽候会同督撫

上諭　著照林則徐等所請暫緩議斷互市及頒行各國檄諭

軍機大臣　字寄

欽差大臣兩江總督林　兩廣總督鄧　廣東巡撫

怡　道光十九年三月十九日奉

上諭林則徐等覆奏堵截粤洋夷船情形請暫緩議斷互市及頒行各國檄諭等語所見是此次查辦海口防堵躉船各國夷商業經遵繳煙土自應加恩准予照常互市以示懷柔所有斷絶茶葉大黄著暫緩置議其嘆咭唎既有在粤領事及住省夷人經該大臣等就近諭知辦理應手所有檄諭該國之處亦著暫緩頒行統俟議定興販吸食各罪名頒行新例時於善後章程内另行詳細籌議仍遵前旨擬稿進呈再行頒發將此各諭令知之欽

此遵
旨寄信前來

上諭　粵省查繳烟土著委員解京核驗林則徐等著交部議叙

道光十九年三月十九日内閣奉

上諭本日據林則徐等由驛馳奏查辦躉船盡數呈繳煙土一摺所辦可嘉之至躉船私販煙土希圖脱逃經林則徐等截回躉船二十二隻起獲煙土二萬二百八十三箱該夷等畏法自首情尚可原著免其治罪該督等奏請酌賞茶葉之處著照所議辦理至此項煙土為數甚多俟收繳完竣即查明實在箱數派委明幹員弁解京以憑覈驗林則徐等查辦妥協自應量加獎勵林則徐鄧廷楨著交部從優議敘怡良豫堃關天培著交部議敘欽此

欽差大臣林則徐等奏摺 **現繳鴉片已逾十分之八乘勢清理東路**

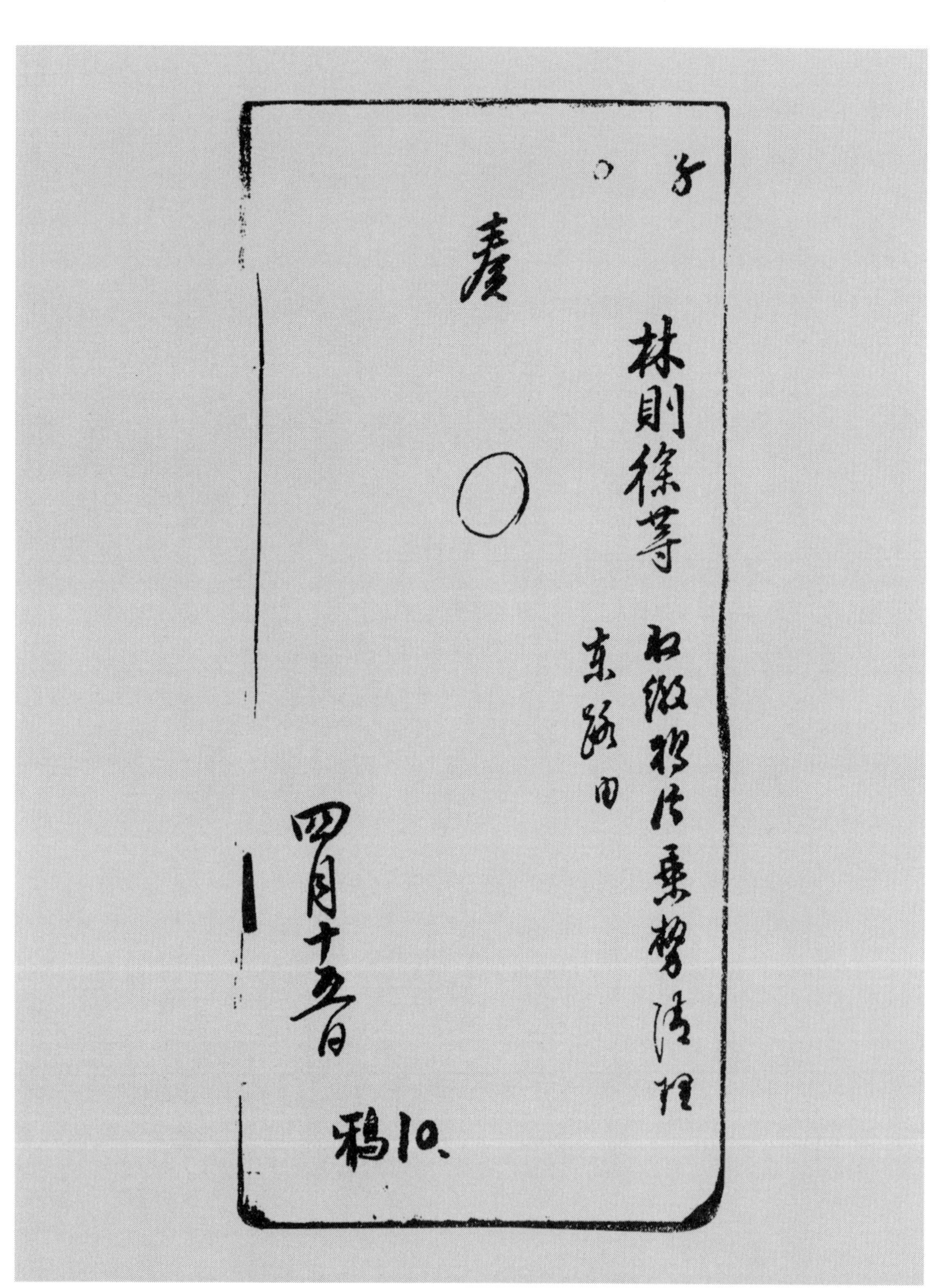

林則徐等 現繳鴉片乘勢清理
東路由
奏
四月十五日
鴉10、

臣林則徐　臣鄧廷楨　臣關天培跪
奏為虎門收繳夷船鴉片已逾十分之八即乘
勢清理東路恭摺奏祈
聖鑒事竊臣林則徐抵粵以後與臣鄧廷楨暨撫
臣怡良公同商籌責令夷人將躉船煙土悉
數呈繳由臣林則徐覆加示諭勸戒兼施旋
據暎咭唎國領事義律稟明情願將各船
存貯鴉片二萬二百八十三箱陸續駛至虎
門呈繳臣林則徐臣鄧廷楨即於二月二
十七日自省起程於二十八日駛抵虎門會
同臣關天培督率文武委員分船收繳
業於三月二十九日由四百里恭摺馳

覆查各案雖所繳烟土須將剝船攏近躉船方能盤
運而剝船與躉船高下懸殊或以梯升或用
繩縋登降已形費力迨起至一半之後躉船水
跡浮高須防風浪又必下石壓艙且潮汐時有
往來風信亦多順逆一遇風潮相蕩剝船不能
駛傍夷船即勉强攏近而兩船相撞寧損壞堪
虞不得不暫為停止時當三月風暴已多竟不免
有終日坐守之事臣等同駐海口時刻督催起
卸起不任延緩查各躉船所繳烟土在艙者
皆係番木板箱並用生牛皮封裹極為堅固
其在邊艙無間用麻袋裝盛包捆亦甚嚴緊
查因板箱多占地位勻擺不開故有改裝口袋以衡

以斤兩合算二錢。臣等據情直諭，將該金廣興
商船鴉片查明所起呈繳，即係外夷原物也。茲
自二月二十九日收起，截至三月二十日，計已收
繳鴉片一萬五千八百八十九箱，又一千五百四
十四口袋，覈之義律原報數目，已逾十分
之八。惟近數日來繳者後船烟土較諸先收
繳之船所載激少，雖一時未即收完，而覈計大
數，恐其或有短欠，當又派員於該茶赴省城夷
樓向領事義律嚴加詰責，即據稟覆伊所報數
目係在省樓覈算帳據，而各船裝載鴉片，間
有駛往沿海地方如潮州南澳等處者，遠難再行
催回，不論現泊何方，半月內總可催到，定必如

數查繳斷不敢短少等語察其情詞似非虛
誑當即准限半月責令迅速繳論往催臣等伏
思東路南澳地方原有躉船至自上年驅逐淨
盡之後今春仍間有數船至長山尾等洋游弈
雖經該鎮隨時驅逐而夷船旋去旋來是否中
路分銷抑係外洋另股悉心訪察冀得端倪惟
夷人既不肯輸情眾口亦紛難據正思俟中
路呈繳事竣再行查辦南澳一隅以冀斷絕
根株不使稍留餘孽今據義律稟稱心中自行吐
露該處是中東兩路實屬一氣相共其躉船雖在
伶仃等洋而三板等船分載烟土由外洋駛往
南澳覓售詭為事所為有既經遞回原繳完奈鑒

相尋臣等乘此機會責成該領事將分往南澳
各船一概撥回是數呈繳不但原報二萬餘箱之
內不准短少一箱如此外尚有多餘亦如其數
收繳總期一律淨盡不任稍有匿遺將來責其
原報失實之咎除俟收繳全完另行
奏請外所有現繳鴉片已逾十分之八並乘勢清
理東路緣由謹會同廣東巡撫臣怡良粵海
關監督臣豫堃恭摺由驛馳
奏伏祈
皇上聖鑒訓示再臣鄧廷楨原擬收竣三日後先
回省署辦公因續事委員起剝堆貯稽查偷
漏弊端未克分身回省茲收繳已有成數即於

此摺係馳回省垣清釐應辦事宜併督飭嚴

拏陸路囤販吸食烟犯合併聲明謹

奏

道光十九年四月十五日奉

硃批一律淨盡爲要另有旨欽此

三月二十下

欽差大臣林則徐等奏摺　現繳鴉片已逾十分之八乘勢清理東路

道光十九年三月二十一日

道光十九年三月二十六日内閣奉

上諭前據林則徐等馳奏蔓船鴉片盡數呈繳請解

京驗明燒燬當降旨允行本日據御史鄧瀛奏稱

廣東距京程途遼遠所繳煙土為數較多恐委員

稽查難周易啟偷漏抽換之弊等語林則徐等經

朕委任此次查辦粵洋煙土甚屬認真朕斷不疑

其稍有欺飾且長途轉運不無借資民力著無庸

解送來京即交林則徐鄧廷楨怡良於收繳完竣

後即在該處督率文武員弁公同查覈目擊銷燬

俾沿海居民及在粵夷人共見共聞咸知震讋該

大臣等惟當仰體朕意覈實稽查斷不准在事員

弁人等稍滋弊混欽此

上諭　夷船切結不足為憑著林則徐等悉心籌劃務使弊源盡絕

軍機大臣　字寄

欽差大臣兩江總督林　兩廣總督鄧　道光十九年三月二十九日奉

上諭御史步際桐奏查辦夷船鴉片取具切結不足永斷根株等語夷船販運煙土經此次盡數呈繳以後自應妥籌善法杜其復來若但以切結為憑仍屬有名無實且夷船停泊大海難保無暗遞消息漢奸前往運取等弊著林則徐鄧廷楨悉心籌畫務使弊源盡絕永杜含混之端方為不負委任原摺著鈔給閱看將此諭令知之欽此遵

旨寄信前來

吏部尚書奕經等奏摺 遵旨酌議獎叙林則徐鄧廷楨等

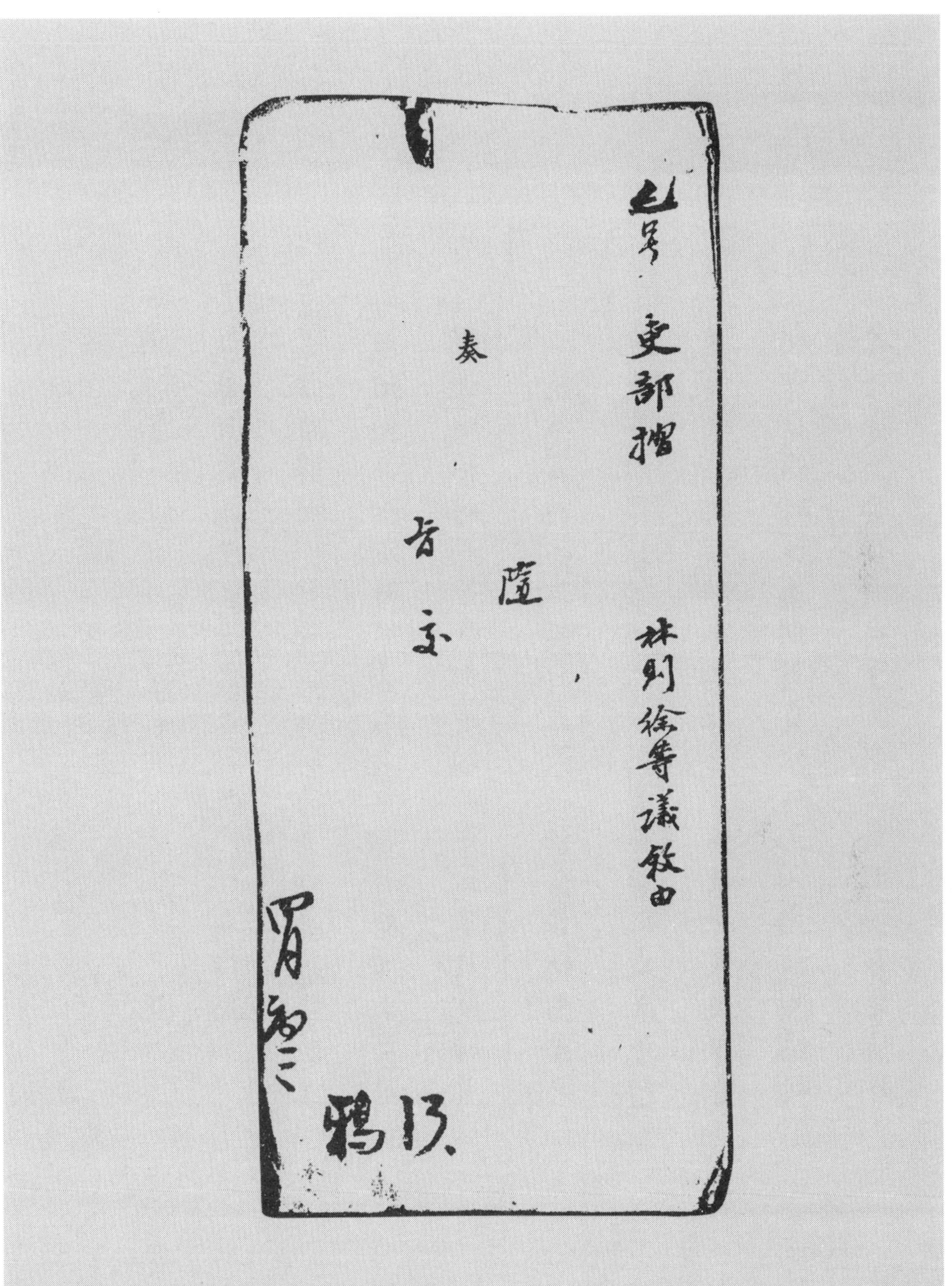

吏部尚書奕經等奏摺 遵旨酌議獎叙林則徐鄧廷楨等

道光十九年四月初三日

吏部尚書奕經等奏摺 遵旨酌議奬叙林則徐鄧廷楨等
道光十九年四月初三日

吏部尚書臣宗室奕經等謹
奏為遵
旨議敘具奏事道光十九年三月十九日内閣奉
上諭本日據林則徐等由驛馳奏查辦躉船儘數呈
繳烟土一摺所辦可嘉之至躉船私販烟土希圖
脫逃經林則徐等截回躉船二十二隻起獲烟土
二萬二百八十三箱該夷等畏法自首情尚可原
著免其治罪該督等奏請酌賞茶葉之處著照所
議辦理至此項烟土為數甚多俟收繳完竣即查
明實在箱數派委明幹員弁解京以憑核驗林則
徐等查辦妥協自應量加奬勵林則徐鄧廷楨著
交部從優議敘怡良豫堃關天培著交部議敘欽

吏部尚書奕經等奏摺 遵旨酌議奬叙林則徐鄧廷楨等
道光十九年四月初三日

此欽遵抄出到部 除恭錄
諭旨移咨該督等欽遵外此案該督林則徐等查辦
廣東海口事宜截回躉船二十二隻起獲烟土
二萬二百八十三箱查辦妥協欽奉
諭旨林則徐鄧廷楨著交部從優議敘怡良豫堃關
天培著交部議敘臣等公同酌議應請將查辦
廣東
欽差大臣兩江總督林則徐兩廣總督鄧廷楨各給
予加一級紀錄二次廣東巡撫怡良粵海關監
督内務府郎中豫堃廣東水師提督關天培各
給予加一級所有臣等遵
旨議敘緣由理合恭摺具

奏伏乞
皇上聖鑒
訓示遵行再此摺係吏部主稿會同兵部辦理合併
聲明謹
奏

道光十九年四月 初三 日吏 部 尚 書 臣 宗室奕經
協辦大學士吏部尚書臣湯金釗
吏 部 左 侍 郎 臣 桂 輪

吏部左侍郎臣許乃普留署

吏部右侍郎臣宗室恩桂

吏部右侍郎臣李振祜署倉場

兵部尚書公臣裕誠

兵部尚書臣卓秉恬

兵部左侍郎臣溥治

兵部左侍郎臣朱嶟

兵部右侍郎臣德春未到任

兵部右侍郎臣潘錫恩學差

上諭　林則徐鄧廷楨等著各賞加紀録

硃　硃

道光十九年四月初三日奉
旨前因林則徐等在廣東洋面截回躉船起獲煙土
至二萬餘箱之多當降旨將林則徐鄧廷楨交部
從優議敘怡良豫堃關天培交部議敘茲據該部
奏請將林則徐鄧廷楨各加一級紀錄二次怡良
豫堃關天培各加一級此項煙土係在夷船起獲
與内地迥不相同所有該部請將該大臣等給予加一級（林則徐鄧廷楨著各賞加二級怡良豫堃關天培著各賞一）
紀錄之處併俱著加恩俱准其隨帶欽此

欽差大臣林則徐奏摺

遵旨查察虎門海口排鏈礮臺情形

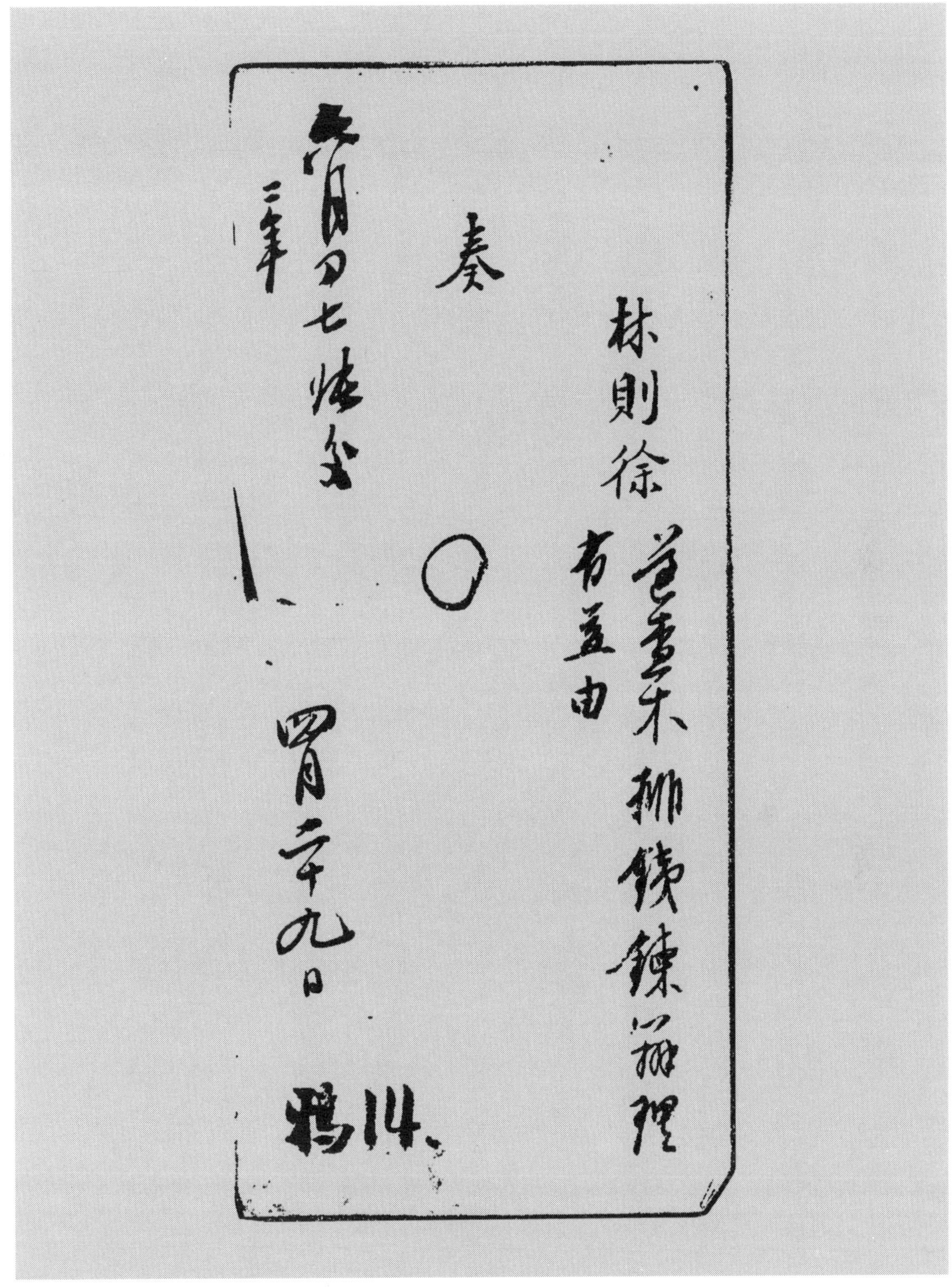

林則徐

奏

四月廿九日

欽差大臣林則徐奏摺 遵旨查察虎門海口排鏈礮臺情形
道光十九年四月初六日

臣林則徐跪

奏為遵

旨查察虎門海口排鍊礮台情形恭摺覆

奏仰祈

聖鑒事竊臣于三月初七日在虎門舟次承准軍機大臣字寄

二月十二日奉

上諭據鄧廷楨等奏籌議虎門海口創造木排鐵鍊添置

礮台礮位一摺已降旨允准虎門海口為粵海中路咽喉

現當籌議海口章程自宜妥為布置以資巡防該督等

所請于海面安設木排鐵鍊以羈律夷船並添設礮

台添製礮位之處是否有益著林則徐詳細查察情形

據實具奏原摺著鈔給閱看將此諭令知之欽此伏讀

粤東中路海口以虎門為咽喉臣此次親至該處督收夷
人鴉片即住在水師艇寄椗海中四面形勢皆可瞭望
當經悉心相度竊見重重門戶實屬險要天成自伶
仃大洋過龍穴而北西山斜峙東曰沙角西曰大角
由此以入內洋是第一重門戶也進口七里有一山屹立中
央名曰橫檔其前有一巨石俗名飯籮排又其前小山
座曰下橫檔海道至此分為二支其右一支多有暗沙
左一支以武山為岸武山亦謂之南山山前水深洋船出
入皆由于此此第二重門戶也由橫檔再進五里則為
大虎山其西為小虎山再西則獅子洋即由黃埔以進
省之路是大小虎山乃第三重門戶也此外如進門右
濱山三門口新涌口等處港汊旁出島嶼周迴尚非要

船出入要津姑不具論以礮台言之先有橫檔南山兩處均係康熙五十六年所建形勢稍狹嘉慶五年于沙角添建礮台一座二十年復就橫檔礮台加築月台一座又南山礮台之西北添建鎮遠礮台一座另安礮四十位二十三年又于大虎山建礮一座安礮三十二位道光十年大角山又添礮台一座安礮十六位迨十四年冬間提臣關天培到粵適在驅逐夷人律勞卑出口之後與前督臣盧坤商議以大角沙角兩礮台中隔海面一千數百丈之遠兩邊礮火均恐不能得力只宜作為望台遇有應行防堵之時放礮報信其南山鎮遠與橫檔三處礮台形如品字中隔水面三百餘丈礮火可期得力惟南山礮台地勢過高礮子易于冒過船

頂其餘原建墻垛亦俱單薄于道光十五年会摺
奏准將南山礮台前面環築月台名為威遠又將鎮
遠橫檔大虎各礮台加築堅厚添鑄七八千斤大礮
分別安配並于橫檔背面山麓及對岸蘆灣山腳
續添永安鞏固礮台兩座安礮四十位二十位不等
此十五年以前陸續添建礮台之原委也維時提臣
關天培即欲于橫檔山前海面較狹之處創造粗大
鐵鍊安根兩岸鐵鍊之下承以木排兩端繫以
鐵纜有事則橫截中流無事即分披海畔如門
開闔防堵益嚴以經費未充前督臣盧坤任內
未及辦理鄧廷楨到任後與關天培商議籌辦旋
于十八年夏間有嘆咭唎國兵目嗎吔崙巡船三隻

窺探虎門見海口布置森嚴畏懼竄去復經鄧
廷楨與關天培欽遵
諭旨倍謹修防以鐵鍊木排實為阻擋夷船要具查
看威遠鎮橫檔兩礮台之間海面較狹多設排
鍊兩道足資堵截惟威遠鎮遠兩礮台雖同在武
山腳下而相距尚有里餘排鍊既截中流礮台尤
宜聯絡故又于威遠鎮遠中間添建大礮台一座安
放大礮六十位以護排鍊而壯聲威此鄧廷楨等現
奏辦之情形也茲欽奉
諭旨令臣詳細查察者又移舟至武山橫檔一帶流覽登
眺此處本係第二重門戶最見緊嚴其海面自西
北量至東南橫寬二百七十餘丈至三百三十餘丈不

等所有排鍊兩道，西北皆安根于武山腳下，其東南
則第一道安根于飯蘿排之巨石，第二道安根于橫
山腳，俱各鑿深石槽，以八千斤廢砲，橫
檔安槽底，酌加鐵箍四道，上扣鐵鍊四條，由四而併為
砲身
二，由二而併為一，中間組合兩頭，貫以大鐵鍊八條，用
大鐵鎖搭扣兩邊，以便開閉。其木排則以大木截
齊，每長四丈五尺，合四根為一小排，穿以橫木二道，又以
四小排聯成一大排，量寬一丈六尺，鋪于面底，又安夾
以橫木六道，箝用大小鐵箍三十口。第一道安大排三
十六排，大鍊三百九丈零；第二道安大排四十四排，
大鍊三百七十二丈，兩道排鍊相去約九十丈，共配
鐵錨棕纜二百四十副，並設划船四隻、水兵一百二十名，
管以把總二員，無事則中間常開，以通出入，如須防堵

則闊闊甚遠審看木排箍紮堅固鐵鍊鍛淬精
融闊處亦俱得法其新建礮台俯臨兩道排鍊
已成扼吭之勢平寬六十三丈高一丈四尺五寸台墻上下
橫檔順砌石壘墻礮洞則用三合土築成安礮六十位後
圍石墻九十丈高出山巔除兵房望樓官所軍裝火
藥兩庫尚未竣工外其餘均屬完整演試銅鐵大礮
礮子均能遠及对岸山根設有不虞進口之夷船如
圖闖入雖遇順風潮湧駕駛如飛一到排鍊之前勢
难繞越即謂夷船堅厚竟能將鐵鍊衝開而越過
一層尚有一層阻撓就令都能闖斷亦已羈絆多時
各台礮火連轟豈有不成灰燼之理似此重重布置均
極森嚴聞黃埔及十三行出入夷人行舟過此皆悚

然生嚴憚心於海防實屬有益惟排鍊日被鹹水泡
浸加以潮汐盪搖即木大鐵堅亦自不能無損若有
寸鐵脫扣一木離簰立刻即須修復總使聯成
整片萬密不任一疎設或遷就忽延則寸節偶乖
即全局為之鬆動查提督關天培於排鍊一事久
已殫精竭慮寢食以之而礮台工程亦時時親
督率現在文武員弁皆極認真此後歲修事宜
均須由關天培立定章程使將備弁兵皆諳成法加
以時常操演精熟則海防長臻鞏固邊釁永
可潛消堪以仰慰
聖主廑念瀛壖之至意所有詳細查察情形謹繕摺
具奏

欽差大臣林則徐奏摺　遵旨查察虎門海口排鏈礮臺情形

道光十九年四月初六日

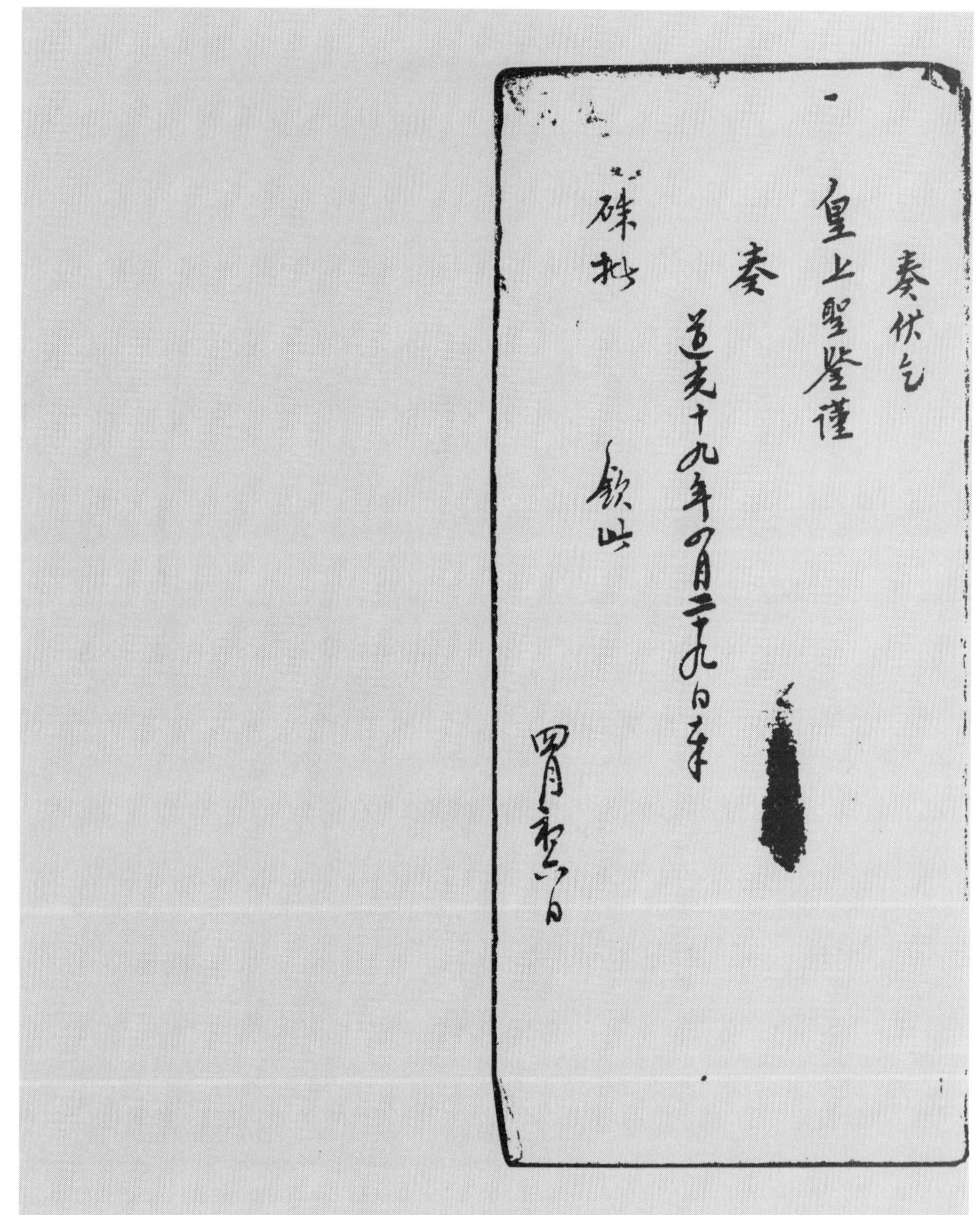

奏伏乞

皇上聖鑒謹

奏

道光十九年四月二十九日奉

硃批　欽此

四月初六日

欽差大臣林則徐等奏摺

夷船呈繳鴉片一律收清

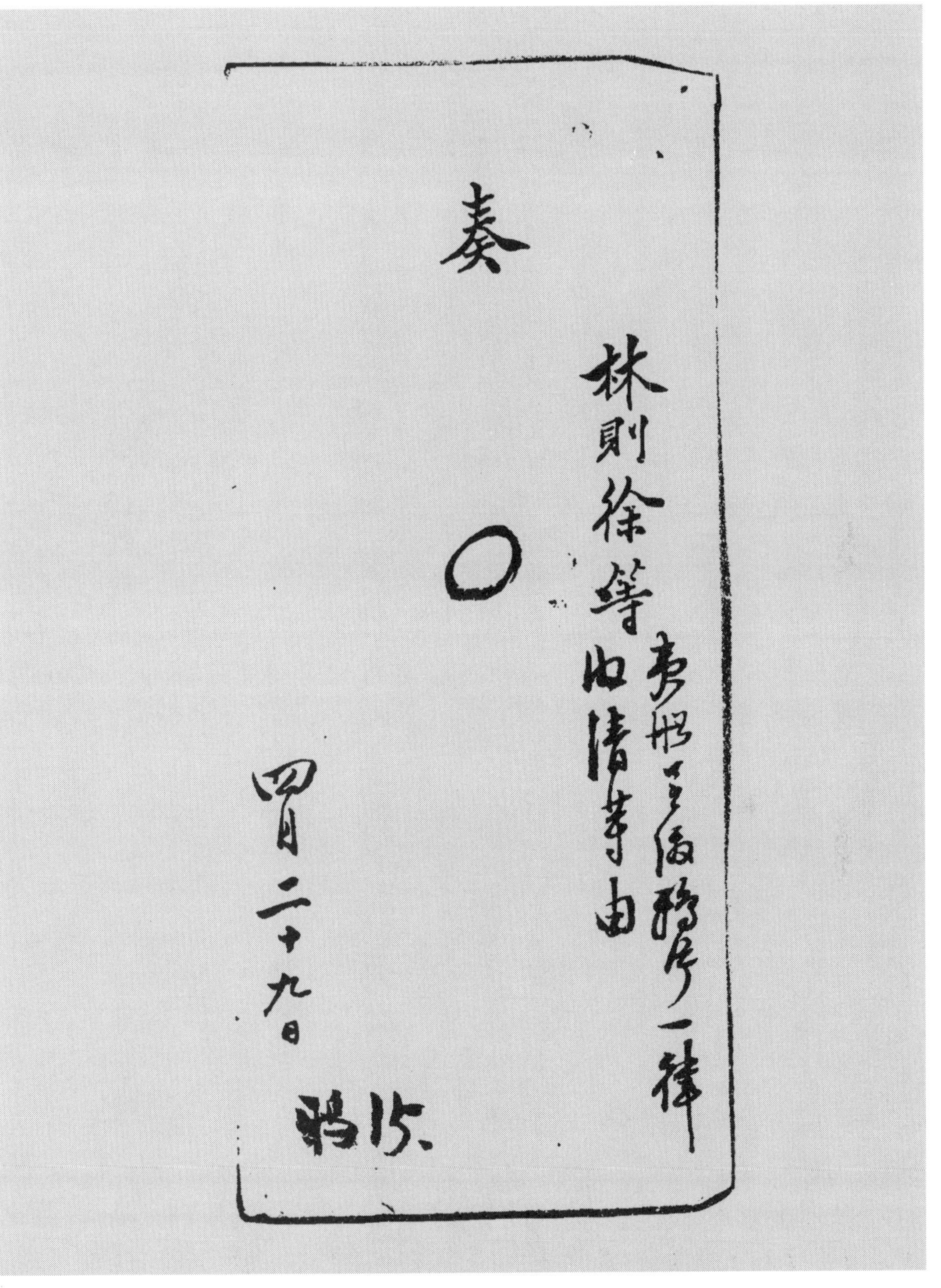

奏

林則徐等

夷船呈繳鴉片一律收清等由

四月二十九日

鴉15

欽差大臣林則徐等奏摺　夷船呈繳鴉片一律收清
道光十九年四月初六日

臣林則徐、臣鄧廷楨、臣怡良跪
奏為夷船呈繳鴉片現已一律收清截較原定之數有贏
無絀恭摺
奏報仰祈
聖鑒事竊照暎咭唎等國夷人遵諭呈繳躉船鴉片經臣
等由四百里會摺馳
奏迭收數逾十分之八即乘勢清理東路各洋俟行
奏明在案臣等查粵省東路南澳一帶係與福建漳州
府屬洋面毗連該處夷船自上年驅逐開行之後今春
又據各報有數隻駛至長山尾等洋游奕而福建之
布袋等洋近在其北聞亦有夷船旋去旋來緣兩省
交界之間逐于粵則竄于閩逐于閩又竄于粵無非圖

船內載有鴉片，隨處覓售。若粵省中路躉船收繳烟土辦理既能應手，且究明中東兩路實屬一氣相生，亟應由中路而及東路，並由粵洋而及閩洋，務使兩省海面一律肅清，不致稍分畛域。當經臣等諄諭嘆咭唎國領事義律，借寄夷信，多撥三板小船，分赴東路各洋，無論粵界閩界，但有夷船寄泊，即催令駛回中路虎門，與各躉船同繳烟土，仍嚴檄南澳鎮率領師船在洋搜逐，並幫同通事傳諭夷人繳烟。其內港各口，查令潮州鎮道府縣嚴禁蛋艇出洋，以斷夷船接濟。一面飛信知會閩省督撫臣，仿照辦理，使兩省聲勢互相聯絡。適據潮州府知府易中孚稟，知已奉閩浙督臣鍾祥、福建撫臣魏元烺派委漳州府知府胡興仁至

閩粵交界之分水關與易中堡西南各亦該處暫均
即遣所撤兵勇分防堵水陸交界嚴夷船既不能將
鴉片躉售又不能有水米接濟勢難久泊復經該管
義律備令一併呈繳即據各船陸續來至虎門查有
咈蘭吐船呷叻㕭船雞船皆係從南澳駛來共繳鴉
片一千八十七箱又五百十一袋續有咧船咍㖍時船嘘
嘛唎吐船皆係從福建駛來共繳鴉片二千二百四箱
又五十七袋此數船原不在中路伶仃等洋躉船之內
無由外洋潛行竄越縱係龐常令亦搭至虎門與
躉船一併呈繳截至四月初六日收清合計前後所收
夷人鴉片共一萬九千七百八十七箱又二千一百一十九袋
核之義律原稟應繳二萬二百八十三箱之數更溢收

一千餘箱有零據該領事等僉稱委係盡數繳完不
敢絲毫隱剩　臣等於躉收繳之際節經飭令委員
每起盡一船即將各層艙底逐一查驗不任稍有當
遺此次收繳全清夷人成本千餘萬金已成虛
擲諒不敢更尋覆轍惟現值南風司令各國本年留
貿易夷船正在陸續到粵計自彼國開船尚在數月
以前未必遍知
天朝如此嚴禁其歷年夾帶鴉片本已習為故常此次來
船恐亦難免非一時手佚即其于法例須責令一併繳交
臣等現又嚴諭該領事又待將新來載貨夷船陸續到埔
查如無鴉片即具保結請驗倘有夾帶有行首繳免
罪如敢朦混隱瞞查出不許開艙驅逐回國併奉列訴行

新例之後，即當擬具檄諭底稿恭呈

御覽，照會該國，明示限制，期於屆限，另有常業之道。照

大清律例所載化外人有犯，並依律擬斷之語，與華民

同照新例一併治罪，貨物沒官，始可杜其嘗試之

念。臣等又思華夷雖有分限界，而海道處處可通，

即如閩省各洋，南與粵界相連，北即距粵甚遠，

是處尚有夷船在彼游奕，粵省無從知悉，彼得移

閩省督撫臣一併乘機查辦外，尚恐夷人帶鴉片之奸

夷處知到粵勒繳，或從外洋徑竄進，此各省亦多狡

猾私銷，數年來已有此情形，此後尤不能不慮。應請

敕下沿海各省，一體嚴查，時加防範。若收繳之令通在內行，

即窺越之弊無以遠為杜矣。至內地興販已久，流毒甚深，

欽差大臣林則徐等奏摺　夷船呈繳鴉片一律收清
道光十九年四月初六日

國積之害定必不少一聞夷船鴉片盡繳亦無奇貨可居
是已力塞其源而其流尚未有艾總須趁此機會嚴懲
痛懲首繳者許以自新怙惡者責之重典務在同心協力
自可禁止令行以仰副
聖主造福寰區為民除害之至意所有夷船鴉片收繳全
清緣由謹會同廣東巡撫臣怡良粵海關監督臣豫堃
恭摺由驛馳
奏伏乞
皇上聖鑒訓示謹
奏
道光十九年四月廿九日
硃批　欽此
另有旨

兩江總督林則徐奏摺 調補兩江總督謝恩
道光十九年四月十二日

兩江總督林則徐奏摺 調補兩江總督謝恩

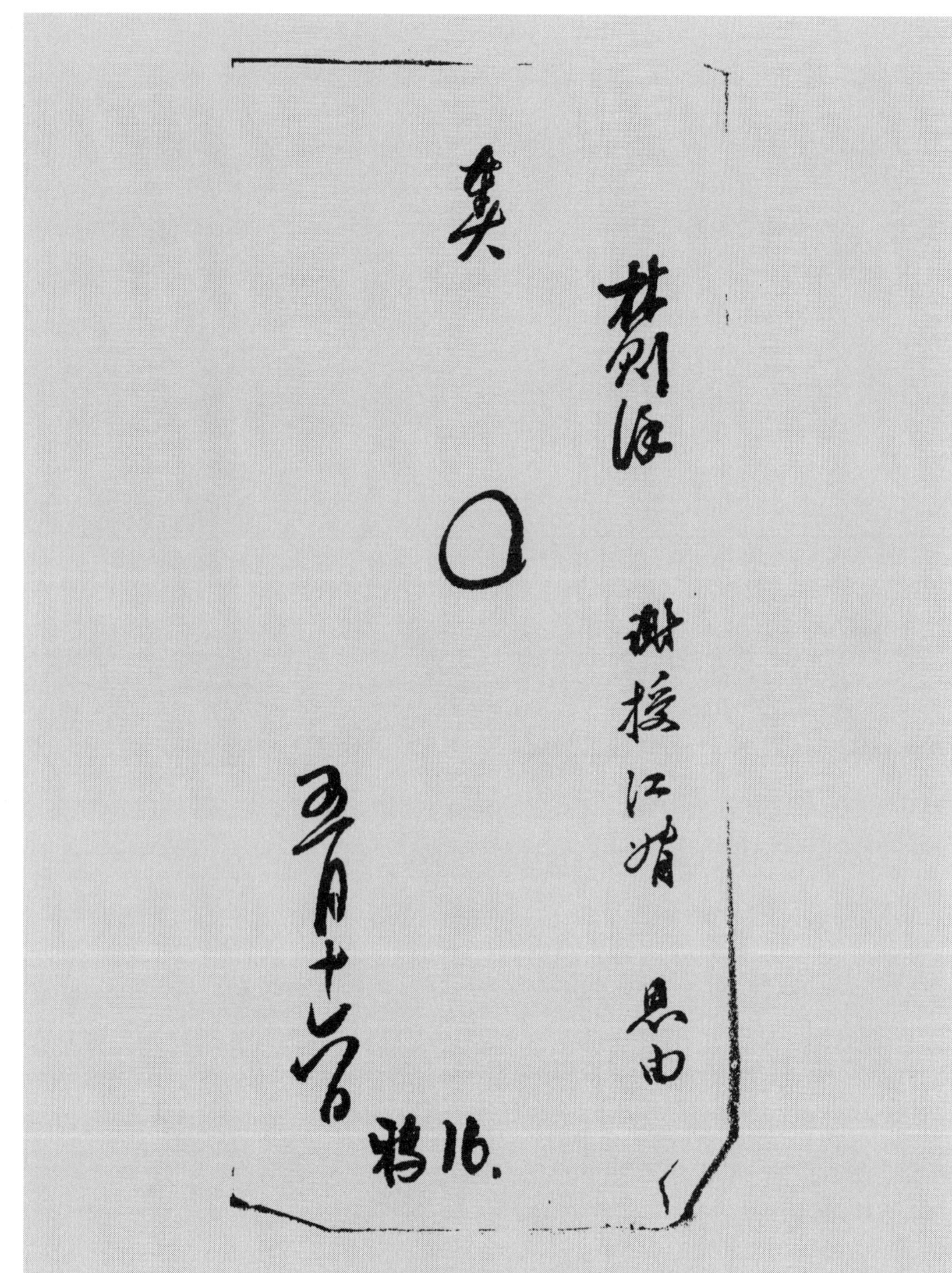
奏
林則徐
謝授江督恩由

兩江總督林則徐奏摺　調補兩江總督謝恩
道光十九年四月十二日

兩江總督臣林則徐跪
奏爲叩謝
天恩事竊臣於四月初七日在虎門旅次准廣東撫
臣怡良咨開准吏部咨道光十九年三月初九
日內閣奉
上諭林則徐著調補兩江總督其未到任以前著陳
鑾署理等因欽此臣聞
命之下感悚難名當即恭設香案望
闕叩頭謝
天恩伏念臣才識庸愚仰蒙
聖主逾格鴻慈用至總督前在湖廣兩載未効涓
埃術有三年方深兢惕況兩江統轄三省政務最

二一

兩江總督林則徐奏摺　調補兩江總督謝恩
道光十九年四月十二日

廣殿鰲望河漕鹽大端或緩或重均需籌畫
見歷任諸臣青左地方西經猶如而至兩江轄
形支絀其翔以臣之闇陋更虞任重難勝
雖於十五十六兩年嘗
恩置罪年以
訓諭猶免隕越而邦鎖之替肩已冰淵之時惕莫
蓋
恩編調補其為悚懼實倍恆常現因廣東差
事未竣不敢遽懇進京請
訓寔俟蒙俱
恩命之日跪求
聖慈訓誨俾得敬謹服膺庶赴任有所遵循籍

兩江總督林則徐奏摺　調補兩江總督謝恩
道光十九年四月十二日

以勉酬駑駘銜結
高厚成生於萬一所有微臣感下悃理合繕摺
恭謝
天恩伏乞
皇上聖鑒謹
奏
道光十九年三月十六日奉
硃批知道了欽此
四月十二日

兩江總督林則徐奏摺　交部從優議叙謝恩

道光十九年四月十二日

兩江總督林則徐奏摺　交部從優議叙謝恩

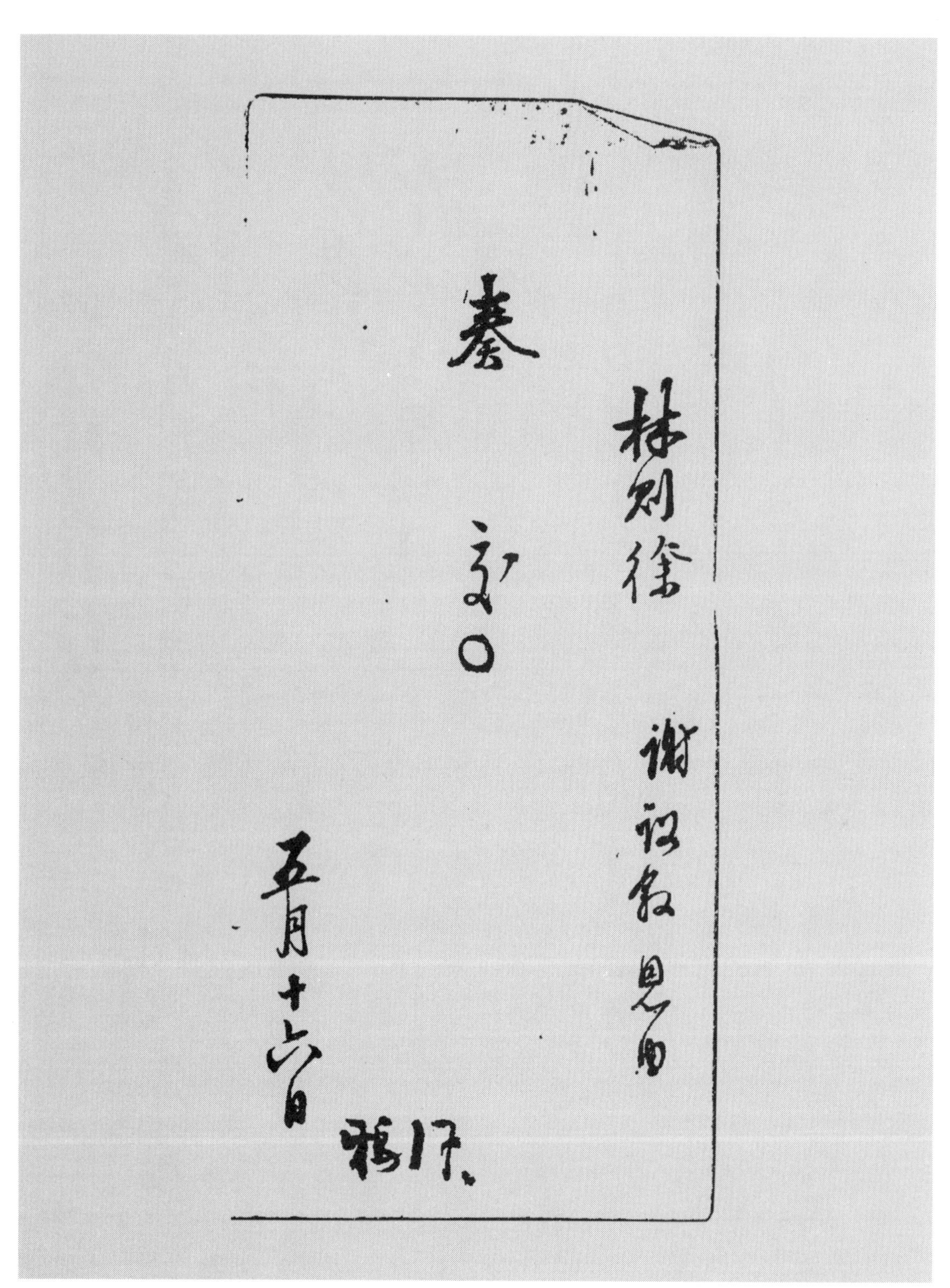

奏

林則徐

謝議叙恩由

欽〇

五月十六日

兩江總督林則徐奏摺　交部從優議敘謝恩
道光十九年四月十二日

兩江總督臣林則徐跪
奏爲恭謝
天恩事竊臣會同廣東督撫臣將收繳外夷躉船
烟土一摺前於四月十二日奉到
硃批所辦可嘉之至另有旨欽此同日欽奉
上諭林則徐著交部從優議敘欽此臣聞
命之下感悚難名伏思外夷烟土流毒中原本屬理
所不容爲人心所共憤本蒙我
皇上乾綱獨斷
渙號大宣不獨傳令周於域中臣使
綏威揚於化外豚魚自格不煩一矢之加蜂蠆全
收臣僅筆硯之紓雖

兩江總督林則徐奏摺　交部從優議叙謝恩

道光十九年四月十二日

陛堂之睿慮力挽頹波往

明聖之睠隆長敬冰懔臣仰膺

特達未動微勞叨

甄叙之優倍益省循而滋愧惟有勉殫心力弩盡

止而今行務絕根株使源清而流潔以仰副

聖主正任保民之至意所有微臣感激下忱理合繕摺

恭謝

天恩伏乞

皇上聖鑒謹

奏

道光十九年五月十二日奉

硃批知道了欽此

四月十二日

遵旨查明喳噸已回國夥黨㖶噸等一併驅逐情形

臣林則徐跪

奏再臣承准軍機大臣字寄道光十九年正月廿七日奉
上諭本日據鄧廷楨怡良奏稱諭逐港腳夷商喳噸現
在下澳附船回國等語該夷喳噸來粵貿易多年
所有躉船鴉片多半係其經營實為奸夷渠魁現
因稽查嚴密恐懼回國雖據該督等奏稱該夷請
牌下澳於臘月底定可開行但該夷盤踞既久黨羽
必多現在各躉船尚未回帆其所存煙泥豈肯即行拋
棄難保不別肆詭謀著林則徐嚴密訪查該夷
喳噸是否實已下澳開行約於何日起碇如尚在逗
留即著嚴行驅逐據實覆奏務使奸夷盡去痛
弊悉除方為不負委任將此諭令知之欽此臣查該

欽差大臣林則徐奏片 遵旨查明喳嚹已回國夥黨唤嚹等一併驅逐情形

道光十九年四月十五日

夷喳噸於上年十二月十三日請牌下澳附搭港脚唤
船回國業經臣於
奏報到粵摺内查明奏敘在案茲復欽奉
諭旨著臣嚴密訪查當即欽遵密咨粵海關監督臣
豫堃嚴諭飭洋商伍紹榮等確切查拏並飭澳門
同知轉諭在澳之西洋夷目嘍嚟哆查明喳噸實係
何日自省到澳附搭何船於何日由澳開行回國據實
稟覆一面暗遣妥人改裝前赴澳門密加訪問去後嗣
准豫堃咨據署澳門同知蔣立昂轉據嘍嚟哆等覆稱喳
噸於上年十二月十三日由省到澳即於十六日由澳附
搭港脚唤船開行回國又據洋商伍紹榮等稟同
前情與臣遣人赴澳密查均屬相符是喳噸實已

於上年十二月間搭船回國並未在省在澳逗留
查經義律該夷販賣鴉片來粵多年誠如
聖諭盤踞既久黨羽必多所存煙泥諒皆即行拋棄臣
先經訪得現住省城義和行之映嚬即係喳嚬之
弟又映呀哋咀吐呀哋咀皆喳嚬之外甥並有代伊
管帳之呀哋咭亦在該行居住是該夷雖去而買
賣帳目仍有人代為經理此次義律等繳鴉片雖係
統歸報繳其未分析某夷名下若干而躉船船戶僉
稱喳嚬居貨大股是該夷存積之煙不致另有囤貯
臣與督臣鄧廷楨面商喳嚬既已逃回務必使之永
不敢來方為善策此時煙土雖已收繳其夥黨亦
必難除如映嚬映呀哋咀吐呀哋咀呀哋咭之類現皆給諭

二一　欽差大臣林則徐奏片　遵旨查明喳噸已回國夥黨映噸等一併驅逐情形

道光十九年四月十五日

洋商令與向賣鴉片著名之夷人顛地等一併驅逐
回國庶可杜絕奸夷蹤跡免致勾結盤踞誘惑內地
良民潛滋地方之害所有查喳噸實已回國現在
查明夥黨一併驅逐緣由謹附片
奏伏乞
聖鑒謹
奏

道光十九年四月十五日奉
硃批　欽此

上諭 著林則徐等盡數收繳鴉片驅逐喳噸餘黨並嚴諭義律等

軍機大臣 字寄

欽差大臣兩江總督林 兩廣總督鄧 廣東水師提督關 道光十九年四月十五日奉

上諭本日據林則徐等奏收繳夷船鴉片乘勢清理東路等語粵洋躉船存貯鴉片二萬二百八十三箱前經林則徐等諭令駛至虎門陸續隨繳茲據奏稱剝船與躉船高下懸殊煙土起至一半躉船水跡浮高風信靡定不免終日坐守現在所繳鴉片數之原報數目已逾十分之八又稱東路南澳地方間有數船至長山尾等洋游奕雖經該鎮隨時驅逐而旋去旋來是中東兩路實屬一氣相生其三板等船分載煙土駛往南澳亦不可不乘此

機關一概招回悉數呈繳著林則徐等悉心籌畫相機妥辦不但原報二萬餘箱之內不准稍有短少如此外尚有多餘亦應儘數收繳總期一律淨盡毋留餘孽又另片奏查明喳噸實已回國而現住省城義和行之映噸即係喳噸之弟又映呀吔咟呾唎吔咟皆喳噸之外甥並有代伊管帳之呀吔喈亦在該行居住等語該夷盤踞既久黨羽必多若不儘數驅除難保不死灰復燃仍貽後患著即將摺內所指各該夷等與著名之嚩吔等一併驅逐不准任意逗留並嚴諭領事義律夷目嘍嚟哆等確切查明此外如有該夷夥黨務即設法驅令回國毋許再有隱匿以除錮弊而絶詭謀將此

各諭令知之欽此遵
旨寄信前來

欽差大臣林則徐等奏片　**奉諭同心合力湔除鴉片**

○上

林則徐等片

再臣鄧廷楨等於上年十二月十八日具奏力
除鴉片錮弊一摺茲臣鄧廷楨於本年三
月初三日虎門舟次奉到
硃批卿等同欽差大臣林則徐若能合力同心除
中國大患之源不但卿等能肩懋賞即垂
諸史冊朕之光輝豈淺鮮哉而生民之福政
治之善又豈淺鮮諒卿等亦不煩諄諄告戒也
勉之勉之朕拭目待之此摺給林則徐看欽
此維時臣林則徐亦在沙角舟次即經臣
鄧廷楨將摺給與閱看公同跪誦感激
涕零仰見

欽差大臣林則徐等奏片　奉諭同心合力湔除鴉片
道光十九年四月十五日

聖主洞燭受病之源亟圖除患之效為生民造
福陕等
保赤之
洞衷為政治求全盡
念汗青之載筆
宵旰之憂勤如此
恩慈之策勵如此凡為臣子皆當力矢血誠洗
况臣等受
恩至渥責成至重敢不同心合力奮勇湔除
竊謂鴉片貽害中華久已勢成積重
若非籌拔本塞源之道斷難收一勞永逸
之功事機轉造於現成忱悃時銘夫

異命臣等惟有殫精竭慮仰體
聖懷以冀稍副
殷肫期望之至意謹附片
奏外
聖鑒謹
奏

道光十九年四月十五日奉

硃批來源外斷栽種內除雖不肖之徒要
要皆有天良睹見勢亦不禁自絕也
奈因循日久釀成奸患言之寧心痛
恨也欽此

上諭　著林則徐等將收繳鴉片親督銷毀以絕根株

軍機大臣　字寄

欽差大臣兩江總督林　兩廣總督鄧　廣東水師

提督關　道光十九年四月二十九日奉

上諭本日據林則徐等由驛馳奏收繳鴉片煙土有贏無絀又另片奏請將夷人帶鴉片煙來内地者定例治罪等語該夷人違禁帶物並暫時首繳免罪自應專定條例已明降諭旨交軍機大臣會同刑部議奏矣此次收繳煙土二萬餘箱據林則徐等逐一查驗不准稍有留遺著仍遵前旨親督銷燬毋許別滋流弊至本年貿易夷船開行在數月以前未必遽知嚴禁此次來船如有夾帶鴉片亦著責令一併繳官以絕根株餘著照所議辦理將

此各諭令知之欽此遵
旨寄信前來

上諭 林則徐奏覆虎門排鏈久被泡浸著鄧廷楨關天培察看修復

軍機大臣 字寄

兩廣總督鄧 廣東水師提督關 道光十九年四月二十九日奉

上諭前因鄧廷楨等奏請於虎門海口添設礮臺礮位創造木排鐵鍊當降旨允准並降旨著林則徐查看情形據實具奏茲據奏稱布置森嚴實屬有益惟排鍊被鹹水泡浸日久不能無損著鄧廷楨關天培隨時察看如有寸鐵脱扣一木離篺立即修復務使聯絡鞏固勿稍疎懈以重海防將此諭令知之欽此遵

旨寄信前來

欽差大臣林則徐等奏片　英商延不具結請部議夾帶鴉片專條

道光十九年四月二十九日

〇十三

臣林則徐、臣鄧廷楨跪

奏。再，臣林則徐前諭夷人出具甘結，聲明嗣後來船永不敢夾帶鴉片，如有帶來，一經查出，人即正法，貨盡沒官。旋據英咭唎國領事義律稟稱：本國在

天朝貿易，業蒙

大皇帝懷柔，歷有二百餘年，仰蒙先皇頒示禁令森嚴。惟本國地方較遠，或可特寬期限，自開船後，凡有在印度之港腳屬地者，給予五月為限；暎國本地者，給予十月為限。然後即以新例照行，則夷人無不遵悉。其有此例，倘有來售者，自認照行也。又云凡有諭令之處遠，俟自應恭達回國，以俾

本國大臣呈王國主閲覽自可明白也等語
覈其稟詞尚屬恭順惟甘結仍遷延未具近日
復經諭催又據稟稱伊不能不敢結則英國人
船多來口皆回國苦情揆其用意蓋因該國公
司散局悉聽夷商自行經理其中良莠不齊
且海道遙遠設或因風阻滯愆期即難保在粵夷
船竟不稍有夾帶一經出結則此項奸夷帶有
鴉片不但本犯罹於重法即該領事亦不能
置身事外是以心切遲疑尚非敢違法度且查
該夷來粵貿易實係利市三倍不惟以該國
之貨牟內地之利並以內地之貨牟各國之利
蓋海外島夷之國不知凡幾不啻盈千累百

因年力置船辦貨故不能自違於
天朝而如茶葉大黃絲斤之類則無一國不需此物
暎咭唎等國夷商所帶內地貨物亦獨幸
國自用尤利於分售各國得價倍蓰即使該夷
不賣鴉片僅以正經貿易而其所謂三倍之利
者自在以此度之其斷不肯捨卻廣東馬頭係屬
實情所云只得回國等語不過憚於具結強詞而
出此言未必真心如是即使果因內地法嚴不敢
帶賣鴉片暫時撥船回國而於通商大局毫
無加損查該夷每年來船不過數十隻而關稅
並不短絀近年多至一百數十隻而鴉片愈以盛
行且每船自夷商以至水手總不止於百人合而計

所殊覺太寬與其多寡輕重究孰甚焉茲存臣
此慣賣鴉片之喳噸顛吔等本係早經奉
旨查逐之人除喳噸已先回國外顛吔現亦驅逐無
他類此者臣須備嚴驅并令出具甘結永遠
不敢再來方為正辦倘其或恐夷商因此裹
足殊不思利之所在誰不爭趨即使此國不來
彼國豈肯不至縱或一年停止次年總必加
多且闔華民慣見夷商獲利之厚莫不歆
羨垂涎以為內地民人格於定例不准赴各國
貿易以致利藪轉歸外夷此因市井之徒不
足與言大義然就此察看則其不患無人
經商亦已明甚矣所以鴉片之禁不但宜嚴於

百姓家家信服於夷商彼終年之間住內地
之日甚多在該國之日轉少也獨念毛賤且
皆積聚貲財比之內地民人受
恩更重者多矣以要利而不可齊之以政刑其手既
所素貿易之人不過該國之一賤戶並非貴戚
達官即鴉片亦皆私帶而來更非受命於其
國主且自道光十四年公司散後一切買賣更
與其國主無干此輩奸夷性貪而狡外則桀驁
誇飾內實恇怯多疑稍縱即驕惟嚴乃畏查
乾隆年間粵省曾經嘆夷洪任輝告揭案
動即監禁一二三年無敢違抗歷有成案
可稽即道光年

奏亦夷案照道光二年之命犯咈叮六年
之命犯嗎嘀呃嚀皆引名例化外有犯依律
擬斷之條受絞立決夷人亦不帖服况鴉片
之夷帶彼本自知理短是以臣等此次痛加
呵責不但不敢狡辯並聞其懇言是外
夷亦有天良尚非不可教誨可否仰求
敕部將夷人帶鴉片來內地者應照化外有犯之例
人即正法貨物入官議一專條並暫時酌緩
免罪如何酌予限期之處恭請
諭旨通行遵照俾得諭令各國夷人咸使悚
遵知限自必不敢犯法似亦刑期無
刑之意是否有當謹合詞附片密

欽差大臣林則徐等奏片　英商延不具結請部議夾帶鴉片專條

道光十九年四月二十九日

除伏祈

聖鑒謹

奏

道光十九年四月二十九日奉

硃批　欽此

上諭　林則徐等奏夷人帶鴉片來内地摺著軍機大臣會同刑部議奏

道光十九年四月二十九日内閣奉

上諭林則徐等奏夷人帶鴉片煙來内地者請照化外有犯之例人即正法貨物入官議一專條並暫時首繳免罪如何酌予限期之處著軍機大臣會同刑部議奏欽此

欽差大臣林則徐等奏摺　**訪獲刊賣假捏照會外國公文人犯情形**

林則徐鄧廷楨怡良跪

奏為訪獲刊賣假捏照會外國公文人犯訊取大概供

情恭摺奏祈

聖鑒事竊臣等於本年二月內節次欽奉

諭旨林則徐前此面奏請頒發檄諭曉示外夷着與鄧廷

楨妥商妥擬底稿具奏候朕披覽再行檄發各國

欽此又四月十二日奉

上諭林則徐等覆奏堵截粵洋夷船情形請將停

止貿易互市及頒給各國檄諭等語所見是此次查辦

海口防堵甚嚴各國夷商未便遽絕烟土自應如恩給

予以常其市以示懷柔其嘆咭唎現有在粵例事及

住省夷人經該大臣等就近諭知嚴行禁止所有檄諭

該國王妥為籌辦，俟該國王議定興販吸食各罪名
頒行新例時，將甚妥之章程內各條詳細籌議，照錄呈前
旨擬請照呈再行頒發等因，欽此。臣等查各國夷船
斷行，已據遵繳煙土現在也。
旨即欽奉明會諭文武並臣等目擊鎔化，已於另摺
奏明，所有善後事宜，一俟新例頒到，公同悉心籌議。
再，臣等臘陳
奏照會外夷之公文，約商妥擬底稿，繕呈
乙覽，茲據
欽定。據□等訪聞，近日廣州省城坊間有刊賣假捏照
會英咭唎國公文之事，不勝駭異，當即密飭該管
文武員弁前往查拏，旋於□書鋪起出板片印

本並將該鋪戶蕭亞隆拘獲訊據供稱伊係順德縣
人在省城開設六經堂書鋪生理鋪內刊刻查禁鴉
片章程並戒煙藥方發賣本年四月初間有一外縣陳
姓夫人到鋪購買見其所攜手巾包內有
欽差與本省督撫會同咦咭唎國封港鴉片文稿一紙詢以
於何處得來據說是振相借抄不知來歷伊見稿內專叙鴉
片害人並令永遠斷絕要咦咭唎國禁人販賣並告知情由
照向官府查辦事隆相似信以為真當向借抄存留隨
姓去後伊隨起意刊印擬賣圖獲利並於書面
刊印省城六經堂發賣字樣實不知為假捏陳姓年約
三十歲係何名籍係從未識面問明是否為伊病中亦未一再究
會同寄諭臣等查閱所起刻本內假捏公文竟多據

諭旨臣鄧廷楨會同臣怡良前次所給各國夷人諭帖及臣

林則徐諭英夷暨告示勸戒兩稿之文彙合啟奏露

於後又製造託爲臣等照會咪夷之文其中寓述情節

伏思我

皇上爲民除害法在必行

聖衷

天威震懾中外今以無知之黑鬼亦思力除積弊於其本國聽啟

情詞雖非盡誣不過一二託情採聽事件以待主使辦理例

而明係傳抄捏造恐無知之民萬一信因知啟訛誤亦當亟

隨時一面力細民粗曉文義足爲小民手筆然仍究之陳

此素昧平生何從於何相交爲之代辦向係何處雜集

串捏無影情弊除再飭司提犯研審一面密飭陳姓稽

獲。究明俱係捏刊賣錢情，此係初次滋事，並無似捏文刻

本。除送軍機處查存外，所有訪獲翻刻緣由，謹合詞恭摺

奏伏乞

皇上聖鑒訓示。謹

奏。道光十九年五月二十八日奉

硃批：另有旨。欽此。

五月初四日

钦差大臣林则徐等奏摺　**南澳镇总兵沈镇邦等因循不振请分别降补勒休**

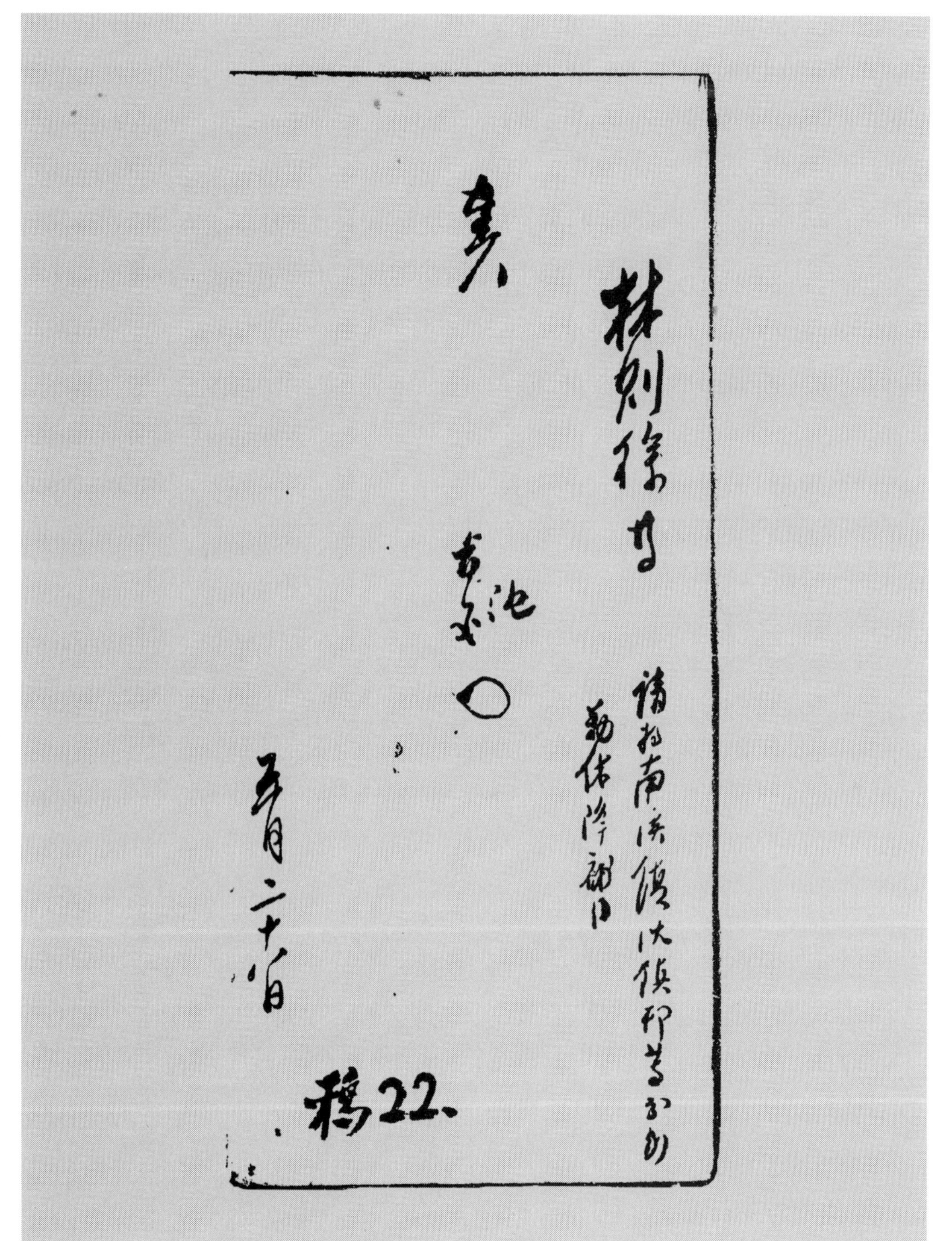

臣林則徐臣鄧廷楨跪

奏為粵省南澳洋面甫經清理復有外洋躉船到來

船任其停泊累日該將因循不振之鎮將請

旨分別勒休降補以示懲儆事摺

奏祈

聖鑒事竊查粵省海洋向分中東西三路中路自老萬山以西

以九洲伶仃等洋皆為外國夷商來粵貿易唯其

泊船之路嘗稽從前歲以為常岸西路之商漁

雷瓊東路之潮州南澳皆夷船例不到之處前

因南澳鎮所轄長山尾等洋屢有夷船游奕

經臣鄧廷楨節次

奏明檄飭該鎮沈鎮邦督師駛艘嚴截逐臣林則

徐到粵後會同收繳中路躉船稽察辦理已臻

夜半因即乘勢清理查經奏令咪唎國欽遵
義律將外洋南澳各船招回中路虎門一体呈繳烟
土據有咈囒哂船啤叻咍船囒鵝船并自南澳駛來繳
烟亦經會摺奏蒙
聖鑒在案只此閩粵洋面一律肅清第虞南尾司
令有自外國駛來夷船探知中路查辦甚嚴恐被
勒繳烟土徑從外洋繞竄東路一帶寄椗售私販
須加意嚴防杜其竄越又查閩省迤北各洋設有
夷船游奕一經該省驅逐自必仍回粵境南澳一
鎮最為閩粵兩省關鍵若於此時稍一鬆勁則夷又
恐蔓延是以會札疊飭南澳鎮總兵沈鎮邦就帶
舟師配足弁兵礮械堵截外洋夷船並備火攻擲發

欽差大臣林則徐等奏摺 南澳鎮總兵沈鎮邦等因循不振請分別降補勒休 道光十九年五月初四日

隨帮收用，未據遞到。隨往外遊閩洋夷船竄回，即諭
令呈繳煙土。茲該夷不惟不呈，且躡之不去，竟復示以
兵威。僅此後再有夷船，果日停留，定行將其去後
非該鎮於四月初十日來稟，轉據署參將謝國泰
會稟：三月二十六日有[illegible]撓夷船一隻，由西南外洋
駛至長山尾寄椗，該國泰即同通事引水赴夷
船諭繳煙土，據稱船內無煙，因風雨阻隔，至四月
初十日向東南而去。其隨即同該鎮陸巡閩洋，南澳
其處於初七日挺抵粵洋，初九日復見長山尾有夷
船一隻向東南遠颺，其後日其接閩之下澳洋
員弁夷船自西南外洋駛至，仍係外國該夷之
之船並非由閩南北洋竄回粵境，兩次果並無煙

查前情節，該處非夷船應到之地，趁彼猶
尚乃謝國泰既不能令其繳土，又不能驅之遠行，任
其以候風為詞，自三月二十六日起泊至四月初一日始經
振開等會同從前護理該鎮沈鎮邦雖經催趕
外洋面長山尾為該轄要地，一任夷船累日寄泊
是乃前次業已移知，初九日長山尾兩只之船仍在該
鎮稟回以後，究竟該船從何駛去，未據報明，其
知會振開之船未經遠去，仍在長山尾一帶遊弋
沈鎮邦一味因循含糊，歸之年老不振，殊屬偷惰，是
南澳一帶前船雖已押回，繳土而後，躉船又復竄至
集於松崁，伊等竟不報明，海門營參將
師提督左營遊擊謝國泰年力就衰，巡防懈怠

欽差大臣林則徐等奏摺　南澳鎮總兵沈鎮邦等因循不振請分別降補勒休　道光十九年五月初四日

相應請
旨勒令休致。其南澳鎮總兵沈鎮邦，於兩省交界洋
面兼轄一隅，非獨擋水師專閫之任，惟年力正強，振
無心整頓，尚不至於廢棄，可否請
旨降為遊擊都司，以示懲儆，仍留粵省水師酌量補
用，並令隨船出洋，以觀後效。其所遺南澳鎮總
兵員缺緊要，并請
旨遴揀簡放，以重職守。是否有當，臣等謹會同廣東
水師提督臣關天培合詞恭摺具
奏，伏乞
皇上聖鑒訓示。謹
奏。
道光十九年五月二十八日奉
硃批：所參甚是。另有旨。欽此。

欽差大臣林則徐等奏摺　南澳鎮總兵沈鎮邦等因循不振請分別降補勒休

道光十九年五月初四日

五月初四日

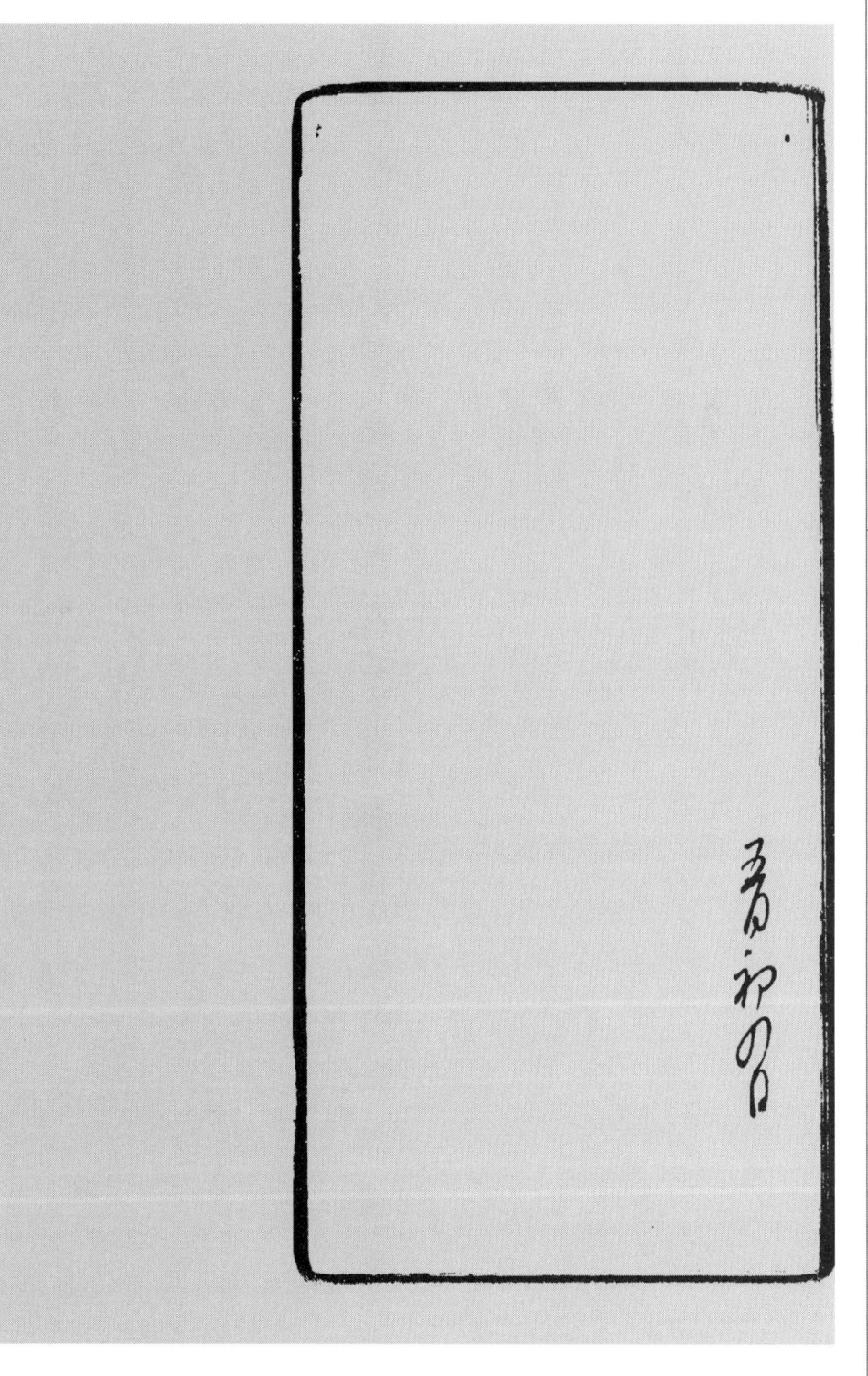

軍機大臣穆彰阿等奏摺 遵旨議定夷人携帶鴉片烟土入口治罪專條

大學士臣穆彰阿等跪

奏為會同定擬夷人攜帶鴉片煙土入口售賣治

罪專條仰祈

聖鑒事道光十九年四月二十九日奉

上諭林則徐等奏夷人帶鴉片煙來内地者請照化

外有犯之例人則正法貨物入官議一專條並夔

時首繳免罪如何酌予限期之處著軍機大臣會

同刑部議奏欽此仰見我

皇上控馭遠夷俾知畏罪自新不犯有司之至意臣

等伏查鴉片煙流毒中國為害日深究其根源

皆由夷船潛入海口希圖售賣獲利以致愚民

被誘吸食寖以成風現經迭奉

諭旨將鴉片煙案犯從嚴定罪以期盡絶根株臣等
業已會議章程具奏奉
旨准行在案其外夷售賣鴉片煙之躉船在粵東者
亦經
欽派大臣會同該督撫設法購獲勒令將煙土全數
繳出銷燬夷人貿易中土均在
聲教之内亦當知所儆畏悛悔於心惟念夷情嗜利
現在雖經嚴辦猶恐將來復蹈故轍非議定治
罪專條尚不足以示懲儆查律載化外人犯罪
者並依律擬斷又新例載沿海奸徒開設窑口
勾通外夷潛買鴉片煙土囤積發賣者首犯斬
立決從犯絞監候各等語臣等議請此後夷人

如帶有鴉片煙入口圖賣者爲首即照開設窰口例擬斬立決爲從同謀者從嚴擬絞立決由該督撫審明確係帶賣鴉片煙首從正犯並無替冒情弊即交該地方官督同該夷人頭目將各犯分別正法起獲煙土全行銷燬其同船之衆是否均係知情亦由該督撫分別酌量懲治所帶貨物概行入官以杜貪頑而嚴法禁恭俟命下臣等即行知兩廣總督以奉文之日爲始予以一年六箇月限期如於限內自將煙土全數呈繳者仍免其治罪所有臣等會議緣由理合奏聞請旨

夷人帶有鴉片煙入口圖賣者為首照開設窰口例斬立決為從同謀者絞立決由該督撫審明確係帶賣鴉片煙首從正犯並無替冒情弊即交該地方官督同該夷人頭目將各犯分別正法起獲煙土全行銷燬同船知情之犯由該督撫酌量懲治所帶貨物概行入官仍予一年六箇月限期如於限内自首將煙土全行呈繳者免其治罪

道光十九年五月　十三　日

臣穆彰阿
臣潘世恩
臣王　鼎

奉

旨依議欽此

臣文慶
臣隆文差
臣賽尚阿署
臣祁墳
臣麟魁
臣王植未到任
臣阿勒清阿
臣趙盛奎

上諭　著林則徐等分查粵閩兩省是否有夷人收買幼孩回國情弊

軍機大臣　字寄
欽差大臣兩江總督林　福建巡撫吳　道光十九
年五月十七日奉
上諭有人奏閩廣兩省海口停泊夷船往往收買内
地年未及歲之幼孩少者數十數百不等多者竟
至千餘其中男少女多實堪駭異夫米粟金銀皆
禁止出口况以無知之赤子投諸嗜欲不通之絶
域地方官有父母斯民之責豈宜置若罔聞且該
夷收買幼孩斷非因人口缺乏藉為生聚之計設
或作為奇技淫巧致以左道戕其生命尤堪憫惻
不可不嚴加禁絶著林則徐吳文鎔分查廣東福
建兩省如果有其事並著查明該夷收買幼孩回

國是否祗供驅使抑有別項情弊據實詳細奏聞
將此各諭令知之欽此遵
旨寄信前來

欽差大臣林則徐等奏摺 虎門銷化烟土已一律完竣
道光十九年五月二十五日

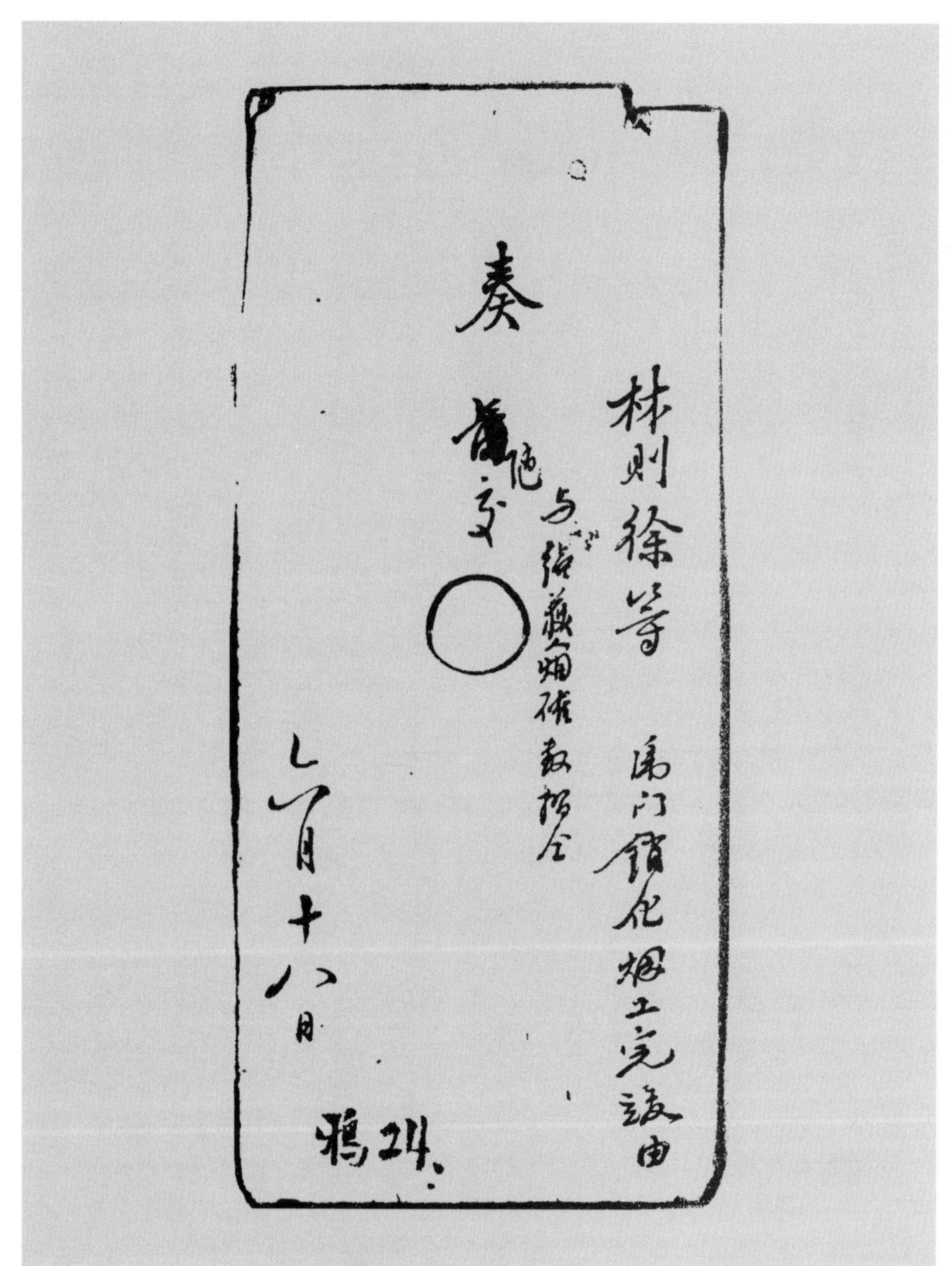
奏
林則徐等 虎門銷化烟土完竣由
七月十八日
鴉24

欽差大臣林則徐等奏摺 **虎門銷化烟土已一律完竣**

欽差大臣林則徐等奏摺　虎門銷化烟土已一律完竣

道光十九年五月二十五日

臣林則徐 臣鄧廷楨 臣怡良跪

奏為虎門銷化烟土業經核實稽查現已一律完竣恭

摺奏祈

聖鑒事竊臣等欽遵

諭旨將夷船繳到烟土二萬餘箱在粤銷燬所有核實

杜弊並會督文武大員公同目擊情形已于五月

初三日銷化及半之時先行恭摺會

奏在案嗣是仍照前法劈箱過秤將烟土切碎拋

入石池浸以鹽滷燬以石灰俟戳化成渣于

退潮時送出大海　臣等會督文武員弁逐日到

廠督視稽查其間亦有無數人夫乘机圖窃而執事

員弁多人留神偵察是以當場拏獲之犯前後

共有十餘名均即立予嚴行懲治並有賊匪于貯烟土處所乘夜爬牆鑿箱偷土亦經內外看守各員弁巡獲破案現在委司嚴審尤當按律重辦其遠近民人來廠觀看者諸節前後合算甚多無不肅然懍畏並有咪唎堅國之夷商啡與喇啦咬嚌嚦等攜帶眷口由澳門乘坐三板向沙角守口之水師提標游擊羊英科遞稟求許入柵瞻視臣等先因欽奉

諭旨准令在粵夷人共見共聞咸知震讋曾經出示曉諭是以該夷等遵諭前來且查系商惟等平素係作正經買賣不販鴉片人所共知因准派員帶赴池旁使其看明切土搗烟及撒鹽燒灰

詫法該夷人等咸去一一點頭且皆時時掩鼻
旋至以等廠前摘帽斂手似以表其畏服之誠
當令通事傳諭該夷等以現在左
天朝禁絕鴉片新例極嚴不但爾等素不販賣之人
永遠不可夾帶更須傳諭各國夷人從此專作正經
貿易獲利無窮萬不可冒禁營私自投法網該
夷人等傾耳敬聽俯首輸誠察其情形頗知傾心
向化隨此公同賞給食物欣欣祇領而去至以等
前
夷
烟土名色本只三種曰公班曰白土曰金花近設復經
發出原箱另只一種小公斑每箱約八十箇其式樣
比常行之公斑較小而箇數倍之故每箱斤兩不相上

下無檔用洋布包裹製造亦較精緻訪聞此種在
外國係最上之烟價值極貴是現在所化烟土
竟已四種臣等近日於邸鈔中伏讀
上諭烟膏烟具多已假造其弊不可勝言等因欽此
仰見
聖明務求真實力戒欺朦之至意臣等愚昧之見欲
辨其偽必須先識其真來也近時各處所拏獲
者皆係何種烟土若以外夷原箱之物互相比較
則真偽似可立辨不至混淆謹將現在四種
烟土每種各留兩箱可否即將此八箱作為
樸樣土以蒙
准令解京即委便員搭解並不費另備亦無須解送

則此時粵東並月俱已各屬拏獲解省驗燬之
烟亦可隨同銷化現除暫存此八箱外計已化烟
土湊合前奏之數共有一萬九千一百七十九箱
二千一百一十九袋其斤兩除去箱袋實共二
百三十七萬六千二百五十四斤截至五月十五
日業已銷化全完斯時蕩穢滌瑕幸免毒
流于四海此次除奸拯溺尤炯[illegible]立于三章乎應法紀
幾作付我
聖主除害保民之至意所有銷化烟土完竣緣由臣
等謹會同水師提督臣關天培粵海關監督臣
豫堃合詞恭摺具
奏伏乞

皇上聖鑒訓示再虎門現在無事以林則徐亦暫回省城

商辦一切合併聲明謹

奏

道光十九年六月十八日奉

硃批可稱大快人心一事知道了欽此

五月二十五日

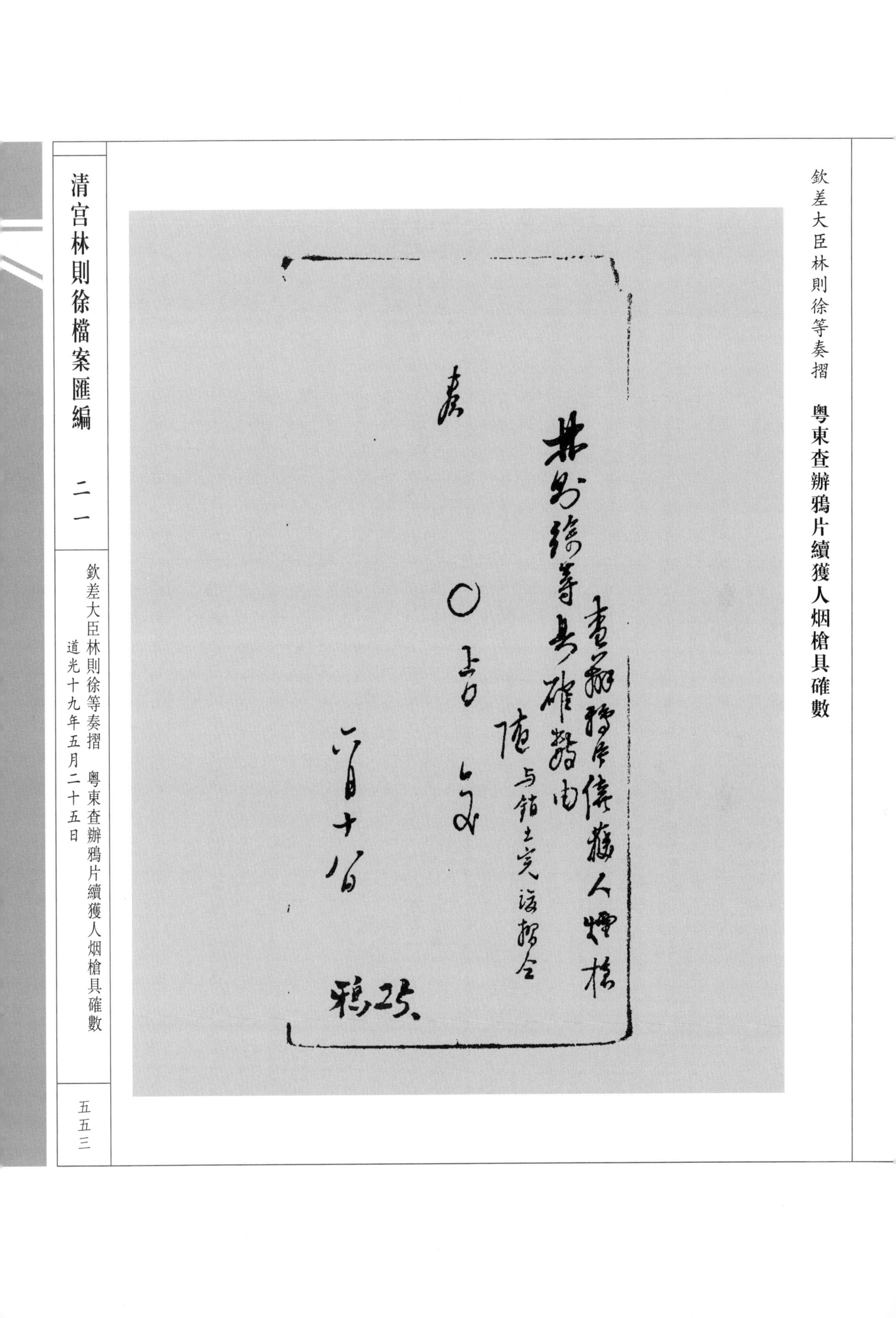

欽差大臣林則徐等奏摺　粵東查辦鴉片續獲人烟槍具確數

欽差大臣林則徐等奏摺　粵東查辦鴉片續獲人烟槍具確數
道光十九年五月二十五日

臣林則徐臣鄧廷楨臣怡良跪

奏為粵東查辦鴉片續獲人烟槍具確數恭摺

奏仰祈

聖鑒事竊照鴉片之毒比于砒鴆然砒鴆之死死于砒鴆者于數

人而一耳若鴉片則吸食者病于癮而死無算者

罹于法而亦死是死于鴉片者于十人而一于此而

不併力掃除貽患伊于胡底言之切齒思之寒心臣鄧

廷楨臣怡良現蒙奉

諭旨前飭查辦刻因繳竣適臣林則徐仰承

簡命來粵查辦海口事宜以大患務盡力籌不敢稍存

畛域除起獲夷船烟土以清來源外又經會同切

劄各屬文武隨時隨地悉力搜拏以冀涸流漸息溯

自臣鄧廷楨臣怡良節次
奏報至本年三月底止計共獲人犯一千六百名烟土烟
膏四十六萬一千五百二十六兩九錢八分烟槍四萬二千
七百四十一枝烟鍋二百一十二口及烟具等件均經仰蒙
垂鑒在案臣等伏思吸食者雖屬平常而販者雖巧
于收藏而鬼蜮情形斷難掩其衙署耳目因復
通飭各屬并仰遵奉公正紳士議立族長正副族
次編查保甲使之保保互攻匪有犯即擒并自四月初
一日起至五月十八日止據各屬文武先後報獲烟案
一百四十起續又拿獲吸食人犯共一百九十二名烟土
一萬二千七百七十三兩七錢九分烟膏二百一十二兩五錢
八分五厘烟槍一千二百四十五枝烟鍋三十六口又陆

續撈獲烟泥二萬六千四兩二錢烟膏一千六兩六錢六
分烟槍二萬四千三枝烟鍋一口又民間首繳槍烟一
項因鄧廷楨及怡良等未經摺奏
[illegible]飭令勒限先後據各屬等報收繳烟土一十六萬
九千三百零七兩五錢五分烟膏四千六百零五兩
五分烟槍二萬六千零五十枝烟鍋三百十六口
綜計烟土烟膏共重一十八萬七千一百七十九兩八錢
零五釐烟槍二萬七千五百三十八枝烟鍋三百五
十三口犯經隨時發司嚴審如係素通[illegible]道之情經人
犯即飭該管府縣究詳分別懲辦收獲槍烟等
件因需撥之為難有嘗素遠我解至海南計其數
實多飭即就近解省一併燒燬其收其辦亦一為遠

里能亦追逐惟所獲大抵宵夏數居通者十之八九矣
則真偽易清而抽換偽漏之弊恐亦在所不免是以
飭令與附近各府廳州縣均將烟槍一律解省由臣等
親率司道營員眼同驗明焚燒以除積弊而
絕隱瞞伏查粤東地處海濱者頗係衆匪遼
趨利若鶩販售甚私較他省為多亦較他省為
易查辦吃烟未盡有悔心悔禍之人而嗜痂
者以為臭為神奇爭利者視土膏為金穴若不
持以定力痛絕萌芽不但昔之蔓延向後出
吃烟之輩餘吻重修且恐奸民窺伺鉗網之疎仍
肆侵漁之計前功可惜痼疾安瘳臣等惟是協
力同心矢勤益加勉振作一日未淨即嚴捕不

害一日或臻必使舊染胥蠲以仰副我
聖主崇正黜邪除惡務本之至意除再通飭各屬文
武各弁奮力查拿務將開窯設館販賣吸食各
匪犯多方弋獲煙土實力嚴搜不許支飾畏難
稍涉縱漏外所有續獲人烟槍具緣由謹
會同恭摺具
奏伏乞
皇上聖鑒訓示謹
奏
道光十九年六月十八日奉
硃批
欽此
五月廿五日

彙報夷船互市情形並回空躉船開行隻數

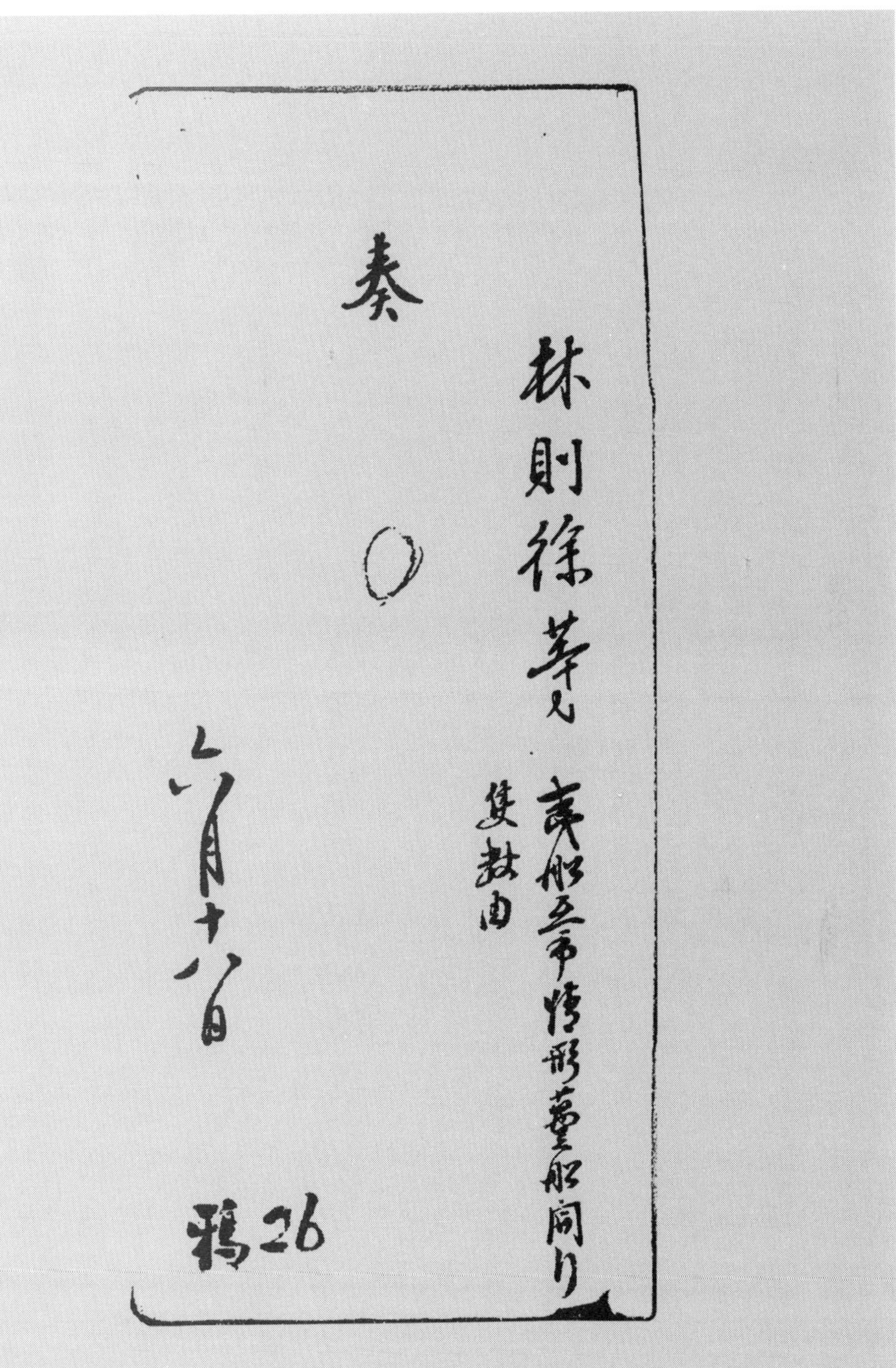

奏

林則徐等

夷船互市情形躉船開行隻數由

六月十八日

26

欽差大臣林則徐等奏摺　彙報夷船互市情形並回空躉船開行隻數
道光十九年五月二十五日

臣林則徐臣鄧廷楨臣怡良跪
奏為彙報外夷貨船往來互市情形並回空躉船開
行隻數恭摺奏祈
聖鑒事竊臣等前奏收繳夷船鴉片欽奉
諭旨各國夷商業經遵繳烟土自應加恩准予照常互
市以示懷柔等因欽此臣等當即恭錄咨會粵海關
監督臣豫堃一體欽遵辦理惟因外國新來貨船
開行在數月之前想尚未知嚴禁仍帶烟土且查
向來積弊夷商所帶之土皆于到後卸在伶仃等
洋之躉船然後進口是未進口以前應先設法稽
查以杜私卸臣等會飭署澳門同知蔣立昂暨
香山協副將惠昌耀等查照糧船勾水之法將新

到口貨船喫水尺寸先用丈杆自水面量至艙面註
明印單粘于夷船船艙以為記認仍造冊報明以俟
進口時覆驗水跡有無浮高即可辨其有無私卸復
咨會海關監督親至黃埔將貨船逐一盤驗如有
夷帶自必不能藏掩隨有咪唎堅國之吻喋喇船
嚧呅船唑船嘆喇船嗹呅船囋呅船啤噠船吅嗷
船叮啫船共九隻販運洋米棉花洋布黑鉛等貨
均于量明水誌之後進口查驗俱無夷帶鴉片并有
帶來買貨洋錢十五萬數千圓據通事等稟稱夷
船攜帶洋錢近年頗為罕見尤可為不賣鴉片之
明證此外有咪唎堅國之吧咧一船嘆咭唎派屬港
腳之啵咪一船于勾水之後不敢進口旋即駛向老

萬山外徑行回國其爲帶有鴉片無從覓售又恐露蹤跡水痕不能卸載是以潛逃回去情事顯然但既未流毒中華即不便窮追肇釁此新來貨船之情形也其原泊黃埔夷船滿載内地貨物出口者計港腳則有嘩吔呻等十五船咪唎㗎國則有嗼嗟咭等八船共船二十三隻亦皆先後乘風駛出老萬山此又内地貨物照常通往外國之情形也至已經繳清烟土之躉船自應驅逐回國臣等于收土後傳諭領事義律早爲遣回並查港腳之喊唎船囋唔船咡吔喇船嗻啡喱船嘞船咪唎㗎之啊吧船小呂宋之嘝船共七隻已先後駛出老萬山回國其餘有候修船者有候帶貨壓載者並有其船

業已破爛不能衝風破浪難以回國擬拆賣与人
者臣等仍分別察查尚皆實情除仍分飭師船嚴
加防範並不時查催驅逐外現在洋面澳門均屬
安靜所有貨船往來互市情形及躉船回國隻
數臣等謹會同粵海關監督臣豫堃合詞恭摺
具
奏伏祈
皇上聖鑒謹
奏
道光十九年六月十八日奉
硃批知道了欽此
五月二十五日

欽差大臣林則徐等奏摺　銷烟委員陳鎔染毒身故請飭部議恤

道光十九年五月二十五日

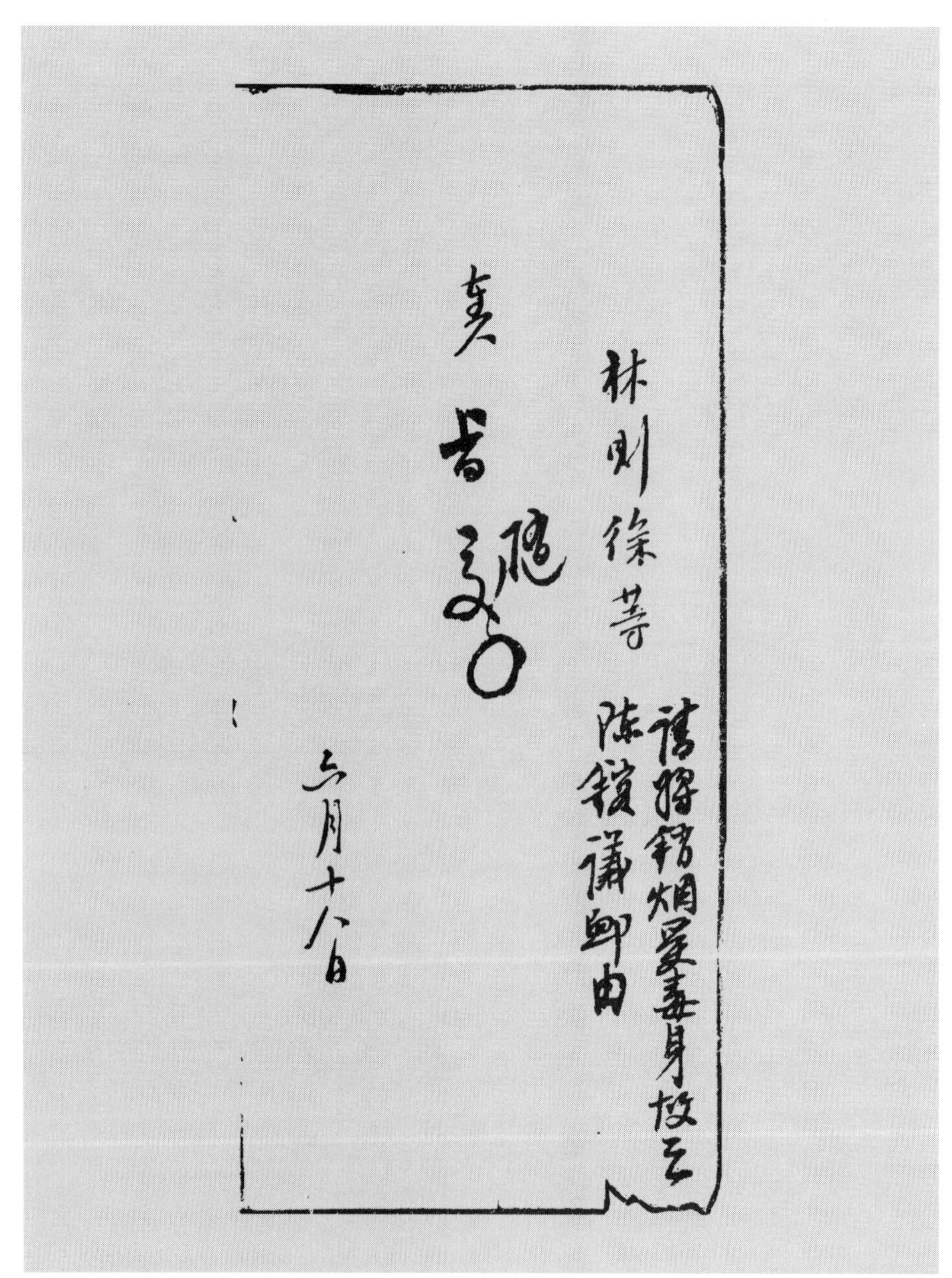

林則徐等

請將銷烟染毒身故之

陳鎔議卹由

奏

旨 [illegible] ○

六月十八日

欽差大臣林則徐等奏摺　**銷烟委員陳鎔染毒身故請飭部議恤**

臣林則徐臣鄧廷楨臣怡良跪
奏為銷烟委員染受穢毒扶回身故籲懇
天恩敕部議卹以昭激勸恭摺
奏祈
聖鑒事竊照廣東候補府經歷現任博羅縣典史
陳鎔先經臣鄧廷楨派委隨同委員同知劉開域
等在于橫檔洋面承修新造排鍊工程在工半
載已經頗能認真督率正在將次完工之際
適值臣林則徐飭諭夷人呈繳烟土臣等就近派
令該員前赴沙角分司起繳剝運諸務該員往
來洋面冒涉風濤尤屬最為出力而收烟完畢還
旨在于虎門開池銷化復派該員在廠會同各委員監

視灌水撒鹹攪烟放撩該員晝夜臨池督率
在外宿廠巡查備極辛勤毫無踈懈詎自
四月二十二日烟土陸續入池經石灰鹹滷浸泡熏
蒸腥臭上騰不可嚮邇在事大小文武先後患
病者十已餘員均經調治就痊惟伊仍力迨至
五月十三日烟土全數浸透開涵放入大洋而涵口
所涵烟泥及池内所積渣滓均須起淨
盡以免匪類淘挖一經激底翻騰濕毒之氣甚
於往日各員繞池巡視無不掩鼻攢眉及巡至
第二池該員陳鎔忽然大呼好臭隨即嘔吐狼
藉扶回所乘小艇即覺遍体發燒猶復力疾
捐欲圖畢功臣等見其神色委頓催令即日回任

臣調詎該員于十四日回至署中已不能言語
延臣診視稱係毒氣中于心經不可救藥延
至十六日戌時身故經博羅縣知縣莛炳離
前往查看該故員十指甲俱現青色是因染
受烟土穢氣所致據該縣具報前來臣等披閱
之餘深為憫惻伏念該員以佐貳微員勤奮趨公因
勞成疾生前已堪嘉獎歿後尤可矜憐查道
光十二年十二月江蘇海州分州判章濂
緝捕墜馬因傷身故經前任兩江督臣陶澍
奏懇議卹又于十五年十一月安徽署懷寧縣
典史楊曉春因捕蝗染病身故亦經臣鄧廷
楨在安徽巡撫任內援案陳奏均蒙

聖恩敕部查核酌予議卹在案今該員陳鎔奉委
銷化烟土染受穢毒扶回病故核與前兩案尚
係因公殞命而情狀尤覺可悯相應籲懇
逾格恩施
敕下部臣酌量議卹不獨該故員銜結九泉且使不
自愛之員尤共同歸一死而此則沐
朝廷之卹典彼則為
盛世之罪人俾使稍具天良者亦感愧無地矣謹
合詞恭摺具
奏伏乞
皇上聖鑒訓示再該員出缺日期及所遺博羅
縣典史缺廣東現無應補人員應在田[illegible]恬良

另行咨報並遴員請補合併聲明謹

奏

道光十九年六月十八日奉

硃批　欽此

五月二十五日

欽差大臣林則徐奏片　**密請頒諭烟槍烟膏仍應收繳首犯遵例辦理**

二

臣林則徐跪

奏再廣東距京遥遠臣近日始閱三月邸鈔欽奉
上諭嗣後拏獲吸烟人犯不准以呈繳烟膏烟具入
奏其從前投首不實之犯仍著各督撫等嚴飭該
地方官隨時查察如有再犯即加重治罪以杜朦
混而歸覈實將此通諭知之欽此現在部文尚未
行到而臣就邸報中跪誦再三仰見我
皇上於為民除害之中
示覈實戒欺之要
嚴明訓飭感懍交深臣恭繹
聖諭所指收繳之弊約有三端一則恐以拏獲之犯
作為自首希圖減罪也一則既繳之後官不復

查聽其吸食也一則地方官塞責邀功假造烟
膏烟具以滋朦混也凡此三弊皆臣所切齒痛
恨矢以極力掃除者茲蒙
訓諭提撕彌欽覈實從嚴之
至意敢不倍加釐剔務絕根株惟是濱海愚民無知
悞會近日紛紛傳播轉謂烟禁已弛有槍有土
仍聽存留前此赴鄉查訪之紳者輒被鄉民恃
頑抗阻謂已奉
旨免繳何得多事此等藉詞搖惑以嚴為寬實屬詐
妄之尤亟宜痛加懲創除嚴拏重辦外惟念臣
等所辦收繳之法並非令罪人自行投首官不
復查亦不敢聽州縣塞責邀功假造朦混伏求

皇上恕臣愚昧容其據實瀝陳查鴉片久已盛行廣
東尤甚所謂遍地皆是早在
聖明洞鑒之中即使此後外夷斷絕來源正恐內地
囤積之多數年用之不能盡在臣與督撫臣等
盡力督拏無日不有獲犯起贓然察看向來陷
溺之深與到處窩藏之密地方遼濶民俗兇頑
島澳既不可勝窮胥役又大都難恃是即設法
拏獲亦祇千百中之什一如必掃數拏盡竊恐
遙遙無期因思保甲之行本係詰奸良法每鄉
總有公正紳士良善耆民五家十家之間耳目
最為切近興販吸食斷難瞞其鄰人故保甲有
五家連坐之條在官者因即藉以儆衆如一家

有犯責四家以告發否則與之同罪而為鄰佑者既知其人有犯恐必連累及身又念比屋相親不忍遽寘於法則必多方勸戒悚惕而禁止之並取其烟槍膏土彙繳於官官則驗明即收並不詰其姓名來歷盖明以留其廉恥而實則杜其避趨故第收之於例應舉發之族鄰而不收之於律許減輕之罪犯猶恐不實不盡一面購線查拏有犯即懲其於何人曾繳何人未繳拏者本不過問犯者無可藉詞此所以不相妨而適相濟也夫有鴉片即有吸食勢所必然在官多一分之收即在民少一分之食誠能減之又減以至於無似亦有益無損之事且吸食之

人其畏收繳轉甚於畏查拏蓋查拏不能無漏網況父兄溺愛親族礙情雖恨子弟之吸烟而恐其到官問罪轉必多方為之隱瞞有收繳之一途則凡家人骨肉戚友鄉鄰平日勸之不從者至此皆得悚以

功令之嚴奪其物以袪所嗜是一人之癮衆人斷之既立死罪以懾其心復飭收繳以去其疾迫之以不得不斷之勢正所謂以生道殺民而比閭族黨間變化愧厲之方備焉保受和親之俗成焉故報繳者雖見其多並無公然免罪之犯而報獲者並行不悖實無繳後不查之人蓋以保甲禁鴉片而寓收繳於編查猶之以保甲查

教匪即應收其經卷以保甲治械鬬即應收其器械其理一也至假造之弊惟不驗乃至被矇果其驗之則真僞判然難逃衆目故烟土必用刀剖開烟膏必以火燃試不惟全假者即時發覺即攙和者亦立見區分若烟槍則外面一觀已有生熟之别又劈破以視其内必其烟油久漬乃為舊槍即新槍尚不得相混而他物所假更無論矣現在粤省所收膏土槍具惟僻遠隔海之雷瓊二屬為數本少免令解省外其餘各屬悉經通飭解驗且不獨收繳者當驗而拏獲者更當驗葢收繳無功可見惟拏獲始足見功地方官如存邀功之心則與其假造而報收繳

欽差大臣林則徐奏片　密請頒諭烟槍烟膏仍應收繳首犯遵例辦理

道光十九年五月二十五日

不如假造而報拏獲之為得也夫以粵省作偽之風命案尚有頂兇盜案亦有買犯況鴉片獲利最厚弊竇最多有賣放正犯真贓而以從犯假贓報獲者有獲時明係真贓而侵吞偷換解時變作假贓者詐偽叢生何所不至然既不能因查拏之有偽遂並查拏而停止之則收繳中之真假或亦責成臣與鄧廷楨等逐一調驗如有假造惟臣等是問查粵省自上年以來未曾於鴉片案內保舉一員是既不使邀功安敢聽其朦混臣到粵以後疊准鄧廷楨等將解省之烟土等物移同查驗間有一二攙和之膏土搪塞之新槍皆必剔出發司澈底究辦此後更當

責成地方官先自劈驗再行封解如有不實即
將該州縣嚴參示儆又如烟槍一物臣始亦以
為不過如尋常之烟桿耳斷癮與否於槍何與
迨屢獲烟犯細加研訊始知溺於鴉片之人直
以其槍為性命緣新槍不能過癮總須平素用
熟有烟油久漬其中者方能適口故一槍有值
數十金百餘金者甚至父子兄弟間不肯相假
其陷溺之深如是所以欲去其癮先去其槍有
如理髮而奪其揥作字而奪其筆雖酷嗜者亦
無可如何非第使之明志也謹查
大清律例內禁止賭博必並賭具而嚴禁之蓋有具
則有賭無具即無以為賭也烟之需槍恐或類

是臣前於邸鈔中見有被罪圜禁而仍羣聚吸烟者是因破案而不收槍之故若不收槍則未犯案者固難望其自燬即已犯案者仍不甘於棄槍將使在家獨吸之人合之而同吸於囹圄並將各處散吸之人徙之而聚吸於配所竊恐輾轉流傳其勢更難於禁止矣凡人不見可欲則心不動烟入於目槍入於手欲其口之不饞不可得也吸旱烟者若無烟桿亦有不能不歇之勢然旱烟之新桿尚可將就而鴉片之新槍與無槍同由此觀之收槍之法或亦禁烟者所不廢耳至自首一節現在粤省固無其事而

大清律例明有此條除殺人不准首外小而尋常罪

犯大而習教為盜尚皆准首設有人烟癮已斷
本身出首察看得實似亦只得遵例辦理未便
竟不准首致與定例兩歧而與怙惡不悛之人
亦無區别惟流弊必須嚴杜倘州縣將拏獲之
犯揑為投首定當以故出人罪嚴行糸辦而罪
人首後復犯似宜即照新例定罪不得仍與初
犯者同科始足以昭警戒伏念我
皇上明罰敕法因恐臣工不知振作是以
訓飭加嚴而無如蚩氓相率傳訛轉幸
明諭之頒冀遂深藏之術若因此頓更大局非獨前
功可惜更虞挽救無方且風聞外夷於呈繳之
後知内地民人烟可不繳不無反脣相稽者於

國體尤有關係臣仰蒙
委任專辦此事下懷實深焦急不揣冒昧披瀝密陳
如臣言謬妄難行應請
皇上破其顓愚示以懲儆倘蒙
俯念臣心無他惟冀於公有濟可否
特頒申諭將
前旨係為覈實查辦正以從嚴之處明白宣示嗣後
寓收繳於保甲責大吏以督查如有州縣以拏
作首以假混真不行嚴參者事發以徇庇論而
總不得藉口希圖免繳俾天下臣民憬然領悟
庶久藏之毒物漸收獲以無遺並請將臣奏
留中毋庸發下臣既得以遵循辦理斷不敢居建白

之名頂感
鴻慈倍無既極再督臣鄧廷楨與臣籌議意見相同
因接奉
硃批令其酌覈亦已自行另片覆
奏惟係專差賫遞恐到京在臣此摺之後合併聲
明伏祈
聖鑒訓示謹
奏

欽差大臣林則徐等奏片 **密訪夷情瀝陳東西各路夷船偷渡越竄應請剿除**

林則徐鄧廷楨片

再臣等密訪夷情因知外國商船來粵貿易者必先赴該
國請領牌照經過夷埠俱須驗照並於開船之時須給
禁約條款諄諭不許在於中華滋生事端酌限往返程
期如未領牌照擅自行船查出即治其罪船亦充公是
外夷禁令森然並非縱其販鴉不加察而商船載來貨物
動值數十萬金彼既愛惜資財自必懍遵法度故貨船到
粵必皆投關報驗納稅按期歸近年以來西路夷商夾帶鴉
片情弊要亦先向躉船寄頓始敢駛進黃埔斷無駕駛貨
船東奔西竄之理惟因獲利太厚販運愈多各國雖向有
之而以港腳一處為尤甚港腳地名曰嗌喹喇曰嗹嘪曰嘆
嘘喇薩皆為嘆咭唎所屬之港口即華言所謂馬頭其距嘆

咭唎本國寄居西洋，該程兩年來至內地，則比英夷爲近。然米利堅之心罔顧屢禁，往往由外洋乘風竄駛越過廣東中路，直趨東路之南澳，以達閩浙各洋，來去影從，使成騷擾之地。

天朝綸綍廣大，無不俯示懷柔，即片帆所不能至之處遠禁，外夷亦情同謹備，防其究至於疏遠而止。奸夷明知更復相率效尤，沿海文武員弁不諳夷情，震於咦咭唎之名，而實不知其來歷，遇有夷船駛至，不過循例催行，如其任催罔應，亦即莫敢誰何，甚至築盤夷船，膽敢以槍礮相恐嚇，而官船因未奉有明文，亦不敢擅用火器，如道光十四年閩浙總督臣程祖洛所奏情節是其

諭旨飭令將接等務當隨時訪察情形以靖洋面等因欽此
欽遵在案以臣等近日訪聞乃知此等奸夷並非仍
由經商而敢偷渡越竄若被該國查出在夷法亦必嚴
重刑況
天朝禁令森嚴豈有轉以內地各洋為其逋逃藪之理且如
內地奸民出海潛赴夷洋滋事揆諸
國法正宜按例治罪倘在外已被夷人戕害適足蔽辜
為醒之唱寬許為招復求以此對欽差度勢揆情
愈知越竄之夷船不必空言驅逐惟有嚴行懲創乃可
震懾其心而亦並無後患也總之臣得由而則中論者
則為經商之船無得由而竄來西各路者即為偷渡之船
經商之船為便區分良莠偷渡之船明係匪莠無良

攻擊礮轟，皆其自取，似不為過，且伊等越竄船隻，
小者是三板舟划，大者亦不過通快夾板，迥非貨船躉
船高大堅厚之比，即船內礮械亦祇有限，甚至安假礮於
船旁者，礮眼非真，夾板祇以虛張聲勢，粉飾欺瞞，將
弁眾能奮勇剿除，何患不能相敵，即云夷人乃亡命
之徒，官兵亦值與之對仗，亦為易收漁利之效，可操勝
算，祇須在營沿海之處，因其多駕攏船，滿載薪
備帶火器，分為數隊，俟得上風，歸在乘流縱放，即
或前隊未能得手，後隊繼續接來，夷船中稍受官
引火之下，未見不可以直攻者，此亦一法，不難，實有 具 其
可不得夷見已膽落，似亦懾服之一法也，臣等為杜
絕駛行闖入內洋起見，是否有當，謹附片瀝陳，伏祈

欽差大臣林則徐等奏片 密訪夷情瀝陳東西各路夷船偷渡越竄應請剿除 道光十九年五月二十八日

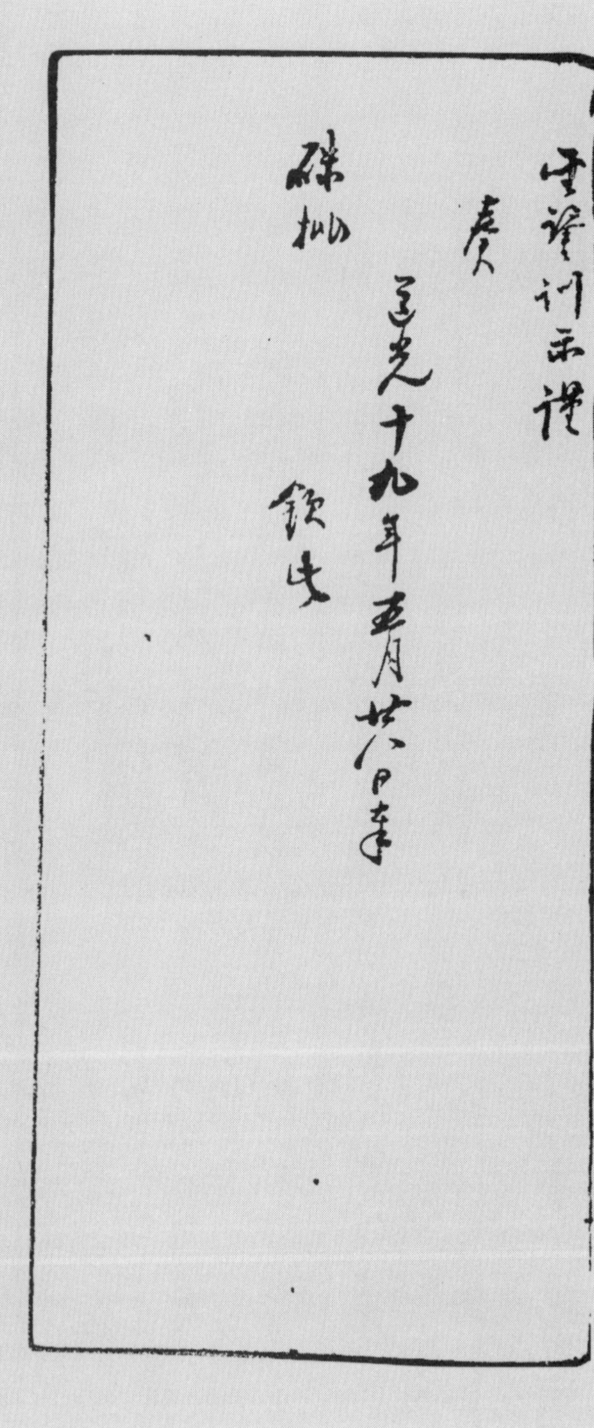

聖鑒訓示謹
奏
道光十九年五月廿八日奉
硃批 欽此

軍機大臣　字寄

欽差大臣兩江總督林　兩廣總督鄧　道光十九

年五月二十八日奉

上諭林則徐等奏請將偷渡夷船嚴行懲辦等語外

國商船來粤貿易必在該國請領牌照頒給禁約

方許駛入内洋乃近年暎咭唎港脚地方奸夷並

未領照經商往往偷渡越竄並因中國員弁遇有

違禁來洋船隻不過驅逐而止膽敢虛張聲勢以

槍礮相恐嚇似此違禁藐法甚屬可惡該大臣等

奏請遇有此等越竄船隻即令師船奮勇勦除及

雇募善泅駕船載草備帶火器佔住上風漏夜乘

流縱放之處著林則徐鄧廷楨體察情形相機籌

辦務使奸夷聞風慴服亦不至驟開邊衅方為妥
善將此諭令知之欽此遵
旨寄信前來

上諭 林則徐等所奏謝國泰著即休致沈鎮邦著降都司

道光十九年五月二十八日内閣奉

上諭林則徐等奏外洋駛到夷船停泊累日請將因循不振之鎮將分别勒休降補一摺南澳地方為閩粤兩省關鍵現在甫經清理所有外洋來船自應認真堵截毋任停留乃竟有雙桅夷船一隻由西南外洋駛至長山尾寄椗該署忝將謝國泰既不能諭令呈繳煙土又不立即驅逐任其以風雨為詞停泊數日始行開報且年力就衰巡防疎懈著即勒令休致南澳鎮總兵沈鎮邦於兩省交界洋面一味因循含糊飾稟難勝水師專閫之任惟年力正强著降為都司仍留粤省水師酌量補用並責令隨船出洋以觀後效該部知道欽此

上諭　著鄧廷楨察看惠昌燿是否勝任南澳鎮總兵具奏

軍機大臣　字寄
兩廣總督鄧　道光十九年五月二十八日奉
上諭本日據林則徐等奏南澳鎮總兵沈鎮邦因循不振已明降諭旨將沈鎮邦降為都司留粵酌補矣南澳一帶為閩粵交界洋面現在堵截夷船搜拏煙土攸關緊要自必經理得人方於地方有裨前據鄧廷楨保奏香山協副將惠昌燿堪勝水師總兵尚未送部引見著該督再行留心察看該副將是否能勝南澳鎮總兵之任迅即據實具奏毋稍遷就將此諭令知之欽此遵
旨寄信前來

上諭

刊賣假捏照會外國公文人犯翁亞瀠著交林則徐等審訊

道光十九年五月二十八日内閣奉

上諭林則徐等奏訪獲刊賣假捏照會外國公文人犯一摺廣東查辦海口防堵躉船業經各國夷商遵繳煙土兹據該大臣等訪聞廣州省城坊市忽有刊賣假捏照會嘆咭唎國公文之事拏獲鋪户翁亞瀠據供係由外縣陳姓士人輾轉傳鈔等語案關探聽事件詐傳言語必應按例究辦翁亞瀠著交林則徐等審訊確情其供出之陳姓著嚴緝務獲究明假捏刊賣實情照例分别治罪欽此

欽差大臣林則徐等奏摺　遵旨銷化烟土已將及半

道光十九年五月二十八日

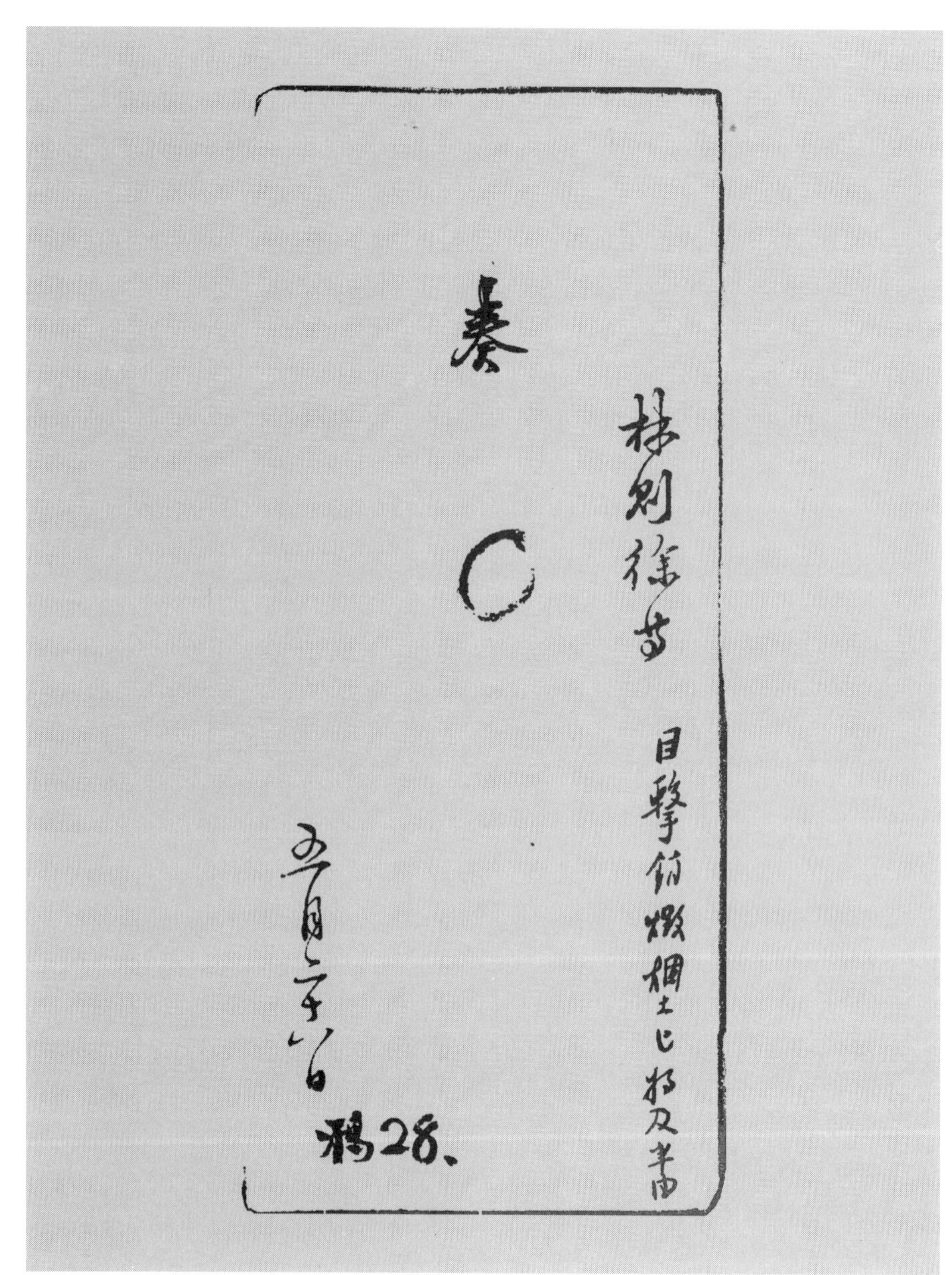

奏

林則徐等

目擊銷燬烟土已將及半

五月二十八日

稿28、

欽差大臣林則徐等奏摺　**遵旨銷化烟土已將及半**

臣林則徐、臣鄧廷楨、臣怡良跪

奏爲遵

旨在粵銷燬烟土，會同文武大員公同目擊，覈實稽

查，以杜弊混而昭震讋，現在銷化已將及半，

先行恭摺奏祈

聖鑒事。竊臣等前奏收繳夷船烟土，請將原箱解

京，先於四月十二日奉到

硃批：另有旨。欽此。

諭旨允准，謹即欽遵辦理，業經收繳裝載，已具奏報，趲

運。閏四月十八日承准軍機處交出內閣奉

上諭：前據林則徐等先後奏，躉船鴉片盡數呈繳，請解

京驗明燒燬，當降旨允行。本日據御史鄧瀛奏稱

廣東海口一律通達，所繳烟土為數較多，恐委員
稽查難周，易啟偷漏抽換之弊，著諭林則徐等經
朕委任，此次查辦粵洋烟土甚屬認真，朕斷不疑至
稍有欺飾，且長途轉運，不免借資民力，著無庸解
送來京，即交林則徐、鄧廷楨、怡良於收繳完竣後
即在該處督率文武員弁公同查驗，目擊銷燬，俾
沿海居民及在粵夷人共見共聞，咸知震讋。該大
臣等惟當仰體朕意，核實稽查，斷不准在事員弁
人等稍滋弊混。欽此。仰見我
皇上於核實除害之中寓體卹民力之意。臣等公同跪誦
欽感難名。伏思銷燬烟土，弊竇最多，必須先事籌防
庶可免於偷漏。緣此物流行已久，利之所在，眾庶爭

再查道光十七年間，臣鄧廷楨曾經
奏明奸民向夷船購買鴉片，每個價值洋銀三
十餘圓，迨來此須十六、十八圓不等。今即以賤價核
算，每箱亦須六百餘圓，合計二萬餘箱，不下一千
數百萬圓之值。其守臣瞭望之人，不難冀其棄之
且以鴉毒視之，而吸食無知，竟謂為無價寶也。
更誤認為奇貨，關防一稍不嚴，密即百計為之
叢生。臣等自收繳以來，因虎門越在海濱，須防奸
民窺覦，即先相度堆貯之地，計每箱長約二尺寬（高）
半之，大房一間，僅能堆至四五百箱之數，該處民房
廟宇均無寬敞可容，臣等已會僱鼓商園寨外墻添
蓋高棚，包挑好貯，內派文武員弁十六員分四班看守外

派武弁十員帶領弁兵一百名晝夜巡邏事尚不
至疎虞至銷燬之方亦復熟籌屢試向來用火
燒化俾以桐油至法未當若第防閑焚過之後必
有殘膏餘瀝滲入地中積慣熬煎之人竟能掘地
取土十得二三是法亦所難盡絕臣等廣諮博採知烟
最忌者二物曰鹽滷曰石灰凡以烟土煎膏者投以
灰鹽即成渣沫不能收合成膏是其相剋之性正可
資之以除其害也繼復逐箱烟土皆用灰鹽煮化則
鋪牲之設必須累百盈千誠恐思慮不周轉滋
偷漏且至少須又兼數月不能銷竟若再
四籌商莫若移海灘高處挖池臨
流浸化其池平鋪石底縱橫各十五丈

鋪底四旁攔樁釘板不令少有滲漏前
面設一涵洞後面通一水溝池岸周圍
廣樹柵欄中設棚廠以為文武員
弁查視之所至浸化之法先由溝道車
水入池撒鹽成滷所有箱烟土逐個
切成四瓣投入滷中泡浸半日再
拋擲塊燒透石灰紛紛拋下頃刻煎沸
如湯渾若鬻釜自熾復僱人夫多名各執
鐵鏟木爬立於跳板之上往來翻戳務
使顆（盡）化俟午退潮時啟放涵洞隨
浪送出大洋並用清水刷滌池底
不任涓滴留餘茲由日算一池為

未剩渣之日便用第二池其泡浸翻戳如前法以此輪
流替換每化一池即清一池之底務免存留涓滴並
飭諸委員臨池停工即將池岸四圍柵欄全行封鎖
派令文武員弁周歷巡緝其夫役人等凡所用人
夫俱穿短褲上身下腳向俱赤露於停工放出
時亦逐一搜檢不許稍有夾帶試行之初
每日僅化三四百箱迨數日後手法漸熟現在日可八
九百箱至千箱不等當其消化之際膿油上浮渣滓
下沉臭穢熏騰不可嚮邇乃悟此物之能蠱人心志
從人年壽槁人形骸者蓋別有造作時用物取精別有齊
來方術所以僅此園地栽種聞其刑擬甚多劉存已也臣林
則徐鄧廷楨虎門與怡良及關天培率同委員候補知府

南雄直隸州知州余保純等逐加佈置隨即函商臣鄧
廷楨臣怡良以欽奉
諭旨必須目擊銷燬其在省各員押運輪流到虎查覈
看驗臣怡良因前次收繳時督同首府此次輪應先
到虎門臣鄧廷楨於臣怡良回省後亦即乘舟來虎
並令廣東按察使喬用遷運司陳嘉樹糧道
王篤四員分班輪流接替查視又咨會廣州將軍臣
德克金布左翼副都統臣奕湘右翼副都統臣英隆
亦各輪流到虎彈壓粵海關監督臣豫堃則以虎門
本有稅口更應常川到彼照料稽查在事員弁人甘
均各派令執日互相查覈該處沿海居民欲來觀看
只准在柵欄之外不許混入廠中以杜偷漏其上有下澳

夷人經過口門，率皆遠瞰，而不敢褻玩，覘其情狀，似有

羞惡之良焉。

聖主德威，俾中外咸知震讋，從此洗心革面，庶幾咸與

維新矣。至烟土名色，亦有不同，其黑土曰公班土，向係

上等之烟，白土次之，金花土又次之。此次隨同箱銷化者，因

各色烟土分別編號，層疊統計，大抵公土白土居多，金花土

不及百分之一。業已逐一逐箱過秤，並無少袋，所收者亦皆

扣除箱袋霉變，實淨烟斤兩，計自四月二十二日起，截

至五月初三日，已銷過八千三百二十箱，又二千一百一十九

袋，其斤兩共合一百十二萬八千七百二十九斤。以全數覈

之，所化已將及半。茲仍趕緊銷化，不敢草率，亦

不敢遷延，恐塵

聖懷謹將現辦情形合詞恭摺具
奏伏乞
皇上聖鑒謹
奏
道光十九年五月二十八日奉
硃批所辦甚好仍當留心稽查切勿去弊又滋
弊也時時慎勉不可稍忽欽此

上諭　著林則徐等妥議整飭洋務章程具奏

軍機大臣　字寄

欽差大臣兩江總督林　兩廣總督鄧　廣東巡撫

怡　傳諭粵海關監督豫堃　道光十九年六

月初七日奉

上諭據御史駱秉章奏請整飭洋務以絶弊端一摺

所有慎選洋商嚴禁孖氈並夷人久住省館三板

夷船灣泊省河及内地洋銀應與紋銀一律嚴禁

出洋之處著林則徐鄧廷楨怡良並傳諭豫堃一

體妥議章程具奏原摺著鈔給閱看將此各諭令

知之欽此遵

旨寄信前來

上諭　通諭各直省將軍督撫等務將烟具烟膏銷毁净盡

道光十九年六月十八日内閣奉

上諭林則徐等奏查辦鴉片續獲人煙槍具並銷化煙土完竣各一摺覽奏均悉著仍通飭各屬文武員弁務將開窯設館販賣吸食各匪犯奮力查拏不許稍有疎縱所留樣土四種若解京後發交各省觀看殊覺煩瑣且易滋弊實著即於該處覈實銷燬無庸解京又林則徐另片奏稱愚民無知誤會前旨謂槍土仍聽存留免其呈繳等語朕因拏獲煙膏煙具恐有假造朦混意在邀功或既繳之後官不復查希圖塞責故本年三月降旨飭各督撫等實力查拏不准以呈繳入奏原以地方官既已拏獲吸煙人犯其煙具煙膏自應一併收繳何

必紛紛入奏意存見好非謂吸煙人犯拏獲之後煙具煙膏即可無庸收繳也林則徐既有此奏恐他省地方官誤會諭旨並不認真查拏殊非朕覈實辦理之意著通諭各直省大吏拏獲吸烟人犯務將煙具煙膏銷毀盡淨其有呈繳之後仍復吸食或地方官假造邀功或該犯因拏藉以免罪種種弊竇均著詳查從實嚴辦毋得任其朦蔽至所稱寓收繳於編查以期除惡務盡全在該地方官等不避嫌怨實力嚴查不許支飾畏難稍涉懈怠行之既久自有成效至自首一節所須新例業有明文將此諭知林則徐等並通諭各直省將軍督撫府尹等知之欽此

上諭　林則徐等奏銷烟委員陳鎔染毒身故著交部賜恤

道光十九年六月十八日内閣奉

上諭林則徐等奏銷煙委員染毒身故懇恩議卹一摺廣東候選府經歷現任博羅縣典史陳鎔奉委銷化鵶片煙土染受𧎚毒因公殞命著加恩交該部照例賜卹欽此

圖書在版編目（CIP）數據

清宫林則徐檔案匯編.21/中國第一歷史檔案館　福建省林則徐研究會　編.—福州：海峽文藝出版社，2020.3

ISBN 978-7-5550-2130-8

Ⅰ.①清…　Ⅱ.①中…②福…　Ⅲ.①林則徐（1785~1850）—檔案資料—匯編　Ⅳ.① K827=52

中國版本圖書館 CIP 數據核字（2019）第 265450 號

清宫林則徐檔案匯編　21

中國第一歷史檔案館　福建省林則徐研究會　編

責任編輯　陳　婧
美術編輯　劉小岳
出版發行　海峽文藝出版社
經　　銷　福建新華發行(集團)有限責任公司
社　　址　福州市東水路 76 號 14 層　　**郵編**　350001
發 行 部　0591-87536797
印　　刷　福建新華印刷有限責任公司　　**郵編**　350011
廠　　址　福州市福新中路 42 號
開　　本　889 毫米 ×1194 毫米　1/16
字　　數　859 千字
印　　張　39.25
版　　次　2020 年 3 月第 1 版
印　　次　2020 年 3 月第 1 次印刷
書　　號　ISBN 978-7-5550-2130-8
定　　價　300.00 元